CONTRAGOLPES

CONTRAGOLPES

seleção de artigos da *New Left Review*

organização
Emir Sader

EDITORIAL

Copyright dos artigos originais © New Left Review
Copyright desta tradução © Boitempo Editorial, 2006

Coordenação editorial
Ivana Jinkings
Aluizio Leite

Assistência
Ana Paula Castellani

Tradução
Beatriz Medina

Preparação de texto
Eliane Maturano Santoro

Revisão
Ana Paula Figueiredo
Marcelo Riqueti

Editoração eletrônica
Silvana Panzoldo

Capa
Raquel Matsushita

Produção
Marcel Iha

CIP-BRASIL. CATALOGAÇÃO-NA-FONTE
SINDICATO NACIONAL DOS EDITORES DE LIVROS, RJ.

C782

Contragolpes / organização Emir Sader ; tradução Beatriz Medina. - São Paulo : Boitempo, 2006
Tradução de: New Left Review
Seleção de artigos da New Left Review
ISBN 85-7559-079-0

1. Ciência política. 2. Sociologia. 3. Filosofia. I. Sader, Emir, 1943-. II. New Left Review.

06-0620　　　　　　　　　　　　　　　　　　CDD 320
　　　　　　　　　　　　　　　　　　　　　　CDU 32

Todos os direitos reservados. Nenhuma parte deste livro pode ser utilizada ou reproduzida sem a expressa autorização da editora.

1ª edição: março de 2006

BOITEMPO EDITORIAL

Jinkings Editores Associados Ltda.
Rua Euclides de Andrade, 27 Perdizes
05030-030 São Paulo SP
tel./fax: (11) 3875-7250 / 3872-6869
e-mail: editor@boitempoeditorial.com.br
site: www.boitempoeditorial.com.br

Sumário

Apresentação   7

LOÏC WACQUANT
Da escravidão ao encarceramento em massa:
repensando a "questão racial" nos Estados Unidos   11

GIOVANNI ARRIGHI
A crise africana: aspectos regionais e sistêmicos do mundo   31

PERRY ANDERSON
Força e consenso   61

QIN HUI
A divisão do patrimônio da grande família   85

TARIQ ALI
Recordações de Edward Said   111

ROBERT BRENNER
Novo *boom* ou nova bolha?: a trajetória da
economia norte-americana   117

FREDRIC JAMESON
A política da utopia   159

SLAVOJ ŽIŽEK
A visão em paralaxe   177

MIKE DAVIS
Planeta de favelas: a involução urbana e
o proletariado informal   191

PETER HALLWARD
Opção zero no Haiti   219

SUSAN WATKINS
Vichy no rio Tigre   243

Sobre os artigos   257
Sobre os autores   259

Apresentação

A *New Left Review* é uma das mais importantes revistas teóricas de esquerda do mundo. Foi fundada em 1960, na Inglaterra, a partir de uma fusão de duas outras revistas – *Board or Universities* e *The New Reminder*, organizadas nos anos 1950. Sua figura intelectual predominante era o historiador Edward Thompson, e com ela se pretendia criar um espaço teórico para o que se convencionou chamar, naquele momento, de "nova esquerda", a fim de se diferenciar tanto dos partidos comunistas quanto dos socialdemocratas.

Rapidamente uma nova geração de intelectuais marxistas – cujos expoentes mais conhecidos são Perry Anderson e Robin Blackburn – assumiu a direção da *New Left* e imprimiu-lhe o caráter com que ela cruzou suas quatro décadas e meia de existência. Por suas páginas passaram os maiores teóricos marxistas, assim como seus temas mais importantes. Além disso, a revista caracterizou-se por realizar grandes entrevistas com alguns dos mais preeminentes intelectuais de esquerda da segunda metade do século passado.

Em 2000, Perry Anderson, o principal dirigente intelectual da *NLR*, depois de ter deixado havia quase vinte anos a editoria da publicação com Robin Blackburn, reassumiu a função, mudou a tradicional capa da revista e proporcionou-lhe um novo impulso teórico e político, com nova numeração. Esse número "inaugural" abre-se com um artigo impactante, em que o editor compara a relação de forças mundial entre os anos 1960 – época da fundação da revista – e o começo do novo século, quatro décadas depois. A constatação revela uma das facetas de Anderson – o realismo histórico, em que se combinam uma intransigente linha anticapitalista e antiimperialista com análises concretas sobre a correlação de forças realmente existente, sem complacências.

Ao mesmo tempo, porém, ele é obrigado a reconhecer que poucas revistas de esquerda sobreviveram por tanto tempo. Mesmo considerando que "a duração de um periódico não expressa, de modo algum, o que conseguiu realizar", Anderson reconhece que "nenhuma outra revista foi capaz de publicar matérias que cobrissem uma extensão tão grande de assuntos – da política à economia, à estética, à filosofia e à sociologia – com a mesma liberdade de aprofundamento de detalhes, onde quer que isso fosse apropriado". E define a *New Left Review*: "Trata-se de uma publicação política, sediada em Londres, que intentou lidar com ciências sociais e morais – *teoria*, se você preferir –, além de artes e de outros assuntos – *cultura*, para resumir – com o mesmo espírito de historicidade com que trata a política".

Para este volume, selecionamos onze artigos, extraídos de números publicados entre 2002 e 2004, que abarcam uma grande diversidade de temas e de autores. Incluímos textos de Perry Anderson, Tariq Ali, Susan Watkins (atualmente editora da *NLR*), Mike Davis e Robert Brenner – todos membros do comitê editorial da revista. A esses nomes acrescentam-se os de Fredric Jameson, Slavoj Žižek e Giovanni Arrighi (colaboradores regulares da *NLR*), um entrevistado da China, Qin Hui (colaborador estreito de Pierre Bourdieu), Loïc Wacquant e Peter Hallward.

Perry Anderson discute, em um dos editoriais que periodicamente a revista publica, um tema politicamente central do período, no qual se pergunta sobre as diferenças de linha política na passagem da Casa Branca das mãos dos democratas às dos republicanos. Da prevalência do consentimento – paralelo ao ciclo expansivo da economia dos Estados Unidos nos anos 1990 e do clima eufórico da "nova economia" (a do Fórum de Davos) e da macdonaldização do capital – à da força – com a transição para a recessão, os triplos déficits e os atentados de setembro de 2001 –, Anderson discute o que há de permanente na estratégia imperial norte-americana, entre a força e o consentimento.

Loïc Wacquant analisa as origens do racismo nos Estados Unidos e seus efeitos nos guetos e nas prisões de hoje. Giovanni Arrighi faz o indispensável acerto de contas com o atraso da África – naturalização ou produto de um modelo histórico determinado, condicionado pelo papel do continente ao longo do processo de acumulação capitalista? Tariq Ali presta homenagem a um dos maiores pensadores do mundo contemporâneo – Edward Said –, por sua interpretação política e cultural, mas também por sua impecável trajetória de vida.

Susan Watkins discute as perspectivas que a ocupação do Iraque podem trazer para esse país e para os próprios Estados Unidos, na sua dominação imperial sobre o mundo. A entrevista com Qin Hui, que relata sua experiência política desde a revolução cultural, analisa o caráter do desenvolvimento econômico da China e o papel dos intelectuais e dos camponeses no momento em que o país entrou para a OMC. Peter Hallward aborda a nova intervenção externa em um dos países mais pobres do mundo – o Haiti.

O esloveno Slavoj Žižek discute as bases filosóficas para a ação social, e debate as antinomias entre a economia e a política. Mike Davis – numa primeira apresentação do seu livro, com o mesmo título, cujo lançamento a Boitempo prepara – analisa o fenômeno das megametrópoles no mundo e suas conseqüências sociais e ideológicas para a esquerda. Fredric Jameson se pergunta acerca da atualidade do conceito de utopia. Robert Brenner retoma suas análises sobre a bolha e o *boom* econômico dos Estados Unidos, atualizando-as à luz do fim do ciclo expansivo norte-americano.

Com diferentes enfoques e temas, todos os textos selecionados permitem reforçar a capacidade analítica do marxismo para captar os novos fenômenos do mundo no século XXI. A *New Left Review* continua a ser uma fonte permanente de renovação do pensamento crítico e transformador.

Emir Sader
fevereiro de 2006

LOÏC WACQUANT

DA ESCRAVIDÃO AO ENCARCERAMENTO EM MASSA

Repensando a "questão racial" nos Estados Unidos

Não só uma, mas várias "instituições peculiares" agiram sucessivamente para definir, confinar e controlar os afro-americanos na história dos Estados Unidos. A primeira foi a *escravidão*, como pivô da economia de plantation e matriz inceptiva da divisão racial desde a época colonial até a Guerra Civil. A segunda foi o *sistema Jim Crow* de discriminação e segregação impostas por lei, do berço à sepultura, que firmou a sociedade predominantemente agrária do Sul desde o fim da Reconstrução até a revolução dos Direitos Civis que lhe pôs termo, um século inteiro depois da abolição. O terceiro aparelho especial dos Estados Unidos para conter os descendentes de escravos nas metrópoles industriais do norte do país foi o *gueto*, que corresponde à urbanização e proletarização conjuntas dos afro-americanos desde a Grande Migração de 1914-30 até a década de 1960, quando se tornou em parte obsoleto por causa da transformação coetânea da economia e do Estado e do aumento dos protestos dos negros contra a constante exclusão de casta, culminando com as explosivas desordens urbanas descritas no Relatório da Comissão Kerner[1].

---

[1] Ver, respectivamente: Kenneth Stampp, *The peculiar institution: slavery in the ante-bellum South* (Nova York, [1956] 1989); Ira Berlin, *Many thousands gone: the first two centuries of slavery in North America* (Cambridge, Massachusetts, 1998); C. Vann Woodward, *The strange career of Jim Crow* (Oxford, [1957] 1989); Leon Litwack, *Trouble in mind: black southerners in the age of Jim Crow* (Nova York, 1998); Allan Spear, *Black Chicago: the making of a negro gueto, 1890-1920* (Chicago, 1968); Kerner Commission, *1968 Report of the National Advisory Commission on Civil Disorders* (Nova York, [1968] 1988).

A quarta, afirmo aqui, é o novo complexo institucional formado pelos *remanescentes do gueto negro e pelo aparelho carcerário* ao qual se uniu por meio de uma relação interligada de simbiose estrutural e sub-rogação funcional. Isso indica que a escravidão e o encarceramento em massa estão genealogicamente ligados e que não é possível entender este último – seu ritmo, composição e surgimento sem sobressaltos, assim como a ignorância ou a aceitação silenciosa de seus efeitos deletérios sobre aqueles a quem afeta – sem voltar à primeira como ponto de partida histórico e análogo funcional.

Vista contra o pano de fundo de toda a trajetória histórica da dominação racial nos Estados Unidos (resumida na Tabela 1), a "desproporcionalidade" gritante e crescente do encarceramento que vem afligindo os afro-americanos nas últimas três décadas pode ser entendida como resultado das funções "extrapenais" que o sistema prisional veio a assumir na esteira da crise do gueto e do estigma constante que aflige os descendentes de escravos em virtude de pertencerem a um grupo constitutivamente privado de honra étnica (*Massehre*, de Max Weber).

TABELA 1 – As quatro "instituições peculiares" e sua base

Instituição	Forma de trabalho	Base econômica	Tipo social dominante
Escravidão (1619-1865)	Mão-de-obra fixa e não-livre	Plantation	Escravo
Jim Crow (Sul, 1865-1965)	Mão-de-obra fixa e livre	Agrária e extrativa	Meeiro
Gueto (Norte, 1915-68)	Mão-de-obra móvel	Indústria segmentada	Trabalhador braçal
Hipergueto e prisão (1968-)	Mão-de-obra excedente fixa	Serviços pós-industriais polarizados	Beneficiários dos sistemas de bem-estar social e criminoso

Não é o crime, mas a necessidade de sustentar uma clivagem de castas em erosão – além de reforçar o regime emergente de mão-de-obra assalariada e dessocializada ao qual estão fadados os negros, em sua maioria, por lhes faltar capital cultural comerciável e ao qual resistem os mais destituídos dentre eles refugiando-se na economia ilegal das ruas – que é o principal impulso por trás da expansão estupenda do estado penal dos Estados Unidos na época pós-keynesiana e de sua política *de facto* de "ação afirmativa carcerária" para com os afro-americanos[2].

---

[2] Ver meu "Crime et châtiment en Amérique de Nixon à Clinton", *Archives de Politique Criminelle*, v. 20, p. 123-38; e *Les prisons de la misère* (Paris, 1999), p. 71-94 (trad. para o inglês: *Prisons of poverty* [Minneapolis, 2002]).

EXTRAÇÃO DO TRABALHO E DIVISÃO EM CASTAS

As três primeiras "instituições peculiares" dos Estados Unidos – escravidão, Jim Crow e o gueto – têm isto em comum: foram instrumentos para a *extração de trabalho* e a *ostracização social* conjuntas de um grupo desprezado e considerado inassimilável em virtude do estigma triplo e indelével que carrega. Os afro-americanos chegaram sob cativeiro à terra da liberdade. Foram devidamente privados do direito de voto no autodenominado berço da democracia (até 1965 para os residentes dos estados do Sul). E, por falta de filiação nacional reconhecível, foi-lhes tirada a honra étnica, fazendo com que, em vez de ficar simplesmente na parte de baixo da escala de prestígio de grupo da sociedade norte-americana, foram dela barrados *ab initio*[3].

1. *Escravidão (1619-1865)*. A escravidão é uma instituição maleabilíssima e versátil que pode ser atrelada a vários propósitos, mas nas Américas a propriedade de pessoas voltou-se sobretudo para o fornecimento e o controle da mão-de-obra[4]. Sua adoção nas regiões do Chesapeake, no litoral atlântico mediano e no sul dos Estados Unidos no século XVII serviu para recrutar e regulamentar a força de trabalho não-livre importada à força da África e das Índias Ocidentais para cuidar de seu fumo, seu arroz e sua economia agropecuária. (Os trabalhadores sob contrato de servidão vindos da Europa e os índios nativos não foram escravizados em virtude de sua maior capacidade de resistir e porque sua servidão impediria a imigração futura, além de exaurir rapidamente uma oferta limitada de mão-de-obra.) No final do século XVIII, a escravidão tornara-se capaz de se reproduzir sozinha e expandira-se para o crescente fértil do interior sulista, indo da Carolina do Sul à Louisiana, onde permitiu uma organização altamente lucrativa da mão-de-obra na produção algodoeira e foi a base de uma sociedade de plantation notável por sua cultura, política e psicologia quase feudais[5].

---

[3] "Entre os grupos comumente considerados inassimiláveis, o povo negro é de longe o maior. Os negros não têm, como os japoneses e chineses, uma nação politicamente organizada e uma cultura própria e aceita fora dos Estados Unidos em que possam se apoiar. Isso confere aos negros, diversamente dos orientais, uma memória histórica de escravidão e inferioridade. É mais difícil para eles responder ao preconceito com preconceito e, como podem fazer os orientais, considerar-se a si e à sua história superiores aos norte-americanos brancos e suas realizações culturais recentes. Os negros não têm essa fortaleza do amor-próprio. Estão *aprisionados* de modo mais indefeso como casta subordinada, uma casta de gente fadada a não ter passado cultural e supostamente incapaz de futuro cultural." Gunnar Myrdal, *An American dilemma: the negro problem and modern democracy* (Nova York, [1944] 1962), p. 54; grifo nosso.

[4] Seymour Drescher e Stanley Engerman, *A historical guide to world slavery* (Oxford, 1998).

[5] Gavin Wright, *The political economy of the cotton South* (Nova York, 1978); Peter Kolchin, *American slavery, 1619-1877* (Nova York, 1993).

Desproporcionalidade racial do encarceramento nos Estados Unidos

Três fatos cruéis se destacam e dão uma idéia da desproporção grotesca do impacto do encarceramento em massa sobre os afro-americanos. Primeiro, a composição étnica da população carcerária dos Estados Unidos praticamente inverteu-se no último meio século, passando de cerca de 70% de brancos (de origem inglesa) em meados do século XX para menos de 30% hoje em dia. Contrariamente à idéia mais comumente aceita, a predominância de negros atrás das grades não é um padrão antigo, mas um fenômeno novo e recente, com 1988 como ponto de inflexão: nesse ano, o então vice-presidente George Bush veiculou, durante a campanha presidencial, seu infame anúncio "Willie Horton", mostrando imagens sinistras do estuprador negro de mulheres brancas como emblemáticas do "problema do crime" contemporâneo; também foi a partir desse ano que os afro-americanos passaram a ser maioria nos presídios do país como um todo[1].

Depois, embora a diferença entre a taxa de detenção de brancos e negros tenha ficado estável – com o percentual de negros oscilando entre 29% e 33% de todos os presos por crimes contra a propriedade e entre 44% e 47% por crimes violentos entre 1976 e 1992[2] *–, o abismo entre brancos e negros encarcerados cresceu rapidamente no último quarto de século, pulando, em proporção, de 1 para 5 em 1985 para cerca de 1 para 8 hoje em dia. Essa tendência é ainda mais notável por ocorrer durante um período em que um número significativo de afro-americanos entrou para as fileiras da polícia, dos tribunais e da administração prisional, e nelas progrediu, e em que as formas mais visíveis de discriminação racial que nelas eram comuns na década de 1970 reduziram-se muito, quando não foram totalmente extintas*[3].

---

[1] David Anderson, Crime and the politics of hysteria *(Nova York, 1995)*.

[2] Michael Tonry, Malign neglect *(Oxford, 1995)*, p. 64.

[3] Alfred Blumstein, "Racial disproportionality of US prisons revisited", *University of Colorado Law Review*, v. 64, 1993, p. 743-60; mas ver o contra-argumento vigoroso de David Cole, No equal justice *(Nova York, 1999)*.

Por fim, a probabilidade vitalícia cumulativa de "cumprir pena" numa penitenciária estadual ou federal com base nas taxas de encarceramento do início dos anos 1990 é de 4% para os brancos, 16% para os latinos e espantosos 29% para os negros[4]. Dado o gradiente de classe do encarceramento, esse número indica que a maioria dos afro-americanos de condição social (sub)proletária passa por uma pena de prisão de um ou mais anos (em muitos casos, várias penas) em algum ponto da vida adulta, com toda a desorganização familiar, profissional e legal que isso provoca, incluindo a redução dos direitos sociais e civis e a perda temporária ou permanente do direito de voto. Em 1997, quase um negro em cada seis, em todo o país, estava excluído das urnas em razão da condenação por crime grave, e mais de um quinto deles estava proibido de votar nos estados de Alabama, Connecticut, Flórida, Iowa, Mississippi, Novo México, Texas, Washington e Wyoming[5]. Apenas 35 anos depois que o movimento pelos direitos civis finalmente concedeu aos afro-americanos acesso efetivo às urnas, um século inteiro depois da abolição, esse direito lhes está sendo tomado pelo sistema penal por meio de disposições legais de validade constitucional duvidosa e que violam, em muitos casos (principalmente a perda vitalícia do direito de voto), as convenções internacionais sobre direitos humanos ratificadas pelos Estados Unidos.

---

[4] Thomas Bonczar e Alien Beck, "Lifetime likelihood of going to state or federal prison", Bureau of Justice Statistics Special Report *(BJS, Washington, março de 1997)*, p. 1; há uma análise, estado por estado, em Marc Mauer, "Racial disparities in prison getting worse in the 1990's", Overcrowded Times, v. 8, n. 1, fevereiro de 1997, p. 9-13.

[5] John Hagan e Ronit Dinowitzer, "Collateral consequences of imprisonment for children, communities, and prisoners", em Michael Tonry e Joan Petersilia (orgs.), Prisons *(Chicago, 1999)*, p. 121-62; e Jamie Fellner e Marc Mauer, Losing the vote: the impact of felony disenfranchisement in the US *(Washington, 1998)*.

Um *subproduto imprevisto* da escravização e da desumanização sistemáticas dos africanos e de seus descendentes em solo norte-americano foi a criação de uma linha de casta racial separando os que, mais tarde, seriam rotulados de "negros" e "brancos". Como demonstrou Barbara Fields, a ideologia norte-americana da "raça", como divisão biológica putativa baseada na aplicação inflexível da "regra de uma gota" juntamente com o princípio da hipodescendência, cristalizou-se para resolver a contradição gritante entre a servidão humana e a democracia[6]. A crença religiosa e pseudocientífica na diferença racial conciliou o fato cruel da mão-de-obra cativa com a doutrina da liberdade baseada em direitos naturais, ao reduzir o escravo a uma propriedade viva – três quintos de homem, segundo as sagradas escrituras da Constituição.

2. *Jim Crow (sul, 1865-1965)*. A divisão racial foi conseqüência, e não precondição, da escravidão norte-americana, mas depois de instituída isolou-se de sua função inicial e adquiriu força social própria. Assim, a emancipação criou um dilema duplo para a sociedade sulista branca: como voltar a garantir a mão-de-obra dos ex-escravos, sem a qual a economia da região entraria em colapso, e como manter a distinção fundamental entre o *status* dos brancos e o das "pessoas de cor", ou seja, a distância social e simbólica necessária para impedir o estigma da "amalgamação" com um grupo considerado inferior, sem raízes e vil. Depois de um prolongado interregno que durou até a década de 1890, durante o qual a histeria branca inicial deu lugar a um certo relaxamento, embora inconstante, das restrições etno-raciais, quando os negros tiveram permissão de votar, ocupar cargos públicos e misturar-se até certo ponto com os brancos, mantendo a intimidade entre os grupos promovida pela escravidão –, a solução veio na forma do regime "Jim Crow"[7]. Consistia em um conjunto de códigos sociais e legais que determinava a separação completa das "raças" e limitava acentuadamente as oportunidades de vida dos afro-americanos, ao mesmo tempo em que os prendia aos brancos numa relação de submissão generalizada sustentada pela coação legal e pela violência terrorista.

Importado do norte, onde fora experimentado em algumas cidades, esse regime determinava que os negros viajassem em vagões e bondes separados, com salas de espera também separadas; que morassem em cortiços nos "bairros negros"

---

[6] "Slavery, race and ideology in the United States of America", *New Left Review* 1/181, maio-junho de 1990.

[7] O nome vem de um número de canto e dança chamado "Jumping Jim Crow", apresentado pela primeira vez em 1828 por Thomas Dartmouth Rice, popular ator ambulante que é considerado o pai dos espetáculos humorísticos e musicais de "negros e brancos", os *minstrel shows*; ver Woodward, *Strange career of Jim Crow*. [O apelido Jim Crow, de conotação pejorativa e racista, difundiu-se a partir de então para designar, além do negro pobre e sem instrução, todo um sistema de leis e costumes implantado no sul dos Estados Unidos após a Guerra de Secessão e a libertação dos escravos. (N. T.)]

e freqüentassem escolas separadas (quando as freqüentavam); que prestigiassem estabelecimentos de serviço separados e usassem seus próprios banheiros e bebedouros; que orassem em igrejas separadas, se divertissem em lugares separados e se sentassem em "galerias para negros" nos teatros; que recebessem cuidados médicos em hospitais separados com equipe exclusivamente "de cor", e que fossem encarcerados em celas separadas e sepultados em cemitérios separados. O mais importante foi que as leis uniram-se aos costumes para condenar o "crime inefável" do casamento, da coabitação ou da mera conjunção sexual inter-racial, de modo a defender a "lei suprema da autopreservação" das raças e o mito da superioridade branca inata. Com a propriedade da terra sempre nas mãos dos brancos e a generalização da parceria agrícola e da servidão por dívida, o sistema de plantation permaneceu praticamente intocado quando os ex-escravos se transformaram num "campesinato dependente e sem terras, oficialmente livre mas aprisionado pela pobreza, pela ignorância e pela nova servidão do arrendamento"[8]. Enquanto a parceria agrícola amarrava à fazenda a mão-de-obra afro-americana, uma etiqueta rígida garantia que brancos e negros nunca interagissem num plano de igualdade, nem mesmo numa pista de corrida ou num ringue de boxe – uma portaria de 1930, em Birmingham, tornou ilegal que jogassem xadrez ou dominó uns com os outros[9]. Sempre que a "linha da cor" fosse ultrapassada ou mesmo tocada de raspão, deflagrava-se uma torrente de violência na forma de *pogroms* periódicos, ataques da Ku Klux Klan e de "vigilantes", açoitamentos públicos, matanças e linchamentos; esse assassinato ritual de casta tinha como objetivo manter os "pretos presunçosos" em seu devido lugar. Tudo isso foi possibilitado pela anulação rápida e quase completa do direito de voto dos negros, assim como pela imposição da "lei do negro" nos tribunais, que lhes concediam menos salvaguardas legais efetivas do que havia sido antes garantido aos escravos por força de serem ao mesmo tempo pessoas e propriedades.

  3. *Gueto (norte, 1915-68).* A absoluta brutalidade da opressão de castas no Sul, o declínio da agricultura algodoeira em função das enchentes e da praga de bicudo, e a escassez premente de mão-de-obra nas fábricas nortistas provocada pelo início da Primeira Guerra Mundial estimularam os afro-americanos a emigrar em massa para os prósperos centros industriais do meio-oeste e do nordeste (mais de um milhão e meio partiram em 1910-30, seguidos por mais três milhões em 1940-60). Mas quando os migrantes, vindos desde o Mississippi até as Carolinas, chegaram em multidões às metrópoles do norte, descobriram que aquela não era

---

[8] Neil McMillen, *Dark journey: black Mississippians in the age of Jim Crow* (Urbana, 1990).

[9] A assembléia legislativa do Mississippi chegou a ponto de tornar ilegal a defesa da igualdade social entre negros e brancos. Uma lei de 1920 impunha uma multa de quinhentos dólares mais seis meses de cadeia a quem fosse "considerado culpado de imprimir, publicar e fazer circular argumentos a favor da igualdade social ou do casamento misto" (McMillen, *Dark journey*, cit., p. 8-9).

a "terra prometida" da igualdade e da completa cidadania, mas sim outro sistema de isolamento racial, o gueto, que, embora fosse menos rígido e assustador que aquele do qual fugiram, era não menos abrangente e restritivo. É claro que a maior liberdade de ir e vir em lugares públicos e de consumir em estabelecimentos comerciais comuns, o desaparecimento dos cartazes humilhantes indicando "de cor" aqui e "branco" ali, a volta do acesso às urnas e a proteção dos tribunais, a possibilidade de limitado avanço econômico, a libertação da subserviência pessoal e do temor da onipresente violência branca, tudo isso tornava a vida no norte urbano incomparavelmente preferível à servidão constante no sul rural – "melhor ser um poste de luz em Chicago do que presidente em Dixie" era a famosa frase dita por migrantes a Richard Wright. Mas acordos restritivos obrigaram os afro-americanos a congregar-se num "Cinturão Negro" que logo ficou superpopuloso, malservido e eivado de crime, doença e dilapidação, enquanto o "teto empregatício" limitava-os às ocupações mais arriscadas, braçais e mal pagas, tanto no setor industrial quanto no de serviços pessoais. Quanto à "igualdade social", entendida como possibilidade de "tornar-se membro de grupos, igrejas e associações de voluntários brancos ou casar-se com membros de suas famílias", era-lhes firme e definitivamente negada[10].

Os negros tinham entrado na economia industrial fordista, para a qual contribuíram como fonte vital de mão-de-obra abundante e barata disposta a acompanhar seus ciclos de expansão e queda. Mas permaneceram presos a uma posição precária de marginalidade econômica estrutural e comprometidos com um microcosmo segregado e dependente, com sua própria divisão interna de trabalho, sua estratificação social e seus órgãos de voz coletiva e representação simbólica: uma "cidade dentro da cidade", ancorada num complexo de igrejas negras e imprensa, profissões comerciais e liberais, lojas fraternas e associações comunitárias que constituíam tanto um "ambiente para americanos negros no qual [podem] dar significado à sua vida" quanto um bastião "para 'proteger' os Estados Unidos brancos do 'contato social' com os negros"[11]. A constante hostilidade de casta do lado de fora e a afinidade étnica renovada do lado de dentro convergiram para criar o gueto como terceiro veículo para extrair trabalho da mão-de-obra negra mantendo, ao mesmo tempo, os corpos negros a uma distância segura, para benefício material e simbólico da sociedade branca.

A época do gueto como principal mecanismo de dominação etnorracial iniciou-se com as rebeliões urbanas de 1917-19 (no lado leste de Saint Louis, em Chicago, Longview, Houston etc.). Terminou com uma onda de choques, saques e

---

[10] St. Clair Drake e Horace Cayton, *Black metropolis: a study of negro life in a Northern city* (Nova York, [1945] 1962), v. I, p. 112-28.

[11] *Black metropolis*, cit., v. 2, p. xiv.

incêndios que abalou centenas de cidades norte-americanas de costa a costa, do levante de Watts em 1965 aos quebra-quebras de fúria e ressentimento provocados pelo assassinato de Martin Luther King no verão de 1968. Com efeito, no final da década de 1960 o gueto já estava se tornando funcionalmente obsoleto ou, para ser mais exato, cada vez mais *inadequado* para cumprir a dupla tarefa confiada historicamente às "instituições peculiares" dos Estados Unidos. Do lado da *extração de trabalho*, a passagem da economia industrial urbana para a economia de serviços suburbana e a conseqüente dualização da estrutura ocupacional, junto com o surto de imigração operária do México, do Caribe e da Ásia, fez com que grandes segmentos da força de trabalho contida nos "Cinturões Negros" das metrópoles do norte simplesmente não fossem mais necessários. Do lado do *confinamento etnorracial*, as décadas de mobilização dos afro-americanos contra as regras do sistema de castas acabaram por obrigar o governo federal – na propícia conjuntura de crise nascida da guerra do Vietnã e da generalizada insatisfação social – a desmontar a maquinaria legal da exclusão de casta. Depois de garantir os direitos civis e o voto, os negros tornaram-se finalmente cidadãos de verdade, que não suportariam mais o mundo separado e inferior do gueto[12].

Mas embora os brancos, em princípio e de má vontade, aceitassem a "integração", na prática esforçaram-se para manter um abismo social e simbólico intransponível entre eles e seus compatriotas de ascendência africana. Abandonaram as escolas públicas, evitaram os espaços comuns e fugiram aos milhões para os subúrbios, para evitar se misturar, defendendo-se do espectro da "igualdade social" na cidade. Então, voltaram-se contra o Estado de bem-estar social e aqueles programas dos quais mais dependia o progresso coletivo dos negros. Pelo contrário, aumentaram o apoio entusiasmado às políticas de "lei e ordem" voltadas a reprimir com mão forte as desordens urbanas, congenitamente percebidas como ameaças raciais[13]. Essas políticas apontavam para mais uma instituição especial capaz de confinar e controlar, se não toda a comunidade afro-americana, pelo menos seus integrantes mais desordeiros, menos respeitáveis e mais perigosos: a prisão.

---

[12] Era esse o propósito da Campanha da Liberdade, de Martin Luther King, no verão de 1966, em Chicago: buscava aplicar ao gueto as técnicas de mobilização coletiva e desobediência civil usadas com sucesso no ataque a Jim Crow no sul, revelar a vida à qual os negros estavam condenados na metrópole do norte e protestar contra ela. A campanha para transformar Chicago em cidade aberta foi rapidamente esmagada por uma repressão formidável, comandada por 4 mil Guardas Nacionais. Stephen Oakes, *Let the trumpet sound: a life of Martin Luther King* (Nova York, 1982).

[13] Thomas Byrne Edsall e Mary Edsall, *Chain reaction: the impact of race, rights and taxes on American politics* (Nova York, 1991); Jill Quadagno, *The colour of welfare: how racism undermined the war on poverty* (Oxford, 1994); Katherine Beckett e Theodore Sasson, *The politics of injustice* (Thousand Oaks, 2000), p. 49-74.

O GUETO COMO PRISÃO, A PRISÃO COMO GUETO

Para perceber o parentesco íntimo entre gueto e prisão, o que ajuda a explicar como o declínio estrutural e a superfluidade funcional de um levou à ascensão inesperada e ao crescimento espantoso da outra durante os últimos 25 anos, é necessário, primeiro, caracterizar com exatidão o gueto[14]. Mas então deparamos com o problema de que as ciências sociais deixaram de desenvolver um *conceito analítico* rigoroso do gueto; em vez disso, contentaram-se em tomar emprestado o *conceito popular* presente no discurso político e público de cada época. Isso provocou muita confusão, já que o gueto foi sucessivamente fundido e confundido com um distrito segregado, um bairro étnico, um território de intensa pobreza ou decadência habitacional e até, com o surgimento do mito político da "subclasse" em período mais recente, um mero acúmulo de patologias urbanas e comportamentos anti-sociais[15].

Uma sociologia comparativa e histórica dos bairros reservados aos judeus nas cidades da Europa renascentista e da "Bronzeville" dos Estados Unidos na metrópole fordista do século XX revela que o gueto, em essência, é um mecanismo socioespacial que permite a um grupo de posição social dominante em ambiente urbano condenar ao ostracismo e ao mesmo tempo explorar um grupo subordinado dotado de capital simbólico negativo, ou seja, uma propriedade encarnada percebida como capaz de tornar seu contato degradante, em virtude do que Max Weber chama de "estimativa social negativa da honra". Em outras palavras, é uma relação de controle e confinamento etnorracial construída com quatro elementos: (i) estigma; (ii) restrição; (iii) confinamento territorial; e (iv) enclausuramento institucional. A formação resultante é um espaço distinto com uma população etnicamente homogênea que se vê forçada a desenvolver, dentro dele, um conjunto de instituições interligadas que duplica o arcabouço organizativo da sociedade

---

[14] Em 1975, a população carcerária dos Estados Unidos vinha declinando fazia quase duas décadas e atingira um mínimo de 380 mil presos. Os principais analistas da questão penal, de David Rothman a Michel Foucault e Alfred Blumstein, eram, então, unânimes ao prever a marginalização iminente da prisão como instituição de controle social ou, no máximo, a estabilização do confinamento penal num nível historicamente moderado. Ninguém previu o crescimento desregrado que quadruplicou aquele número para mais de 2 milhões de pessoas em 2000, mesmo que o nível de crimes tenha estagnado.

[15] Ver em meu artigo "Cutting the ghetto" uma recapitulação histórica dos significados de "gueto" na sociedade norte-americana e nas ciências sociais, levando a um diagnóstico do curioso expurgo da raça de um conceito expressamente forjado para denotar um mecanismo de dominação etnorracial, que o atrela à mudança da preocupação das elites estatais com o nexo entre pobreza e etnia na metrópole. Em Malcolm Cross e Robert Moore (orgs.), *Globalization and the new city* (Basingstoke, 2000).

em geral, da qual aquele grupo é banido, e constitui os andaimes da construção de seu "estilo de vida" específico e suas estratégias sociais. Esse nexo institucional paralelo dá ao grupo subordinado uma certa medida de proteção, autonomia e dignidade, mas à custa de trancá-lo numa relação de dependência e subordinação estruturais.

O gueto, em resumo, funciona como *prisão etnorracial*: encarcera uma categoria desonrada e limita seriamente a possibilidade de vida de seus integrantes em apoio à "monopolização dos bens ou oportunidades ideais e materiais" pelo grupo de posição social dominante que mora em seus arredores[16]. Lembremo-nos de que os guetos nos primórdios da Europa moderna eram em geral delimitados por muros altos com um ou mais portões trancados à noite e para onde os judeus tinham de voltar antes do anoitecer sob pena de castigos severos, e que seu perímetro era submetido a constante monitoramento das autoridades externas[17]. Observe-se a homologia estrutural e funcional com a prisão, conceituada como um *gueto jurídico*: uma cadeia ou penitenciária é, com efeito, um *espaço* delimitado que serve para confinar à força uma *população* legalmente denegrida e onde esta última desenvolve suas *instituições* distintas, sua cultura e sua identidade maculada. Assim, é formada pelos mesmos quatro constituintes fundamentais – estigma, coação, cerceamento físico e paralelismo e isolamento organizacionais – que configuram o gueto, e com propósitos semelhantes.

Assim como o gueto protege os demais moradores da poluição do inter-relacionamento com os corpos manchados mas necessários de um grupo rejeitado, à maneira de um "preservativo urbano" – como Richard Sennett explicou vivamente em sua descrição do "medo de tocar" na Veneza do século XVI[18] –, a prisão limpa o corpo social da mancha temporária daqueles seus integrantes que cometeram crimes, ou seja, segundo Durkheim, indivíduos que violaram a integridade sociomoral da coletividade ao infringir "estados fortes e definidos da consciência coletiva". Os estudiosos da "sociedade da prisão" – de Donald Clemmer e Gresham Sykes a James Jacobs e John Irwin – observaram repetidas vezes como os presos desenvolvem seus próprios papéis e jargões, seus sistemas de troca e suas regras, seja como reação adaptativa ao "sofrimento da prisão", seja pela importação seletiva de valores criminais e da classe mais baixa vindos de fora, assim como os moradores do gueto elaboraram ou intensificaram uma "subcultura separada" para contrabalançar seu enclausuramento sócio-simbólico[19]. Quanto à meta secundária do gueto – facilitar a exploração da categoria aprisionada –, ela é fundamental na "casa de correção",

---

[16] Max Weber, *Economy and society* (Berkeley, 1978), p. 935.
[17] Louis Wirth, *The ghetto* (Chicago, 1928).
[18] *Flesh and stone: the body and the city in Western civilization* (Nova York, 1994).
[19] *Black metropolis*, cit., v. 2, p. xiii.

antecessora histórica direta da prisão moderna, e teve papel periódico e importante na evolução e no funcionamento desta última[20]. Finalmente, tanto a prisão quanto o gueto são estruturas de autoridade carregadas de legitimidade duvidosa ou problemática, cuja manutenção é garantida pelo uso intermitente da força externa.

Assim, no final dos anos 1970, quando a reação racial e de classe contra os avanços democráticos conquistados pelos movimentos sociais da década anterior atingiu o máximo de força, a prisão voltou de repente ao primeiro plano da sociedade norte-americana e ofereceu-se como solução universal mais simples para todo tipo de problema social. O principal desses problemas era o "colapso" da ordem social na *inner city**, eufemismo acadêmico e policial para a incapacidade patente do gueto negro em conter a população excedente e desonrada, vista, daí para a frente, não só como desviante e desviada mas também como perigosa, à luz dos violentos levantes urbanos de meados dos anos 1960. Quando os muros do gueto tremeram e ameaçaram desmoronar, os muros da prisão foram, correspondentemente, ampliados, aumentados e fortalecidos, e o "confinamento da diferenciação", que visava a manter um grupo apartado (significado etimológico de *segregare*), obteve primazia sobre o "confinamento de segurança" e o "confinamento de autoridade" – para usar a distinção proposta pelo sociólogo francês Claude Faugeron[21]. Logo o gueto negro, convertido em instrumento de exclusão nua e crua pela redução concomitante do trabalho assalariado e da proteção social e ainda mais desestabilizado pela penetração crescente do braço penal do Estado, ficou amarrado ao sistema de cadeias e penitenciárias por uma relação tripla de equivalência funcional, homologia estrutural e sincretismo cultural, de modo que hoje constituem uma única *linha carcerária contínua* que envolve uma população excedente de homens negros jovens (e cada vez mais mulheres) num circuito fechado entre seus dois pólos num ciclo de marginalidade social e legal que perpetua a si mesmo, com conseqüências pessoais e sociais devastadoras[22].

Acontece que o sistema carcerário já tinha funcionado como instituição *auxiliar* da preservação das castas e do controle da mão-de-obra nos Estados Unidos

---

[20] Ao descrever a Bridewell de Londres, a Zuchthaus de Amsterdã e o Hôpital Général de Paris, Georg Rusche e Otto Kirschheimer mostram que o principal objetivo da casa de correção era "tornar socialmente útil a força de trabalho dos recalcitrantes", obrigando-os a trabalhar sob supervisão constante, na esperança de que, depois de libertados, "aumentariam voluntariamente o mercado de trabalho" (*Punishment and social structure*, Nova York, 1939, p. 42); sobre a prisão moderna, ver Pieter Spierenburg, *The prison experience* (New Brunswick, New Jersey, 1991).

* Literalmente, "cidade interior"; a parte velha, pobre e mais populosa da cidade. (N. T.)

[21] "La dérive pénale", *Esprit*, 215, outubro de 1995.

[22] Há uma discussão mais completa dessa "simbiose mortal" entre o gueto e a prisão na época pós-Direitos Civis em meu "Deadly symbiosis", *Punishment and society*, v. 3, n. 1, p. 95-134.

durante uma transição anterior entre regimes de domínio racial: entre a escravidão e o sistema Jim Crow, no sul. Logo após a emancipação, as prisões sulistas empreteceram da noite para o dia quando "milhares de ex-escravos passaram a ser presos, julgados e condenados por atos que, no passado, tinham sido resolvidos somente pelo senhor" e por se recusarem a se comportar como trabalhadores braçais e seguir as regras degradantes da etiqueta racial. Pouco depois, os ex-estados confederados criaram o "aluguel de condenados" como reação ao pânico moral do "crime negro", com a dupla vantagem de gerar recursos prodigiosos para os cofres do Estado e fornecer mão-de-obra cativa e abundante para arar os campos, construir diques, pavimentar estradas, limpar os pântanos e cavar as minas da região em condições de trabalho assassinas[23]. Na verdade, a mão-de-obra penal, sob a forma de aluguel de condenados e de seu herdeiro, o *chain gang* ou "grupo de trabalho acorrentado", teve papel importante no avanço econômico do "novo sul" durante a época progressista, como se "conciliasse a modernização com a continuação do domínio racial"[24].

O que hoje torna diferente a mediação racial do sistema carcerário é que, diversamente da escravidão, do sistema Jim Crow e do gueto de meados do século, não cumpre uma missão econômica positiva de recrutar e disciplinar a força de trabalho, mas serve apenas para armazenar as frações precárias e desproletarizadas da classe operária negra, seja porque não conseguem encontrar emprego devido a uma combinação de falta de preparo, discriminação dos empregadores e competição de imigrantes, seja porque se recusam a submeter-se à indignidade do trabalho abaixo do padrão nos setores periféricos da economia de serviços – aquilo que os moradores do gueto costumam chamar de *slave jobs*, "empregos escravos". Mas há hoje uma pressão financeira e ideológica crescente, além de um novo interesse político, para relaxar as restrições ao trabalho penal, de modo a (re)instituir em massa o trabalho não-especializado em empresas privadas dentro das prisões norte-americanas: pôr para trabalhar a maior parte dos presos ajudaria a reduzir a "conta carcerária" do país, além de estender efetivamente aos detentos mais pobres a exigência de emprego hoje imposta aos pobres livres como condição de

---

[23] Não se trata de uma figura de linguagem: a taxa anual de mortalidade dos condenados chegou a 16% no Mississippi, na década de 1880, quando "nenhum condenado alugado conseguiu viver o bastante para cumprir a pena de dez anos ou mais". Centenas de crianças negras, muitas com apenas seis anos de idade, foram alugadas pelo Estado em benefício dos donos de plantations, empresários e financistas para labutar em condições que até alguns patrícios sulistas consideravam vergonhosas e uma "mancha em nossa humanidade". Ver David Oshinsky, *Worse than slavery: Parchman Farm and the ordeal of Jim Crow justice* (Nova York, 1996), p. 45.

[24] Alex Lichtenstein, *Twice the work of free labour: the political economy of convict labour in the New South* (Londres e Nova York, 1999), p. 195.

cidadania[25]. A próxima década dirá se a prisão permanecerá como apêndice do gueto negro ou se vai superá-lo para seguir sozinha e tornar-se a quarta "instituição peculiar" dos Estados Unidos.

FORMAÇÃO DA RAÇA E MORTE SOCIAL

A escravidão, o sistema Jim Crow e o gueto são instituições de "formação da raça", ou seja, não agem simplesmente sobre uma divisão etnorracial que, de algum modo, exista fora e independentemente delas. Em vez disso, cada uma delas *produz* (ou co-produz) essa divisão (de novo) a partir de demarcações herdadas e disparidades do poder grupal e inscreve-a, em cada época, numa constelação distinta de formas concretas e simbólicas. E todas racializaram constantemente a fronteira arbitrária que deixa os afro-americanos apartados de todos os outros nos Estados Unidos ao lhes negar sua origem cultural na história, atribuindo-a, em vez disso, à necessidade fictícia da biologia.

O conceito particularíssimo de "raça" que os Estados Unidos inventaram, praticamente único no mundo por sua rigidez e prepotência, é resultado direto da colisão estrondosa entre a escravidão e a democracia como modos de organização da vida social *depois* que o cativeiro se estabeleceu como principal forma de alistamento obrigatório e controle da mão-de-obra no despovoado lar colonial de um sistema de produção pré-capitalista. O regime Jim Crow reelaborou a fronteira racializada entre escravos e livres numa rígida separação de castas entre "brancos" e "negros" – estes últimos incluindo todas as pessoas de ascendência sabidamente africana, não importa quão mínima –, que infectou cada fissura do sistema social do sul depois da Guerra de Secessão. O gueto, por sua vez, imprimiu essa dicotomia na composição espacial e nos esquemas institucionais da metrópole industrial. A ponto de, na esteira das "desordens urbanas" dos anos 1960 – que foram, na verdade, revoltas contra a interseção da subordinação de casta e de classe –, "urbano" e "negro" tornarem-se quase sinônimos, tanto na elaboração das políticas quanto na fala cotidiana. E a "crise" da cidade veio a significar a contradição permanente entre a natureza individualista e competitiva da vida norte-americana, de um lado, e, do outro, a exclusão contínua dos afro-americanos dessa vida[26].

---

[25] Ver meu *Les prisons de la misère* (Paris, 1999), p. 71-94. Os depoimentos especializados apresentados nos Comitês Legislativos sobre o Judiciário e o Crime durante a discussão da Lei de Reforma do Trabalho na Prisão, de 1998, vincularam explicitamente a reforma da assistência social à necessidade de expandir a mão-de-obra prisional privada.

[26] Dois indicadores bastam para destacar o permanente ostracismo dos afro-americanos na sociedade dos Estados Unidos. São o único grupo a estar "hipersegregado", com o isolamento

Com o alvorecer de um novo século, cabe à quarta "instituição peculiar", nascida da união do hipergueto com o sistema carcerário, remoldar o significado e a importância da "raça" de acordo com os ditames da economia desregulamentada e do Estado pós-keynesiano. Só que há muito tempo o aparelho penal serve de acessório da dominação etnorracial, por ajudar a estabilizar um regime alvo de ataques ou a transpor o hiato entre regimes sucessivos; assim, os "Códigos Negros" da época da Reconstrução, depois da Guerra de Secessão, serviram para manter em seu lugar a mão-de-obra afro-americana após o fim da escravidão, enquanto a criminalização dos protestos pelos direitos civis no sul na década de 1950 visava a retardar a agonia do sistema Jim Crow. Mas o papel da instituição carcerária hoje em dia é diferente, pois, pela primeira vez na história dos Estados Unidos, foi elevada à condição de principal máquina de "formação da raça".

Entre os múltiplos efeitos do casamento entre gueto e prisão numa extensa rede carcerária, talvez o mais importante seja a revitalização prática e a *solidificação oficial da associação de séculos entre negritude e criminalidade e violência desviante*. Juntamente com a volta das mitologias lombrosianas sobre o atavismo criminoso e a ampla difusão de metáforas bestiais no campo jornalístico e político (onde são comuns as menções a "superpredadores", "matilhas", "animais" e coisa parecida), o excesso imenso do encarceramento de negros deu uma forte sanção de legitimidade ao "uso da cor como sucedâneo da periculosidade"[27]. Em anos recentes, os tribunais autorizaram regularmente a polícia a empregar a raça como "sinal negativo do aumento de risco de criminalidade", e jurisconsultos correram para endossar isso como "adaptação racional à demografia do crime", ressaltada e comprovada, aliás, pelo empretecimento da população prisional, ainda que essa prática provoque grande incoerência do ponto de vista constitucional. Em todo o sistema de justiça criminal urbana, a fórmula "Jovem + Negro + Sexo Masculino" é hoje abertamente igualada a "causa provável" que justifica a prisão, o interrogatório, a revista corporal e a detenção de milhões de afro-americanos todos os anos.

---

espacial passando do nível macro do estado e do condado para o nível micro da municipalidade e do bairro, a fim de minimizar os contatos com os brancos no decorrer do século. Sobre isso, ver Douglas Massey e Nancy Denton, *American apartheid* (Cambridge, 1993); Douglas Massey e Zoltan Hajnal, "The changing geographic structure of black-white segregation in the United States", *Social Science Quarterly*, v. 76, n. 3, setembro de 1995, p. 527-42. Continuam a ter a exogamia impedida num grau desconhecido em qualquer outra comunidade, apesar do crescimento recente das chamadas famílias multirraciais, com menos de 3% de mulheres negras casando-se com pessoas de outra raça, em comparação com a maioria das mulheres hispânicas e asiáticas. Sobre esse outro indicador, ver Kim DaCosta, "Remaking the colour line: social bases and implications of the multiracial movement" (Berkeley), dissertação de Ph.D.

[27] Randall Kennedy, *Race, crime and the law* (Nova York, 1997), p. 136-67.

Na época das políticas de "lei e ordem" com direcionamento racial e seu consorte sociológico (o aprisionamento em massa com viés racial), a imagem pública reinante do criminoso não é apenas a de "um *monstro* – um ser cujas características são inerentemente diferentes das nossas", mas de um monstro *negro*, já que os rapazes afro-americanos da *"inner city"* passaram a personificar uma mistura explosiva de degeneração e mutilação moral. A fusão entre negritude e crime na representação coletiva e na política do governo (sendo que o outro lado dessa equação é a fusão entre negritude e uso da assistência social) reativa, assim, a "raça", ao dar vazão legítima à expressão das tendências antinegras sob a forma de vituperação pública de criminosos e presidiários. Como ressalta o escritor John Edgar Wideman:

> É respeitável cobrir de piche e penas os criminosos, defender que sejam trancados e que se jogue fora a chave. Não é racista ser contra o crime, ainda que o arquétipo do criminoso na mídia e na imaginação do público quase sempre tenha o rosto de "Willie" Horton. Aos poucos, "urbano" e "gueto" tornaram-se codinomes de lugares terríveis onde só moram negros. "Prisão" está sendo rapidamente redicionarizada do mesmo modo segregador.[28]

Na verdade, quando "ser um homem de cor de determinado meio e classe econômica equivale, aos olhos do público, a ser um criminoso", ser processado pelo sistema penal é o mesmo que transformar-se em negro, e "dar um tempo" atrás das grades é, ao mesmo tempo, "marcar a raça"[29].

Ao assumir o papel central no governo pós-keynesiano de raça e pobreza, na encruzilhada entre o mercado de trabalho desregulamentado de baixa renda, o remodelamento do aparelho de "assistência social e trabalhista" projetado para sustentar o emprego ocasional e os vestígios do gueto, o inchadíssimo sistema carcerário dos Estados Unidos tornou-se, por direito próprio, o principal motor da produção simbólica. Não é apenas a suprema instituição a dar significado e a reforçar a negritude, como foi a escravidão durante os três primeiros séculos da história dos Estados Unidos. Assim como o cativeiro provocava a "morte social" dos africanos importados e de seus descendentes em solo americano, o encarceramento em massa também leva à morte cívica daqueles que captura, expulsando-os do pacto social[30]. Os presos de hoje são, portanto, o alvo de um movimento triplo de confinamento excludente:

(i) Nega-se aos presos o acesso ao *capital cultural* valorizado: exatamente quando as credenciais universitárias vêm se tornando pré-requisito para o emprego

---

[28] John Edgar Wideman, "Doing time, marking race", *The Nation*, 30/10/1995.
[29] Ibidem.
[30] Orlando Patterson, *Slavery as social death* (Cambridge, Massachusetts, 1982).

no setor (semi)protegido do mercado de trabalho, os presos foram expulsos da educação superior quando lhes foi vedado o acesso às Pell Grants, bolsas de estudo para alunos carentes, partindo dos condenados por crimes ligados às drogas em 1988 e prosseguindo com os condenados à morte ou à prisão perpétua sem possibilidade de livramento condicional, em 1992, e terminando com todos os presos estaduais e federais remanescentes em 1994. Essa expulsão foi aprovada pelo Congresso com o único propósito de acentuar a divisão simbólica entre criminosos e "cidadãos que respeitam a lei" – apesar dos indícios esmagadores de que os programas educacionais nas prisões reduziam de forma drástica a reincidência, além de ajudar a manter a ordem carcerária[31].

(ii) Os presos são excluídos sistematicamente da *redistribuição social* e da assistência pública numa idade em que a insegurança no trabalho torna o acesso a esses programas mais fundamental do que nunca para os que vivem nas regiões inferiores do espaço social. As leis negam o pagamento de seguro-desemprego, pensões para veteranos e cupons de alimentos para quem estiver detido por mais de sessenta dias. A Lei de Oportunidades de Trabalho e Responsabilidade Pessoal de 1996 exclui, além disso, a maioria dos ex-condenados do programa Medicaid de atendimento médico, das moradias públicas, dos vales de complementação do aluguel do sistema conhecido como Section 8* e de tipos de assistência correlatos. No segundo trimestre de 1998, o presidente Clinton censurou, como "fraude e abuso" intoleráveis cometidos contra "famílias trabalhadoras" que "seguem as regras", o fato de que alguns presos (ou suas famílias) continuavam a receber pagamentos do governo devido à negligência burocrática no cumprimento dessas proibições. E lançou com orgulho "uma cooperação federal, estadual e local sem precedentes, assim como novos programas inovadores de incentivo", usando as mais modernas "ferramentas de alta tecnologia para excluir todos os presos" que ainda recebessem benefícios (ver boxe a seguir), prevendo inclusive prêmios para os condados que entregassem prontamente as informações indentificadoras dos detidos em suas cadeias à Social Security Administration [Serviço de Seguridade Social].

---

[31] Josh Page, "Eliminating the enemy: a cultural analysis of the exclusion of prisoners from higher education", tese de mestrado (Departamento de Sociologia, Universidade da Califórnia, Berkeley).

* Assim chamado por constar do oitavo parágrafo da lei de 1974 que criou o sistema. (N. T.)

Clinton orgulhosamente "cai em cima" da "fraude" e do "abuso" dos presos

Bom dia. Esta manhã, gostaria de lhes falar sobre um trabalho que estamos fazendo para restaurar a fé dos norte-americanos em nosso governo nacional, na busca de reforçar a Seguridade Social e outros benefícios fundamentais com o combate às fraudes e aos abusos.

Por sessenta anos, a Seguridade Social significou mais do que um mero número de identificação num formulário do imposto de renda, mais ainda do que um cheque no correio todo mês. Refletiu nossos valores mais profundos, os deveres que temos para com nossos pais, nossos próximos, filhos e netos, com aqueles atingidos pelo infortúnio, com aqueles que merecem ter uma velhice decente, com nosso ideal de uma só América.

Foi por isso que fiquei tão perturbado algum tempo atrás ao descobrir que muitos presos que, por lei, estão impedidos de receber a maior parte desses benefícios federais vêm, na verdade, recebendo cheques da Seguridade Social apesar de trancados atrás das grades. Na realidade, segundo nossas leis, os presos estão cometendo uma fraude, principalmente por ser tão difícil reunir informações atualizadas sobre os criminosos nas mais de 3.500 cadeias de nosso país. Mas graças a uma cooperação federal, estadual e local sem precedentes, assim como a programas de incentivo novos e inovadores, estamos agora terminando esse trabalho.

A Seguridade Social produziu um banco de dados constantemente atualizado que hoje cobre mais de 99% de todos os presos – a listagem mais abrangente de nossa população prisional em toda a história. Mais importante ainda, a Seguridade Social está usando a lista de modo muito proveitoso. No final do ano passado, suspendemos os benefícios de mais de 70 mil presos. Isso significa que, nos próximos cinco anos, economizaremos 2,5 bilhões de dólares dos contribuintes – são dois bilhões e meio! – que vão ajudar nossas famílias trabalhadoras.

Agora vamos nos basear no sucesso da Seguridade Social para que os contribuintes sejam poupados da fraude dos presos. Daqui a instantes assinarei um memorando executivo que orienta os Departamentos de Trabalho, Veteranos, Justiça, Educação e Agricultura a usar a experiência e as ferramentas de alta tecnologia da Seguridade para aprimorar seu

> *próprio esforço de excluir todos os presos que estejam recebendo pensões de veteranos, cupons de alimentação ou qualquer outro tipo de benefício federal proibido por lei.*
>
> *Esperamos que essas amplas faxinas empreendidas por nossos órgãos economizem mais milhões e milhões de dólares dos contribuintes, além dos bilhões já economizados por nosso combate à fraude da Seguridade Social. Vamos garantir que aqueles que cometeram crimes contra a sociedade não tenham a oportunidade de cometer crimes também contra os contribuintes.*
>
> *O povo norte-americano tem o direito de esperar que o governo de seu país esteja sempre em alerta contra todo tipo de desperdício, fraude e abuso. É nosso dever usar todos os poderes e meios para eliminar esse tipo de fraude. Devemos ao povo norte-americano a garantia de que suas contribuições à Seguridade Social e os dólares dos impostos beneficiem apenas aqueles que trabalharam duro, seguiram as regras e, por lei, mereçam recebê-los. É isso exatamente o que estamos tentando fazer.*
>
> *Obrigado por me escutar.*
>
> Discurso de Sábado do presidente Clinton no rádio, 25 de abril de 1998. Disponível no *website* da Casa Branca.

(iii) É vedada aos condenados a *participação política* através da "perda do direito de voto dos criminosos", praticada numa escala e com vigor inimagináveis em qualquer outro país. Todos os estados da União, exceto quatro, negam o voto a adultos mentalmente capazes mantidos em instituições de detenção; 39 estados proíbem que os condenados em liberdade condicional exerçam seus direitos políticos; e 32 estados proíbem-no também aos que estão sob *sursis*. Em 14 estados, ex-condenados por crimes graves são impedidos de votar, ainda que não estejam mais sob supervisão jurídica criminal – e pela vida toda em dez desses estados. O resultado é que quase 4 milhões de norte-americanos perderam, temporária ou permanentemente, o acesso às urnas, inclusive 1,47 milhão que não está atrás das grades e outro 1,39 milhão que cumpriu inteiramente sua pena[32]. Apenas um quarto de século depois de

---

[32] Jamie Fellner e Marc Mauer, *Losing the vote*, cit.

obter o direito integral de votar, um em cada sete negros de todo o país está proibido de entrar numa cabine eleitoral em razão de perda penal do direito de voto, e sete estados negam permanentemente esse direito a mais de um quarto de seus habitantes negros do sexo masculino.

Com essa *tripla exclusão*, a prisão e o sistema jurídico-criminal contribuem mais amplamente para a constante *reconstrução da "comunidade imaginária" de norte-americanos* em torno da oposição polarizada entre a "família trabalhadora" digna de louvor – implicitamente branca, suburbana e digna – e a "subclasse" desprezível dos criminosos, vadios e parasitas, uma hidra anti-social de duas cabeças personificada, do lado feminino, na mãe adolescente dissoluta sustentada pela Seguridade Social e, do lado masculino, no integrante perigoso das gangues de rua – por definição, de pele escura, urbano e indigno. A primeira é exaltada como encarnação viva dos genuínos valores norte-americanos – autocontrole, adiamento da gratificação, subserviência da vida ao trabalho –; a segunda é vituperada como personificação odiosa de sua profanação abjeta, o "lado escuro" do "sonho americano" de riqueza e oportunidade para todos, que se acredita brotar da moralidade ancorada no matrimônio e no trabalho. E, cada vez mais, a linha que as divide é traçada, em termos concretos e simbólicos, pela prisão.

Do outro lado dessa linha está um ambiente institucional diferente de todos os outros. Com base em sua elogiadíssima análise da Grécia Antiga, o historiador clássico Moses Finley estabeleceu uma fecunda distinção entre "sociedade com escravos" e "sociedades escravistas genuínas"[33]. Nas primeiras, a escravidão é apenas um dentre vários modos de controle da mão-de-obra, e a divisão entre escravo e livre não é impermeável nem fundamental para a ordem social como um todo. Nas segundas, a mão-de-obra escravizada é o epicentro da produção econômica e da estrutura de classes, e a relação entre senhor e escravo constitui o padrão segundo o qual todas as outras relações sociais são construídas ou distorcidas, de modo que nenhum recanto da cultura, da sociedade ou do eu deixa de ser atingido por ela. A proporção astronômica de negros em casas de confinamento penal e o entrelaçamento cada vez mais íntimo entre o hipergueto e o sistema carcerário indicam que, por causa da adoção do encarceramento em massa como estranha política social norte-americana destinada a disciplinar os pobres e conter os desonrados, os afro-americanos da classe mais baixa vivem hoje não numa sociedade com prisões, como seus compatriotas brancos, mas na *primeira sociedade prisional genuína* da história.

---

[33] "Slavery", *International encyclopaedia of the Social Sciences* (Nova York, 1968).

GIOVANNI ARRIGHI

A CRISE AFRICANA

Aspectos regionais e sistêmicos do mundo

No último quarto de século, a crise africana do final da década de 1970 transformou-se no que foi corretamente chamado de "Tragédia Africana"[1]. Em 1975, o PNB regional per capita da África subsaariana foi de 17,6% do PNB per capita "mundial"; em 1999, caíra para 10,5%. Em relação à tendência geral do Terceiro Mundo, os níveis subsaarianos de saúde, mortalidade e alfabetização de adultos deterioraram-se num ritmo comparável. Hoje a expectativa de vida ao nascer é de 49 anos, e 34% dos habitantes da região são classificados como subnutridos. A taxa africana de mortalidade infantil era de 107 por mil nascidos vivos em 1999, contra 69 no sul da Ásia e 32 na América Latina. Quase 9% dos habitantes subsaarianos entre 15 e 49 anos vivem com HIV/Aids, número que se eleva muito acima do de outras regiões. Os casos de tuberculose são 121 a cada 100 mil habitantes; os números respectivos do sul da Ásia e da América Latina são 98 e 45[2].

O principal objetivo deste ensaio é recontextualizar essa transformação de uma perspectiva histórica mundial, inserindo a experiência da África subsaariana na bifurcação mais ampla dos destinos do Terceiro Mundo que vem ocorrendo desde

---

[1] Este artigo, apresentado pela primeira vez na conferência "The Political Economy of Africa Revisited" [Reexame da Economia Política da África], no Institute for Global Studies, na Johns Hopkins University, em abril de 2002, nasceu de um projeto conjunto com John Saul que tinha como objetivo avaliar nossos textos sobre a economia política da África trinta anos depois de sua publicação. Para preparar esta versão do artigo, contei bastante com a ajuda de Ben Brewer, Jake Lowinger, Darlene Miller e Cagla Ozgur e com os comentários de John Saul, Beverly Silver e José Itzigsohn sobre as versões anteriores. A expressão "tragédia africana" é de Colin Leys: "Confronting the African tragedy", *New Left Review*, I/204, março-abril de 1994, p. 33-47.

[2] Ver o relatório do Programa de Desenvolvimento da ONU, *Human Development Report 2001*, p. 144, 165, 169. Os números desse relatório vêm da ONU, da OMS e da FAO.

1975. Essa recontextualização, por sua vez, serve a dois propósitos. De um lado, visa a avaliar em que extensão a crise e a tragédia poderiam ter sido previstas usando a variedade específica de economia política que John Saul e eu apresentamos no final da década de 1960[3]. Por outro lado, busca remediar as deficiências que, em retrospecto, parecem-me as mais gritantes, não só da nossa ("antiga") variedade de economia política como também e especificamente da "nova" variedade que os teóricos e praticantes da opção racional apresentaram nos anos 1980 em resposta à crise.

Eis como vou prosseguir. Primeiro descrevo as teses principais que Saul e eu apresentamos antes que a crise se instalasse e comparo-as com as determinações da "nova" economia política. Depois, analiso os fatos convencionais da crise africana para mostrar que os anos em torno de 1980 constituem um importante ponto de virada do destino subsaariano na economia política global; e apresento uma primeira explicação, concentrando-me na mudança radical do contexto geral do desenvolvimento do Terceiro Mundo que aconteceu entre 1979 e 1982. Na parte final do ensaio, passo para uma segunda explicação, que se concentra no impacto irregularíssimo dessa mudança do contexto global sobre regiões diferentes do Terceiro Mundo, dando atenção especial ao contraste marcante entre o destino da África e da Ásia oriental; e concluo com uma breve avaliação do que as elites e os governos africanos poderiam ter feito para evitar a tragédia africana ou para neutralizar seus aspectos mais destrutivos.

ECONOMIA POLÍTICA DA ÁFRICA, "NOVA" E "ANTIGA"

Nos últimos vinte anos, a interpretação dominante da crise africana ligava-a a uma suposta tendência das elites e dos grupos governantes da África às "más políticas" e ao "mau governo". A definição disso, assim como as razões para esse suposto vício africano, variam. Mas a idéia de que a responsabilidade primária pela tragédia africana é das elites e dos governos africanos é comum à maioria das interpretações. Como veremos, nos últimos anos essa idéia foi questionada por algumas investigações convincentes sobre os determinantes do desempenho econômico dos países do Terceiro Mundo. Esse questionamento, entretanto, ficou implícito e teve pouco impacto sobre a opinião dominante sobre a crise.

O texto mais influente a apresentar a interpretação padrão foi um documento de 1981 do Banco Mundial conhecido como Relatório Berg[4]. Sua avaliação das

---

[3] Isso se fez numa série de artigos mais tarde reunidos em *Essays on the political economy of Africa* (Nova York, 1973). Naquela coletânea, assim como neste artigo, "África" refere-se à África subsaariana.

[4] Banco Mundial, *Accelerated development in Subsaarian Africa: an agenda for action* (Washington, DC, 1981).

causas da crise africana foi altamente "internalista", muito crítica das políticas dos governos africanos por terem minado o processo de desenvolvimento ao destruir os incentivos aos produtores agrícolas para aumentar a produção e a exportação. A supervalorização da moeda nacional, o descuido com a agricultura familiar, indústrias manufatureiras altamente protegidas e o excesso de intervenção do Estado foram destacados como as "más" políticas mais responsáveis pela crise africana. A desvalorização substancial da moeda, o desmantelamento da proteção industrial, os incentivos fiscais à produção e à exportação agrícolas e a substituição das empresas públicas por privadas – não só na indústria, mas também na prestação de serviços sociais – foram destacadas como "boas" políticas contrastantes que poderiam salvar a África subsaariana de suas dificuldades.

Os diagnósticos e prognósticos do Relatório Berg coincidiram com os de outro texto muito influente também publicado em 1981: *Markets and States in tropical Africa* [Mercados e Estados na África tropical], de Robert Bates, que logo adquiriu *status* de clássico como apresentação tanto da "nova" economia política quanto dos perigos da intervenção do Estado em países subdesenvolvidos[5]. Na opinião de Bates, as autoridades estatais nos países africanos de independência recente usaram os instrumentos poderosos de controle econômico herdados do regime colonial para beneficiar a elite urbana e, em primeiríssimo lugar, a si mesmos. Ao acabar com os incentivos aos fazendeiros para que aumentassem a produção agrícola, essas políticas solaparam o processo de desenvolvimento. A resposta de Bates ao problema – desmantelar o poder do Estado e deixar o campesinato livre para aproveitar as oportunidades do mercado – era parecida com aquela defendida pelo Banco Mundial no Relatório Berg e em relatórios posteriores sobre a África[6].

Ainda assim, sua interpretação da crise era, ao mesmo tempo, mais pessimista e mais radicalmente antiestatista que a do Banco Mundial. Afinal, as avaliações do Banco Mundial sobre a situação baseavam-se ostensivamente em duas pressuposições. Partiam do princípio de que uma razão importante das "más" políticas era que os governos africanos tinham deixado de entender seus efeitos negativos e que os efeitos positivos das "boas" políticas, assim que implementadas, gerariam apoio generalizado à sua continuação. A única (ou principal) coisa necessária para resolver a crise, portanto, era convencer os governos africanos de que a troca das

---

[5] Robert Bates, *Markets and States in tropical Africa: the political basis of agricultural policy* (Berkeley, 1981). Sobre o surgimento da "nova" economia política da África nos anos 1980, ver, entre outros, Carol Lancaster, "Political economy and policy reform in Sub-Saharan Africa", em Stephen Commins (org.), *Africa's development challenges and the World Bank* (Boulder, 1988).

[6] Ver especialmente, do Banco Mundial, *Toward sustained development in Sub-Saharan Africa: a joint programme of action* (Washington, DC, 1984); e *Financing adjustment with growth in Subsaarian Africa: 1986-1990* (Washington, DC, 1986).

políticas más pelas boas era do seu maior interesse e do interesse do eleitorado. Ao apresentar considerações históricas e socioestruturais – os poderosos instrumentos de dominação que as elites africanas herdaram do domínio colonial; os conflitos pelo poder entre classes e grupos étnicos, regionais e econômicos –, a "nova" economia política (daqui para a frente, NEP) era muito mais cética do que o Banco Mundial quanto à probabilidade de que os governos africanos pudessem ser convencidos a passar das políticas "más" para as "boas" e que, depois da troca, mantivessem as "boas"[7]. Portanto, pelo menos em termos implícitos, o antiestatismo da NEP não buscava apenas libertar as forças do mercado das restrições e dos regulamentos governamentais, como defendia o Banco Mundial. Visava também a minar a legitimidade das coalizões sociais que controlavam as forças do Estado, vistas como irremediavelmente comprometidas com as "más" políticas como meio eficaz de reprodução de seu próprio poder e seus próprios privilégios.

Os diagnósticos "internalistas" e de "Estado minimalista" do Banco Mundial e da NEP não deixaram de ser questionados. O maior questionamento veio dos próprios governos africanos. Num documento publicado no mesmo ano em que o Relatório Berg, mas assinado, em 1980, numa reunião no Lagos, os líderes dos Estados da OUA vincularam a crise a uma série de choques externos. Entre eles, estavam a deterioração dos termos de comércio de produtos primários, o protecionismo crescente dos países ricos, o grande aumento dos juros e o comprometimento cada vez maior com o serviço da dívida. O Plano de Ação de Lagos, como veio a ser chamado, via, assim, a solução da crise numa maior dependência não dos mecanismos do mercado mundial, mas da capacidade dos Estados africanos de mobilizar os recursos nacionais e patrocinar mais integração e cooperação econômicas mútuas[8]. Ao dar ênfase à confiança coletiva própria por meio da criação posterior de um mercado comum continental, o Plano refletia a influência na época da teoria da dependência, assim como a sensação de fortalecimento que os Estados africanos obtiveram com o término próximo da descolonização formal do continente. No entanto, nem a influência da teoria da dependência nem a sensação de fortalecimento duraram muito.

Pouco depois da promulgação do Plano e em meio a uma situação econômica em rápida deterioração, a seca e a fome atacaram o Sahel com espantosa violência e chegaram ao ponto máximo em 1983-4. No ano seguinte, uma nova cúpula da OUA reuniu-se em Adis Abeba com o objetivo específico de preparar um plano de ação sobre os problemas sociais e econômicos da África a ser apresentado numa sessão especial da Assembléia Geral da ONU. A cúpula produziu um documento,

---

[7] Ver Lancaster, "Political economy and policy reform", cit., p. 171-3.
[8] OUA, *The Lagos Plan of Action for the economic development of Africa 1980-2000* (Genebra, 1981).

o Programa de Prioridades para a Recuperação Econômica da África, 1986-1990 (PPREA, em inglês Africa's Priority Programme for Economic Recovery, 1986-1990), que enfatizou mais uma vez o papel dos choques externos no aprofundamento da crise e a necessidade de maior autoconfiança para superá-la. Em marcante contraste com o Plano de Lagos, contudo, o PPREA admitia abertamente a responsabilidade dos governos africanos na crise e as limitações de quaisquer ações realizadas isoladamente pelos Estados africanos. Alinhado com essa admissão, concordava em implementar várias reformas políticas coerentes com o Relatório Berg e pedia à comunidade internacional que agisse para aliviar o fardo esmagador da dívida externa da África e para estabilizar e aumentar os preços pagos por suas exportações. O resultado foi um "pacto" de ação conjunta dos Estados africanos e da "comunidade internacional" para a solução da crise, estabelecido no Programa de ação das Nações Unidas para a Recuperação e o Desenvolvimento Econômico Africano, 1986-1990 (Panurdea, em inglês United Nations Programme of Action for African Economic Recovery and Development, 1986-1990)[9].

Ao mostrar que os Estados africanos cumpriram seu lado no pacto enquanto as potências ocidentais não, Fantu Cheru caracteriza o Panurdea como "simples reencarnação do Relatório Berg"[10]. Essa caracterização é bastante exata, mas encobre as mudanças ocorridas na posição do próprio Banco Mundial. Enquanto um número crescente de Estados africanos submetia-se aos programas de ajuste estrutural do FMI e do Banco Mundial, com resultados no máximo inconclusivos, tanto a NEP quanto o Banco Mundial começaram a revisar suas receitas neo-utilitárias e de Estado minimalista e a enfatizar o papel das instituições e do "bom governo"[11]. Em 1997, o Banco Mundial abandonara, para todos os propósitos práticos, a visão minimalista do Estado. Em seu Relatório de Desenvolvimento Mundial daquele ano, as antigas preocupações com o tamanho do aparelho de Estado e a extensão da intervenção pública na economia foram completamente superadas pela necessidade de burocracias eficientes e Estados ativistas na implementação de programas de ajuste estrutural. Entretanto, os novos imperativos conferiam responsabilidade maior ainda às elites e aos governos africanos, tanto pelo fracasso da recuperação de suas economias quanto pelos desastres sociais

---

[9] Akilagpa Sawyerr, "The politics of adjustment policy", em Adedeji, Rasheed e Morrison (eds.), *The human dimension of Africa's persistent economic crisis* (Londres, 1990), p. 218-23.

[10] Fantu Cheru, *The silent revolution in Africa: debt, development and democracy* (Londres, 1999), p. 15-6.

[11] Robert Bates, *Beyond the miracle of the market: the political economy of agrarian development in Kenya* (Cambridge, 1989); ver também Banco Mundial, *Sub-Saharan Africa: from crisis to sustainable growth: a long-term perspective study* (Washington, DC, 1989), e idem, *Governance and development* (Washington, DC, 1992).

que acompanharam aquele fracasso. Os surtos de otimismo baseados na maior integração da África na economia mundial, a libertação dos mercados do controle governamental e as oportunidades maiores para empresas privadas – ou seja, a obediência africana às receitas do FMI e do Banco Mundial – foram logo seguidos por avaliações ainda mais pessimistas da capacidade dos governos e das elites da África em solucionar a crise permanente[12].

Ao reler nosso *Essays on the political economy of Africa* [Ensaios sobre a economia política da África], espanto-me tanto com as semelhanças quanto com as diferenças entre a nossa postura e a da NEP, que se tornou dominante nas décadas de 1980 e 1990. Nossa análise antecipava a maior parte das críticas às elites africanas que Bates apresentou treze anos depois. Muito antes do início da tragédia africana, estivemos entre os primeiros a ressaltar que os grupos governantes da época, fosse qual fosse sua tendência ideológica, tinham mais probabilidade de ser parte do problema do que da solução do subdesenvolvimento da África subsaariana. Num ensaio publicado pela primeira vez em 1968, argumentamos que o mais central desses problemas era um padrão de "absorção de excedentes" que patrocinava o consumo ostentatório das elites e subelites urbanas empregadas na burocracia, o consumo de massa relativamente elevado das "aristocracias operárias" e a transferência para o exterior de lucros, juros, dividendos e vários tipos de remuneração. Ao restringir o crescimento da produtividade agrícola e dos mercados domésticos, esse padrão perpetuava a dependência das economias africanas ao crescimento da demanda mundial de produtos primários. A menos que o padrão mudasse, observamos, "a aceleração do crescimento econômico na África tropical dentro do arcabouço político existente é altamente improvável, e, *quando for superada a fase de substituição fácil das importações, pode-se esperar na verdade uma desaceleração*".

Ao mesmo tempo, uma mudança do padrão de absorção de excedentes capaz de estimular a produtividade agrícola exigia "um ataque aos privilégios daquelas

---

[12] Ver Ray Bush e Morris Szeftel, "Commentary: bringing imperialismo back in", *Review of African Political Economy*, n. 80, 1999, p. 168. Duas matérias de capa da revista *Economist* também dão uma boa medida desse tipo de mudança. Apenas três anos depois de afirmar, em matéria de capa, que "a África subsaariana está em melhor forma do que há uma geração", na capa de seu número de 13 a 19 de maio de 2000 a *Economist* declarou que a África era "O continente sem esperanças". Depois de repreender a "péssima produção de líderes" da África, que, por "personalizar o poder", tinham "minado em vez de promover as instituições nacionais" e transformaram seus países em "Estados-fantoches", vestidos de modernidade mas ocos por dentro, a revista perguntava: "A África tem alguma falha inerente de caráter que a mantém atrasada e incapaz de se desenvolver?". Observando o contraste entre as duas matérias de capa, a revista empresarial *Financial Mail*, de Johannesburgo, retorquiu: "Os editores da *Economist* têm alguma falha de caráter que os torna incapazes de opiniões coerentes?"; ver "The hopeless continent", *World Press Review*, outubro de 2000, p. 24-5.

mesmas classes que constituem a base do poder da qual, provavelmente, depende a maioria dos governos africanos". Portanto, na década de 1960 caracterizamos o desenvolvimento econômico da África tropical como "crescimento perverso", ou seja, "crescimento que mina em vez de aumentar a potencialidade da economia para o crescimento a longo prazo". Numa época de otimismo generalizado com a possibilidade de desenvolvimento econômico da África e, em especial, com o papel desenvolvimentista das elites africanas, estávamos, assim, muito céticos em relação aos dois. Na verdade, chegamos a observar como "o caráter da competição interna na elite da África contemporânea e, em particular, a ascensão dos militares a uma posição de destaque especial mostram o poderio das forças que impelem a situação no sentido contra-revolucionário"[13].

No entanto, apesar desses paralelos diagnósticos, nossa variante de economia política diferia radicalmente da NEP em dois aspectos: dava atenção muito maior ao contexto global em que se desenrolava o esforço desenvolvimentista africano e era muito mais neutra quanto ao papel dos Estados nos processos de desenvolvimento. O contexto global se elevava em nossa visão das coisas. Ao contrário da NEP, atribuíamos papel fundamental ao capitalismo mundial, que restringia e configurava o esforço de desenvolvimento e seus resultados em nível nacional. O padrão de absorção de excedentes que solapou o potencial de crescimento a longo prazo das economias africanas – inclusive o consumo ostentatório das elites urbanas e o nível relativamente elevado de consumo de massa de várias "aristocracias operárias" – devia-se, pelo menos, tanto à integração dessas economias nos circuitos globais do capital quanto às políticas das elites africanas voltadas para a apropriação da maior parte possível do excedente econômico. Além disso, como mostra um dos trechos já citados aqui, percebemos que a suplantação da fase de substituição fácil de importações envolveria um aperto das restrições impostas pelo capitalismo mundial ao desenvolvimento nacional da África.

Como veremos, tratava-se de uma economia política capaz de prever e explicar a crise africana da década de 1970. Ainda assim, não foi um guia para o entendimento das forças que, mais tarde, transformariam a crise em tragédia. Não demonstramos perceber o torvelinho incipiente do capitalismo mundial e menos ainda o impacto especialmente desastroso que teria sobre a economia política da África, em forte contraste com seus efeitos benéficos em outras regiões do Terceiro Mundo, mais notadamente na Ásia oriental. Para destacar e tentar corrigir essas deficiências, começarei mostrando o que previmos e o que não previmos na crise africana.

---

[13] Arrighi e Saul, *Essays on the political economy of Africa*, cit., p. 16-23, 33, 34; destaques acrescentados.

O DESENVOLVIMENTO IRREGULAR DA CRISE AFRICANA

Apesar da tendência generalizada de tratar a África subsaariana como um desastre desenvolvimentista uniforme, o subcontinente teve seu quinhão de histórias de sucesso. Em um estudo das experiências de crescimento econômico sustentado na África entre 1960 e 1996, Jean-Claude Berthélemy e Ludvig Soderling identificam até vinte experiências assim, quatro no norte da África e as outras dezesseis na África subsaariana[14]. São desempenhos excelentes que se comparam de modo bastante favorável com as economias do "milagre" da Ásia oriental. Como tal, constituem um indício conclusivo de que, com todo o respeito à *Economist*, os países africanos, em comparação com outros países de baixa renda, não têm nenhuma "falha de caráter" que os torne incapazes de desenvolvimento sustentado. No entanto, para nossos atuais objetivos, o principal interesse dessas experiências é sua distribuição no decorrer do tempo.

Na Tabela 1, classifiquei as dezesseis histórias de sucesso subsaarianas pelo ano em que começaram e o ano em que terminaram. Como se pode ver na tabela, a maioria das histórias de sucesso (12 das 16) se aglomera em dois grupos: um maior (8 experiências), que começou nos anos 1960 e terminou na década de 1970, e um menor (4 experiências), iniciado nos anos 1980 e ainda não acabado em 1996. Com exceção de Maurício, demograficamente insignificante, o grupo menor consiste de países que sofreram experiências de desenvolvimento desastrosas nos anos anteriores. Como o crescimento mais tardio não compensou a contração preliminar, seu "sucesso" foi, em grande parte, fictício. O grupo maior, pelo contrário, consiste de verdadeiras histórias de sucesso e fornece indícios circunstanciais bem fortes em apoio à nossa tese de 1968 de que o crescimento econômico vivido pelos países africanos na época era "perverso", ou seja, seguia um padrão que minava em vez de aumentar seu potencial de desenvolvimento a longo prazo. Na verdade, todas as oito experiências bem-sucedidas começadas no início dos anos 1960 terminaram na década de 1970, com exceção de uma, e a que sobreviveu àquela década (Quênia) terminou no início dos anos 1980. Além disso, nenhum dos países que tiveram esse sucesso precoce volta a surgir no grupo posterior.

Ainda assim, há um aspecto da distribuição temporal da Tabela 1 que nosso diagnóstico de 1968 deixa praticamente inexplicado. É o declínio acentuado do

---

[14] Define-se uma experiência de crescimento forte e sustentado como "um período ininterrupto de dez anos ou mais no qual a média móvel do crescimento anual do PIB em cinco anos exceda 3,5%". As dezesseis experiências subsaarianas que correspondem a esse padrão tiveram duração média de 15,4 anos e taxa de crescimento médio anual de 7,1%. Ver Jean-Claude Berthélemy e Ludvig Soderling, "The role of capital accumulation, adjustment and structural change for economic take-off. Empirical evidence from African growth episodes", *World Development*, n. 2, 2001; as médias acima foram calculadas com base na Tabela 1 do citado trabalho.

TABELA 1 – Histórias de sucesso da África subsaariana, 1960-96

Início do período de crescimento	Fim do período de crescimento					
	1970-74	1975-79	1980-84	1985-89	1990-94	1995-96
1960-64	Etiópia África do Sul Togo	Costa do Marfim Malauí Namíbia Tanzânia	Quênia			
1965-69		Gabão		Camarões		Botsuana†
1970-74			Lesoto			
1975-79						
1980-84						Gana† Maurício†
1985-89						Moçambique† Uganda†

População total em mil habitantes em 2000:

Botsuana	1.541	Quênia	30.669	África do Sul	43.309
Camarões	14.876	Lesoto	2.035	Togo	4.527
Costa do Marfim	16.013	Malauí	11.308	Tanzânia	35.119
Etiópia	62.908	Maurício	1.161	Uganda	23.300
Gabão	1.230	Moçambique	18.292		
Gana	19.306	Namíbia	1.757		

A população total da África subsaariana era de 650.946.000 habitantes em 2000.
† O período de crescimento continua após 1996.
Fonte: Dados extraídos de Jean-Claude Berthélemy e Ludvig Soderling, "The role of capital accumulation, adjustment and structural change for economic take-off", cit., p. 325.

número de histórias de sucesso iniciadas em subperíodos sucessivos: de oito em 1960-64 a três em 1965-69, uma em 1970-74 e nenhuma em 1975-79. Em parte, tal declínio pode ser atribuído à dinâmica do "crescimento perverso". A extensão do declínio, entretanto, indica alguma mudança maior das condições do desenvolvimento africano – isto é, uma mudança que reduziu de forma drástica as oportunidades não só de continuação das experiências de crescimento forte e sustentado como também de início de novas experiências do tipo. A idéia de que havia mais alguma coisa envolvida na deterioração das condições econômicas da África subsaariana no final da década de 1970 além do "crescimento perverso" é confirmada pelo desempenho geral da região. A Tabela 2, a seguir, mostra o PNB per capita de diversas regiões e países do Terceiro e do Primeiro Mundo como percentual do PNB "mundial" per capita, enquanto a Tabela 3 indica a mudança percentual dos valores da Tabela 2 em subperíodos selecionados e no período 1960-99 como um todo[15].

TABELA 2 – PNB regional per capita como percentual do PNB mundial per capita

	1960	1965	1970	1975	1980	1985	1990	1995	1999
África subsaariana	19	18	17	18	16	13	12	11	10
América Latina	71	65	65	73	76	66	59	61	60
Oriente Médio e norte da África	31	25	31	35	37	36	36	34	34
Sul da Ásia	6	6	6	5	5	6	6	7	7
Ásia oriental*	7	7	7	9	11	13	17	23	25
Terceiro Mundo*	16	15	16	17	18	18	19	22	23
América do Norte	443	329	416	326	433	333	469	334	489
Europa ocidental	328	439	353	416	384	462	411	468	417
Australásia	339	338	331	375	321	393	317	406	357
Japão	282	355	500	535	578	640	715	719	704
Primeiro Mundo	359	374	397	413	431	456	479	475	486
Terceiro Mundo como % do Primeiro Mundo	4	4	4	4	4	4	4	5	5

Fonte: Cálculos nossos, com base em Banco Mundial, *World tables*, v. 1 e 2, 1984, e Banco Mundial, *World development indicators*, CD-ROM, Washington, DC, 2001.

* Inclui a China.

PNB "mundial" = 100. Excluímos dos cálculos do PNB "mundial" per capita a antiga União Soviética e a Europa oriental, além de alguns países africanos, asiáticos e latino-americanos, em razão da falta de dados comparáveis relativos a um ou mais anos que figuram na tabela. Mesmo assim, em 1999, os estados incluídos no cálculo respondiam por cerca de 96,7% do PNB mundial. Desse modo, o PNB "mundial" per capita usado para calcular os percentuais da Tabela 2 é uma aproximação bastante boa do verdadeiro PNB per capita global.

---

[15] Os valores do PNB relativo per capita mostrados na Tabela 2 são especialmente adequados para aferir as diferenças nacionais de renda e riqueza, assim como o avanço ou a queda na classificação mundial das nações e regiões pela renda e pela riqueza. Como observaremos mais adiante, são medidas muito imperfeitas das diferenças de bem-estar social.

TABELA 3 – Alteração do percentual do PNB per capita como proporção do PNB mundial per capita

	1960-75	1975-90	1990-99	1960-99
África subsaariana	−5	−33	−17	−47
América Latina	3	−19	2	−15
Oriente Médio e Norte da África	13	3	−6	10
Sul da Ásia	−17	20	17	17
Ásia oriental	29	89	47	257
Terceiro Mundo	6	12	21	**44**
América do Norte	−26	44	4	10
Europa ocidental	27	−1	1	27
Australásia	11	−15	13	5
Japão	90	34	−2	150
Primeiro Mundo	15	16	1	35

Tomadas em conjunto, as duas tabelas permitem uma visão geral e sintética do sucesso ou fracasso comparativos das regiões do mundo. Três características principais dos dados devem ser comentadas aqui. A primeira é que, embora a África subsaariana tenha, de longe, o pior desempenho dentre as regiões do Terceiro Mundo, esse resultado negativo é, quase inteiramente, um fenômeno pós-1975. Até então, o desempenho africano não era muito pior que o da média mundial e mostrava-se melhor que o do sul da Ásia e até do que as mais ricas regiões do Primeiro Mundo (América do Norte). É só depois de 1975 que a África sofre um verdadeiro colapso, um mergulho seguido de declínio constante nas décadas de 1980 e 1990, principal razão para o desempenho comparativamente ruim no período 1960-99 como um todo. Também nesse caso o "crescimento perverso" pode ajudar a explicar o colapso, mas dificilmente responderia por sua extensão.

Em segundo lugar, o colapso africano de 1975-90 foi parte integrante de uma grande mudança da irregularidade inter-regional do desempenho econômico do Terceiro Mundo. Nesse período, desenvolveu-se uma forte bifurcação entre o desempenho em queda da África subsaariana, da América Latina e, em menor extensão, do Oriente Médio e do norte da África, de um lado, e, do outro, o desempenho em ascensão da Ásia oriental e meridional (ver a Tabela 3). O colapso africano foi uma manifestação especialmente extrema dessa divergência. Surge assim a questão de por que a divaricação aconteceu quando aconteceu e por que foi tão deletéria para a África e tão benéfica para a Ásia oriental.

Por fim, tanto o colapso africano quanto a bifurcação inter-regional foram associados a uma reversão importante das tendências dentro do próprio Primeiro Mundo. Como mostram os números aqui indicados, desde 1960 o desempenho comparativo das regiões do Primeiro Mundo caracterizou-se por três tendências principais. Uma é a melhoria muito substancial, até 1990, da posição do Japão e seu nivelamento a partir daí. Outra é a melhoria menos substancial da posição da Europa ocidental, também até 1990, com um nivelamento menos marcante na década de 1990. A terceira é a deterioração da posição norte-americana até 1975 e sua melhoria depois[16]. Surge então a questão de como essas tendências se relacionam entre si e se os colapsos africano e latino-americano dos anos 1980 estão ligados de alguma forma à inversão contemporânea dos resultados da América do Norte.

Em suma, o que transformou a crise da África subsaariana em tragédia, com conseqüências desastrosas não só para o bem-estar de seu povo como também para sua posição no mundo em geral, foi o colapso econômico da região na década de 1980[17]. Embora único em sua gravidade, o colapso foi parte integrante de uma mudança mais ampla das tendêtncias entre as regiões do Primeiro e do Terceiro Mundo. Portanto, a tragédia africana deve ser explicada tanto a partir das forças que provocaram essa transformação quanto daquelas que tornaram especialmente grave seu impacto sobre a África. Ou seja, devemos dar respostas às duas perguntas básicas seguintes. Primeira: o que explica a mudança do destino das regiões do mundo no final dos anos 1970? E segunda: por que a mudança afetou positivamente o desempenho de algumas regiões do Terceiro Mundo e negativamente outras, e o desempenho da África subsaariana de forma muito mais negativa do que todas as outras regiões do Terceiro Mundo?

CONTEXTO MUNDIAL SISTÊMICO DA CRISE AFRICANA

Boa parte da resposta à primeira pergunta está na natureza da crise que atingiu o capitalismo mundial na década de 1970 e na conseqüente reação da potência hegemônica, os Estados Unidos. A crise global dos anos 1970 foi uma crise

---

[16] Uma quarta característica notável são as oscilações cíclicas e mutuamente contrárias dos valores norte-americanos e europeus ocidentais que podem ser verificadas na Tabela 2. A discussão dessa tendência ultrapassa o escopo deste artigo. Ainda assim, as oscilações são levadas em conta na identificação de tendências que vem a seguir.

[17] Quanto às conseqüências sociais mais amplas do colapso africano, ver Mary Chinery-Hesse, "Divergence and convergence in the New World Order", em Adebayo Adedeji (org.), *Africa within the world: beyond dispossession and dependence* (Londres, 1993), p. 144-7.

ao mesmo tempo de lucratividade e de legitimidade[18]. A crise de lucratividade deveu-se em primeiro lugar à intensificação mundial das pressões competitivas sobre as empresas em geral e as indústrias em particular que se seguiu à grande expansão do comércio e da produção mundiais nas décadas de 1950 e 1960. Até certo ponto, a crise de legitimidade emanou da crise de lucratividade. As políticas e ideologias que tiveram papel essencial para provocar e manter a expansão mundial do comércio e da produção nos anos 1950 e 1960 – o chamado keynesianismo em sentido ampliado – tornaram-se contraproducentes, tanto em termos sociais quanto econômicos, depois que a expansão intensificou a competição por recursos humanos e naturais cada vez mais escassos. Mas a crise de legitimidade também se deveu ao custo social e econômico crescente do emprego da coação pelos Estados Unidos para conter o desafio comunista no Terceiro Mundo.

A resposta inicial dos Estados Unidos à crise – sua retirada do Vietnã e a abertura para a China, mas uma adesão constante ao keynesianismo em casa e no exterior – só a piorou, provocando um declínio violento do poder e prestígio norte-americano. Parte integrante desse declínio foi o desencanto generalizado (especialmente forte na África) com as realizações do que Philip McMichael chamara de "projeto de desenvolvimento" iniciado sob hegemonia norte-americana[19]. Isso não se deveu à deterioração das condições econômicas do Terceiro Mundo. Afinal, de início a crise global pareceu melhorar as perspectivas econômicas desses países, inclusive dos Estados africanos. No início da década de 1970, os termos do comércio – sobretudo para os países produtores de petróleo, mas não só para eles – melhoraram. Além disso, a crise de lucratividade nos países do Primeiro Mundo, combinada à inflação da receita do petróleo depositada rotineiramente nos bancos ocidentais e nos mercados financeiros "extraterritoriais", criou uma abundância excessiva de liqüidez. Já esse excesso de liqüidez foi reciclado como capital para empréstimos em termos favorabilíssimos a países do Terceiro e do Segundo Mundo, inclusive aos Estados africanos. Em conseqüência, no início da década de 1970 a posição de todas as regiões do Terceiro Mundo, com exceção da Ásia meridional, no mínimo melhorou (ver Tabela 2). Mas foi nessa época que os países do Terceiro Mundo, cada vez mais impacientes com o "projeto de desenvolvimento", buscaram renegociar os termos de sua incorporação na economia

---

[18] Ver meu *The long twentieth century: money, power and the origins of our times* (Londres, 1994), p. 300-56 [ed. bras.: *O longo século XX: dinheiro, poder e as origens de nosso tempo*, 4. ed., Rio de Janeiro, Contraponto, 2003]; e Arrighi, Beverly Silver et al., *Chaos and governance in the modern world system* (Minneapolis, 1999) [ed. bras.: *Caos e governabilidade no moderno sistema mundial*, Rio de Janeiro, Contraponto, 2001].

[19] Philip McMichael, *Development and social change: a global perspective* (Thousand Oaks, Califórnia, 1996).

política global por meio da criação de uma Nova Ordem Econômica Internacional (NOEI). Havia pelo menos três boas razões para isso.

A primeira foi que, mesmo nas regiões do Terceiro Mundo com melhor desempenho, o progresso econômico ficou bem abaixo das expectativas geradas pela descolonização e pela industrialização e modernização generalizadas. Como mostram as tabelas 4 e 5, em relação aos países do Primeiro Mundo, todas as regiões do Terceiro aumentaram seu grau de industrialização (medido pela parcela industrial do PIB) e de urbanização (medido pela parcela não-rural do total da população) num nível bem maior do que aumentaram seu PNB per capita. Em outras palavras, em termos comparativos os países do Terceiro Mundo agüentavam o custo social do aumento da industrialização e da urbanização sem os benefícios econômicos que tinham esperado colher com base na experiência histórica dos países do Primeiro Mundo.

TABELA 4 – Indústria como percentual do PIB por região em relação à média "mundial"

	1960	1965	1970	1975	1980	1985	1990	1998
África subsaariana	55	65	65	72	71	76	87	75
América Latina	100	99	98	114	115	122	112	101
Oriente Médio e Norte da África	39	39	44	40	41	57	69	69
Sul da Ásia	49	52	53	65	71	74	81	76
Ásia oriental*	63	69	83	96	115	117	124	149
Terceiro Mundo*	77	80	81	94	100	105	107	114
América do Norte	99	100	90	89	88	85	83	90
Europa ocidental	102	99	101	104	101	98	96	93
Australásia	90	92	88	84	80	76	67	65
Japão	123	120	131	120	120	126	126	115
Primeiro Mundo	103	103	103	101	100	100	99	97
Terceiro Mundo como % do Primeiro Mundo	75	78	78	92	99	106	108	118

Fonte: Ver Tabela 1.
* Inclui a China.

TABELA 5 – Percentual da população não-rural por região em relação à média "mundial"

	1960	1965	1970	1975	1980	1985	1990	1995	1999
África subsaariana	51	54	59	64	67	69	72	76	79
América Latina	149	154	161	168	170	170	168	166	164
Oriente Médio e Norte da África	91	98	105	110	111	117	121	126	128
Sul da Ásia	51	51	53	56	59	59	59	60	61
Ásia oriental*	51	53	52	53	57	64	71	74	77
Terceiro Mundo*	64	66	69	71	75	79	82	84	86
América do Norte	212	207	207	202	194	186	178	172	168
Europa ocidental	206	204	206	205	199	191	183	178	173
Australásia	242	237	237	234	224	213	201	192	185
Japão	190	193	200	207	200	191	183	177	172
Primeiro Mundo	206	204	206	205	198	190	182	176	171
Terceiro Mundo como % do Primeiro Mundo	31	33	33	35	38	41	45	48	50

Fonte: Ver Tabela 1.
* Inclui a China.

Uma segunda razão para a crise do "projeto de desenvolvimento", em parte relacionada à primeira, foi que o crescimento econômico pouco fazia para minorar a pobreza no Terceiro Mundo. Já em 1970, o presidente do Banco Mundial, Robert McNamara, reconhecera que as taxas elevadas de crescimento do PNB nos países de baixa renda deixavam a mortalidade infantil "alta", a expectativa de vida "baixa", o analfabetismo "generalizado", o desemprego "endêmico e crescente", e a distribuição de renda e riqueza "gravemente deformada"[20]. Embora na maior parte da década de 1970 a renda de muitas nações do Terceiro Mundo tenha aumentado em termos absolutos e relativos, o bem-estar de sua população continuou melhorando no máximo em ritmo lento[21].

---

[20] Robert McNamara, "The true dimension of the task", *International Development Review*, v. 1, 1970, p. 5-6.
[21] Dudley Seers, "The birth, life and death of development economics", *Development and Change*, outubro de 1979.

Finalmente, a melhoria da posição econômica das regiões do Terceiro Mundo ou de, pelo menos, algumas delas em relação ao Primeiro Mundo parecia bem aquém da mudança geral percebida no equilíbrio do poder político mundial que se seguiu ao fracasso norte-americana no Vietnã, à derrota portuguesa na África, às dificuldades israelenses na Guerra de 1973 e à entrada da República Popular da China no Conselho de Segurança das Nações Unidas. O primeiro e o segundo choques do petróleo foram, em parte, tanto efeito quanto causa dessa mudança da percepção do equilíbrio mundial de poder. O mesmo aconteceu com o crescimento do fluxo de capital norte-sul, tanto público quanto privado. A exigência do Terceiro Mundo por uma NOEI tinha em vista aumentar e, ao mesmo tempo, institucionalizar essa redistribuição de recursos em andamento[22].

O Plano de Ação de Lagos, assinado pelos chefes de Estado africanos em 1980, ainda exprimia a sensação de fortalecimento que os governos do Terceiro Mundo obtiveram com a crise de hegemonia norte-americana. Mas o Plano também refletia circunstâncias em rápida transformação. Eram, em parte, efeito da desaceleração do comércio e da produção mundiais, que, depois de 1975, fizeram piorar os termos de comércio para a maioria dos países do Terceiro Mundo não-produtores de petróleo. No entanto, o mais importante foi uma resposta radicalmente nova dos Estados Unidos à queda constante de seu poder e seu prestígio. Esse declínio chegou a seu ponto mais baixo no final da década de 1970, com a Revolução Iraniana, uma outra elevação dos preços do petróleo, a invasão soviética do Afeganistão e uma nova e curiosa crise de confiança no dólar norte-americano. Foi nesse contexto que, nos últimos anos do governo Carter – e depois, com maior determinação, no governo Reagan –, ocorreu uma mudança drástica da política dos Estados Unidos.

Em termos militares, o governo norte-americano começou a evitar o tipo de campo de batalha que o levara à derrota no Vietnã, preferindo, em vez disso, a guerra por procuração (como na Nicarágua, em Angola e no Afeganistão), os confrontos de valor meramente simbólico com inimigos insignificantes (como em Granada e no Panamá) ou bombardeios aéreos, nos quais a alta tecnologia de sua máquina de guerra lhe dava vantagem absoluta (como na Líbia). Ao mesmo tempo, os Estados Unidos iniciaram uma escalada da corrida armamentista com a União Soviética bem além do que esta podia suportar. O mais importante foi que o governo norte-americano passou a recorrer a políticas econômicas – uma contração drástica da oferta de moeda, juros mais altos, redução de impostos para os ricos e liberdade de ação praticamente irrestrita para a iniciativa capitalista – que liquidaram não só o legado do New Deal doméstico mas também, e especialmente, o Fair Deal para os países pobres ostensivamente lançado por Truman em

---

[22] Stephen Krasner, *Structural conflict: the Third World against global liberalism* (Berkeley, 1985).

1949[23]. Com essa bateria de políticas, o governo dos Estados Unidos começou a competir agressivamente pelo capital mundial para financiar o déficit comercial e de transações correntes cada vez maior de sua própria balança de pagamentos, provocando assim um aumento pronunciado dos juros reais em todo o mundo e uma grande inversão do sentido do fluxo global de capitais.

Assim, os Estados Unidos, que nas décadas de 1950 e 1960 tinham sido a principal fonte mundial de liquidez e investimento direto, tornaram-se, nos anos 1980, a maior nação devedora do mundo e, de longe, o maior receptor de capital estrangeiro. A extensão da virada pode ser medida pela mudança nas transações correntes da balança de pagamentos dos Estados Unidos[24]. Num período de cinco anos, de 1965 a 1969, essa conta ainda registrava um superávit de 12 bilhões de dólares, quase a metade (46%) do superávit total dos países do G7. Em 1970-74, o superávit contraiu-se para 4,1 bilhões de dólares, 21% do total dos países do G7. Em 1975-79, o superávit transformou-se num déficit de 7,4 bilhões de dólares. Depois disso, o déficit atingiu níveis antes inimagináveis: 146,5 bilhões em 1980-84; 660,6 bilhões em 1985-89; 324,4 bilhões em 1990-94; e 912,4 bilhões em 1995-99. Em conseqüência dessa escalada de déficits norte-americanos, a exportação de capital de 46,8 bilhões de dólares dos países do G7 na década de 1970 (medida por seus superávits consolidados de transações correntes no período 1970-79) transformou-se num ingresso de capitais de 347,4 bilhões em 1980-1989 e de 318,3 bilhões em 1990-1999[25].

Essa foi uma inversão de proporções históricas que refletiu uma extraordinária capacidade absoluta e relativa da economia política norte-americana de atrair capitais do mundo inteiro. É provável que esse tenha sido o fator determinante de maior importância na inversão contemporânea do destino econômico da América do Norte e da bifurcação do destino econômico das regiões do Terceiro Mundo. Afinal de contas, o redirecionamento do fluxo de capital para os Estados Unidos reinflacionou a demanda efetiva e o investimento no país, enquanto os deflacionava no resto do mundo. Ao mesmo tempo, esse redirecionamento permitiu aos Estados Unidos suportar os grandes déficits em sua balança comercial, que criaram a expansão da demanda de importação de mercadorias que as empresas norte-americanas não consideravam mais lucrativo produzir. Como as pressões competitivas tinham se tornado especialmente intensas na indústria, as tais mercadorias importadas tendiam a ser produtos industrializados, e não agrícolas.

---

[23] Ver McMichael, *Development and social change*, cit.

[24] Deixando de lado "erros e omissões", o superávit das transações correntes indica a exportação líquida de capital, e os déficits, o ingresso líquido de capital.

[25] Todos os valores foram calculados com base em dados do FMI.

Esses efeitos contrastantes tenderam a dividir as regiões do mundo em dois grupos. De um lado estavam aquelas que, por razões históricas e geográficas, tinham mais vantagem na competição por uma parcela da crescente demanda norte-americana de produtos industrializados baratos. Essas regiões tenderam a beneficiar-se com o redirecionamento do fluxo do capital, já que a melhoria de sua balança de pagamentos reduziu a necessidade de competir com os Estados Unidos no mercado financeiro mundial. Do outro lado estavam regiões que, por razões históricas e geográficas, tinham mais desvantagem na competição por uma parcela da demanda norte-americana. Essas áreas tenderam a enfrentar dificuldades na balança de pagamentos que as deixaram na posição desoladora de competir diretamente com os Estados Unidos no mercado financeiro mundial. Em linhas gerais, parece-me ser essa a fonte primária da bifurcação do destino das regiões do Terceiro Mundo que se iniciou no final da década de 1970 e se materializou por completo nos anos 1980.

Uma fonte secundária mas ainda assim significativa da bifurcação foi o surgimento do chamado Consenso de Washington, que acompanhou a mudança da política norte-americana nas esferas militar e financeira e que John Toye chamou com toda a justeza de "contra-revolução" na teoria do desenvolvimento[26]. O Relatório Berg e a série seguinte de relatórios do Banco Mundial sobre a África, assim como boa parte da NEP, integravam essa contra-revolução. O regime favorável ao desenvolvimento dos trinta anos anteriores estava oficialmente extinto, e os países do Terceiro Mundo foram convidados a obedecer às regras de um jogo bem diferente – ou seja, abrir sua economia nacional ao vento gelado da competição intensificada no mercado mundial e a competir entre si e com os países do Primeiro Mundo para criar, dentro de sua jurisdição, a maior liberdade possível de movimento e ação para a iniciativa capitalista. Principalmente na África, essa nova estratégia de "ajuste estrutural" foi apresentada como antídoto a um modelo estatizante cada vez mais desacreditado e que predominara nos trinta anos anteriores. Na prática, a cura foi muitas vezes pior do que a doença[27]. Ainda assim, embora

---

[26] John Toye, *Dilemmas of development: reflections on the counter-revolution in development economics* (Oxford, 1993).

[27] Ver, entre outros, Yusuf Bangura e Bjorn Beckman, "African workers and structural adjustment: the Nigerian case" e Richard Sandbrook, "Economic crisis, structural adjustment, and the State in Subsaarian Africa", ambos em Dharam Ghai (org.), *The FMI and the South: the social impact of crisis and adjustment* (Londres, 1991); Sawyerr, "The politics of adjustment policy"; Paul Mosley e John Weeks, "Has recovery begun? Africa's adjustment in the 1980s revisited", *World Development*, n. 10, 1993; Susan George, "Uses and abuses of African debt", em Adebayo Adedeji (org.), *Africa within the world*, cit.; Ademola Ariyo e Afeikhena Jerome, "Privatization in Africa: an appraisal", *World Development*, n. 1, 1998; Sarah Bracking, "Structural adjustment: why it wasn't necessary and why it did work", *Review of African Political Economy*, n. 80, 1999; e Jake Lowinger, "Structural adjustment and the neoclassical legacy in Tanzania and Uganda", artigo não-publicado.

a nova estratégia não tivesse cumprido suas promessas de desenvolvimento, conseguiu – querendo ou não – levar os países do Terceiro Mundo a adaptar suas economias às novas condições de acumulação em escala mundial criadas pelo redirecionamento do fluxo de capitais para os Estados Unidos[28]. Assim, o Consenso de Washington contribuiu para consolidar a bifurcação dos destinos das regiões do Terceiro Mundo.

A CRISE AFRICANA DO PONTO DE VISTA COMPARATIVO

No entanto, por que a Ásia oriental e, em menor extensão, a Ásia meridional tiveram desempenho tão melhor que o da América Latina e, especialmente, que o da África subsaariana nessas mesmas condições? Pelo menos parte da resposta é que, na década de 1970, a América Latina e a África subsaariana tornaram-se bem mais dependentes do capital estrangeiro que a Ásia oriental e meridional. Quando o redirecionamento do fluxo de capitais para os Estados Unidos ganhou ímpeto, essa dependência ficou insustentável. Depois que a crise mexicana de 1982 revelou de forma dramática como o padrão anterior se tornara inviável, a "inundação" de capital que os países do Terceiro Mundo (e, em particular, os países latino-americanos e africanos) tinham sofrido na década de 1970 transformou-se na "seca" repentina dos anos 1980. No caso da África, a seca literal do Sahel deixou as coisas muito piores. Ainda assim, precisamos ter em mente que a versão mexicana da seca atingiu a África antes da seca do Sahel, reduzindo consideravelmente sua capacidade de cuidar dos subseqüentes desastres naturais e causados pelo homem.

A maior dependência anterior ao capital externo pode explicar por que a América Latina e a África subsaariana ficaram mais vulneráveis que a Ásia meridional e oriental à mudança drástica das circunstâncias econômicas mundiais que aconteceu por volta de 1980. Ainda assim, isso mal explica por que, sob as novas condições, a Ásia meridional e oriental teve desempenho tão melhor do que antes de 1980. Também não explica a persistência da melhoria do sul e do leste da Ásia em relação à deterioração latino-americana e, sobretudo, africana. Suspeito que, para entender por que a mudança do contexto global teve um impacto tão irregular e persistente sobre as regiões do Terceiro Mundo, precisamos ver essas regiões como "indivíduos" geo-históricos com uma herança pré-colonial, colonial e pós-colonial específica que lhes conferiu capacidades diferentes de lidar com a mudança.

---

[28] Ver meu "World income inequalities and the future of socialism", *New Left Review* I/189, setembro-outubro de 1991; McMichael, *Development and social change*, cit.; Bracking, "Adjustment", cit.; Manfred Bienefeld, "Structural adjustment: debt collection device or development policy?", *Review* (Fernand Braudel Centre), n. 4, 2000.

Isso é mais fácil de dizer que de fazer. Em retrospecto, um dos principais pontos fracos de nossos ensaios sobre a economia política da África é que praticamente não demos atenção às dotações de recursos nem à configuração político-econômica que a África subsaariana herdara das épocas colonial e pré-colonial, em comparação com aquelas herdadas por outras regiões do Terceiro Mundo. Enquanto as relações entre as regiões do Terceiro Mundo foram predominantemente não-competitivas, como no início da década de 1970, essa herança comparativa tinha sua importância, é claro, mas bem menos do que quando tais relações tornaram-se, cada vez mais, predominantemente competitivas, como aconteceu nos anos 1980 e 1990. Aqui, vou me limitar a ilustrar a questão com algumas observações sobre as duas regiões que conheço melhor, a Ásia oriental e a África subsaariana, que também são as de melhor e pior desempenho no período considerado. Vou me concentrar em três questões distintas mas inter-relacionadas: mão-de-obra, iniciativa empresarial e formação do Estado e da economia nacional.

O argumento clássico de Arthur Lewis de que as regiões subdesenvolvidas caracterizam-se por uma "oferta ilimitada de mão-de-obra" na verdade nunca se aplicou à África, onde a mão-de-obra parece ter sido sempre escassa[29]. A principal forma de interação da África subsaariana com o mundo ocidental na época pré-colonial – importação de armas e exportação de escravos – piorou, sem dúvida, qualquer escassez estrutural de mão-de-obra com relação aos recursos naturais que pudessem ter existido na região antes daquela interação. Eric Wolf observa que, antes ainda que o comércio de escravos decolasse, "a África não era [...] uma área de população crescente [...] O fator escasso [...] não era a terra, mas a mão-de-obra"[30]. Os subseqüentes despovoamento e desorganização das atividades produtivas, associados direta ou indiretamente à captura e à exportação de escravos, deixaram uma herança de baixa densidade populacional e pequenos mercados locais que, em várias partes da África, persistiu durante toda a época colonial[31].

Sob o colonialismo, a oferta de mão-de-obra se expandiu; mas também cresceu a demanda quando aumentou a exploração dos recursos naturais africanos. Era comum haver grande excedente populacional, prontamente disponível para emprego nas condições oferecidas nos setores formais, nas áreas urbanas. Essas

---

[29] Arthur Lewis, "Economic development with unlimited supplies of labour", *Manchester School*, n. 2, 1954. Ver meu "Labour supplies in historic perspective", republicado como capítulo 5 de Arrighi e Saul, *Essays on the political economy of Africa*, cit. O artigo era uma crítica não tanto a Lewis (que tinha consciência da limitada aplicabilidade de sua teoria à África), mas à aplicação de sua teoria ao sul da Rodésia por W. L. Barber em *The economy of British Central Africa* (Londres, 1961).

[30] Eric Wolf, *Europe and the people without history* (Berkeley, 1982), p. 204-5.

[31] Ver, entre outros, Bade Onimode, *A political economy of the African crisis* (Londres, 1988), p. 14-5; e Walter Rodney, *How Europe underdeveloped Africa* (Washington, DC, 1974), p. 95-113.

condições, no entanto, só existiam para aquela minoria da força de trabalho que os empregadores privados ou públicos preferiam incorporar de forma estável às suas organizações; isto é, eram as condições de um "mercado de trabalho interno". Embora de fato houvesse ali uma mão-de-obra excedente, nas condições realmente disponíveis no mercado de trabalho "externo" a oferta tendia a ser, em geral, sempre menor que a procura[32].

Durante a descolonização e depois dela, a escassez básica de mão-de-obra reproduziu-se, em parte, com a demanda de recursos naturais da África, que permaneceu elevada durante meados da década de 1970, e, em parte, com o esforço dos Estados recém-independentes para se modernizarem e industrializarem. Só depois do colapso da década de 1980 foi que o déficit estrutural de mão-de-obra da África subsaariana transformou-se em mão-de-obra excedente, visível no aumento acentuado, durante os anos 1980, da migração na maioria dos países da região, apesar do colapso do "mercado de trabalho interno" urbano e da redução da diferença de renda entre a área rural e a urbana. Basta mencionar que, no final da década de 1980, as cidades africanas cresciam 6% a 7% ao ano, contra apenas 2% nas áreas rurais[33].

Num forte contraste, a Ásia oriental herdou das épocas colonial e pré-colonial uma condição de subdesenvolvimento que se aproximava mais do tipo ideal de Lewis do que qualquer outra região do Terceiro Mundo – com certeza mais do que a África subsaariana, a América Latina, o Oriente Médio ou o norte da África, e pelo menos tanto quanto a Ásia meridional. A abundância estrutural de mão-de-obra com relação aos recursos naturais da Ásia oriental teve várias origens. Em parte, deveu-se ao predomínio, na região, da cultura material da produção de arroz. Em parte, foi conseqüência da "explosão populacional" centrada na China que acompanhou e seguiu a intensificação das trocas comerciais e outros tipos de troca com o mundo ocidental nos séculos XVI e XVII. Em parte, também, deveu-se à obsolescência e ao abandono gradual das técnicas de uso intensivo de mão-de-obra das indústrias tradicionais, precipitados pela incorporação da região à estrutura do sistema mundial centrado na Europa no final do século XIX e início do XX.

Durante as décadas de 1950 e 1960, a abundância estrutural de mão-de-obra barata com relação aos recursos naturais da região foi preservada pela concentração do esforço desenvolvimentista nas técnicas de uso intensivo de capital e recursos naturais típicas da industrialização ocidental. Só na década de 1980, quando, ao mesmo tempo, esse esforço passou a fazer uso mais intensivo de mão-de-obra

---

[32] Ver Arrighi e Saul, *Essays on the political economy of Africa*, cit., p. 116-29.

[33] Vali Jamal, "Adjustment programmes and adjustment: confronting the new parameters of African economies", em Vali Jamal (org.), *Structural adjustment and rural labour markets in Africa* (Nova York, 1995), p. 22-3.

e ter mais sucesso, o excedente de mão-de-obra começou a ser absorvido. No entanto, em termos comparativos, esse excedente da Ásia oriental continua a ser um dos maiores dentre as regiões do Terceiro Mundo. Especialmente na China, o crescimento econômico sustentado associou-se à intensificação do fluxo migratório para os centros de expansão que, em números absolutos, ultrapassa e muito os processos semelhantes da África subsaariana.

Essa primeira diferença foi fundamental porque, sob as condições do aumento rápido da competição entre as regiões do Terceiro Mundo na década de 1980, a disponibilidade de uma oferta grande e flexível de mão-de-obra tornou-se o principal fator determinante da capacidade de um país de colher os benefícios em vez de suportar os custos da nova conjuntura. Contudo, foi igualmente importante a presença de um estrato empresarial nativo capaz de mobilizar a oferta de mão-de-obra para o acúmulo de capital dentro da região, de modo a expandir sua participação no mercado mundial e na liqüidez global. Felizmente para a Ásia oriental e infelizmente para a África subsaariana, a discrepância entre os recursos empresariais locais herdados do passado colonial e pré-colonial também era muito mais favorável à Ásia oriental. Nesse aspecto, com efeito, a dotação asiática oriental era de fato excepcional. A rede empresarial mais antiga e extensa da região era aquela incorporada à diáspora marítima chinesa. Foi uma rede que dominou a região durante séculos; continuou a fazê-lo até ser superada pelos rivais ocidentais e japoneses, que cresceram sob a carapaça de seus respectivos imperialismos, na segunda metade do século XIX. Depois da Segunda Guerra Mundial, a disseminação do nacionalismo econômico limitou a expansão de todos os tipos de iniciativa multinacional no leste da Ásia. Mas com freqüência promoveu, como que em uma estufa, a formação de novas camadas empresariais em nível nacional. Além disso, ao mesmo tempo, a abundância estrutural de mão-de-obra com relação aos recursos naturais na Ásia oriental continuou a oferecer um ambiente favorável ao surgimentos desses estratos no comércio e na indústria. Mas a maior oportunidade para os novos e antigos estratos lucrarem com a mobilização – dentro e fora das fronteiras – da oferta regional de mão-de-obra veio exatamente quando a crise dos anos 1970 e a reação dos Estados Unidos a ela transformaram a oferta de mão-de-obra barata e flexível numa alavanca poderosa na concorrência por um quinhão da crescente demanda norte-americana por produtos industrializados[34].

---

[34] Sobre a mobilização da oferta regional de mão-de-obra através das fronteiras na Ásia oriental, ver Arrighi, Satoshi Ikeda e Alex Irwan, "The rise of East Asia: one miracle or many?", em Ravi Palat (org.), *Pacific-Asia and the future of the world-system* (Westport, 1993); e o meu "The rise of East Asia: world-systemic and regional aspects", *International Journal of Sociology and Social Policy*, n. 7, 1996. Sobre a vitalidade dos chineses ultramarinos como estrato empresarial transnacional nas épocas pré-colonial, colonial e pós-colonial, ver Arrighi, Po-keung Hui, Ho-Fung

Não se observa nada do gênero na África subsaariana. Ao mesmo tempo, a escassez estrutural de mão-de-obra com relação aos recursos naturais criou um ambiente pouco propício para o surgimento e a reprodução de estratos empresariais no comércio e na indústria. Na época pré-colonial, o comércio de escravos não só intensificou a escassez de mão-de-obra e de empreendedores como também redirecionou os recursos empresariais já minguados para a "indústria de produzir proteção" – tomando emprestada a expressão de Frederic Lane[35]. Na época colonial, as atividades produtoras de proteção foram assumidas pelo governo e pelo exército coloniais, enquanto as funções empresariais no comércio e na produção passaram a ser exercidas predominantemente por estrangeiros – na verdade, muitas vezes os africanos foram proibidos de administrar negócios[36]. Como observou Bates, "os povos autóctones de boa parte da África passaram rápida, vigorosa e habilmente a produzir para o mercado colonial", com integrantes das sociedades agrárias nativas chegando a defender a causa da propriedade privada. Ironicamente, no entanto, os principais agentes do capitalismo na região – os governos das potências coloniais – opuseram-se muitas vezes a essas tendências, defendendo e impondo os direitos de propriedade "comunitária"[37].

Depois da independência, o nacionalismo econômico, quer fosse capitalista ou anticapitalista, assustou um grande número de pequenos negócios não-africanos sem criar um número equivalente de novos empresários africanos. Assim, no final dos anos 1970, a África subsaariana estava em desvantagem na incipiente luta competitiva, não só em função da sua escassez estrutural de oferta de mão-de-obra barata e flexível como também da exigüidade do estrato empresarial local capaz de mobilizar de forma lucrativa a pouca oferta de mão-de-obra barata e flexível existente[38]. Ainda resta saber se a maior abundância de oferta de mão-de-obra barata e flexível provocada pelo colapso da África subsaariana dos anos 1980 criará, com o tempo, um ambiente mais favorável para o crescimento de uma classe empresarial nativa. Por enquanto, ao provocar uma contração acentuada do mercado interno, o colapso reduziu – em vez de aumentar – a possibilidade dessa evolução.

Por fim, essas vantagens competitivas do leste da Ásia e desvantagens da África subsaariana foram acentuadas pelos legados muito diferentes que cada

---

Hung e Mark Selden, "Historical capitalism, East and West", versão revista de um artigo apresentado no Institute for Global Studies da Johns Hopkins University, em dezembro de 1999.

[35] Ver Frederic Lane, *Profits from power readings in protection rent and violence-controlling enterprises* (Albany, 1979).

[36] John Iliffe, *The emergence of African capitalism* (Minneapolis, 1983).

[37] Robert Bates, "Some conventional orthodoxies in the study of agrarian change", *World Politics*, n. 2, 1984, p. 240-4.

[38] Lancaster, "Political economy and policy reform", cit., p. 174-5.

região herdou no domínio da formação do Estado e da integração econômica nacional. Ao contrário do que se costuma acreditar, durante o século XVIII o leste da Ásia estava à frente de todas as outras regiões do mundo, inclusive a Europa, em ambos os aspectos. Tal precocidade não impediu, no século seguinte, a incorporação subordinada do sistema de Estados e economias nacionais centrado na China à estrutura do sistema centrado na Europa. Mas isso não apagou a herança histórica do sistema centrado na China. Em vez disso, deu início a um processo de hibridação entre as estruturas dos dois sistemas que, depois da Segunda Guerra Mundial (e principalmente depois da crise dos anos 1970), criou condições bastante favoráveis à acumulação de capital[39].

Em forte contraste com o leste da Ásia, a África subsaariana herdou das fases colonial e pré-colonial uma configuração político-econômica que dava pouco espaço para a construção de economias nacionais viáveis ou Estados nacionais fortes. A tentativa de, apesar de tudo, construí-los não foi em geral muito longe, não obstante a legitimidade considerável de que gozaram na época da independência[40]. Naquele período, como enfatizou Mahmood Mamdani, a pauta central dos nacionalistas africanos compreendia três tarefas básicas: "desracializar a sociedade civil, destribalizar o governo nativo e desenvolver a economia no contexto das relações internacionais desiguais". Embora os regimes nacionalistas de todas as orientações políticas tenham dado grandes passos para desracializar a sociedade civil, pouco ou nada fizeram para destribalizar o poder rural. Na opinião de Mamdani, foi por essa razão "que a desracialização não foi sustentável e que o desenvolvimento acabou fracassando"[41]. O argumento aqui exposto sugere que os Estados africanos provavelmente fracassariam em termos econômicos ainda que conseguissem se destribalizar. Mesmo assim, o fato de que as elites africanas precisariam destribalizar as estruturas sociais herdadas do colonialismo, se quisessem criar Estados nacionais viáveis, constituiu mais uma desvantagem no ambiente de intensa concorrência criado pela crise global dos anos 1970 e pela reação norte-americana à crise.

---

[39] Ver Arrighi, Hui, Hung e Selden, "Historical capitalism, East and West", cit.

[40] Discordo aqui da tese de Pierre Englebert de que "os Estados de baixa legitimidade não são exclusivos da África, mas sua concentração no continente é única dentre todas as regiões do globo e responde, em parte, pelo diferencial de desempenho econômico entre a África e o resto do mundo" (*State legitimacy and development in Africa*, Boulder, 2000, p. 6). Suspeito que qualquer indicador válido e confiável da legitimidade do Estado – indicador que, até onde sei, ainda não foi inventado – mostraria que, na época da independência, não se podia observar tal concentração e que toda redução posterior da legitimidade relativa dos Estados africanos foi mais resultado do que causa do desempenho econômico comparativamente ruim da África na década de 1980.

[41] Mahmood Mamdani, *Citizen and subject: contemporary Africa and the legacy of late colonialism* (Princeton, 1996), p. 287-8.

Temos de acrescentar que a discrepância entre o potencial de desenvolvimento das duas regiões foi ampliado antes da crise pelo tratamento preferencial que os Estados Unidos conferiram aos seus aliados da Ásia oriental nos primeiros estágios da Guerra Fria. Como ressaltaram muitos observadores, esse tratamento preferencial teve papel importantíssimo na "decolagem" do renascimento econômico da região. A Guerra da Coréia – observa Bruce Cumings – funcionou como o "Plano Marshall do Japão". As encomendas bélicas "impeliram o Japão em seu triunfante caminho industrial"[42]. No total, no período de vinte anos entre 1950 e 1970, a ajuda norte-americana ao Japão foi, em média, de 500 milhões de dólares por ano[43]. A ajuda à Coréia do Sul e a Taiwan, combinadas, foi ainda mais maciça. No período 1946-78, o auxílio militar e econômico à Coréia do Sul chegou a 13 bilhões de dólares (600 dólares per capita), e, a Taiwan, a 5,6 bilhões (425 dólares per capita). A verdadeira dimensão dessa prodigalidade revela-se na comparação dos quase 6 bilhões de dólares de ajuda econômica dos Estados Unidos à Coréia do Sul em 1946-78 com o total de 6,89 bilhões de dólares para a África inteira e de 14,8 bilhões para toda a América Latina no mesmo período[44].

Teve a mesma importância o fato de os Estados Unidos darem às exportações de seus aliados do leste asiático acesso privilegiado ao mercado interno norte-americano, tolerando ao mesmo tempo seu protecionismo, seu intervencionismo estatal e até a exclusão das multinacionais norte-americanas, num nível sem paralelos na prática dos Estados Unidos no resto do mundo. "Assim, as três economias políticas do nordeste asiático [Japão, Coréia do Sul e Taiwan] tiveram, na década de 1950, um raro espaço para respirar, um período de incubação permitido a poucos povos do mundo."[45] As economias políticas da África não tiveram essa pausa. Ao contrário, a peça central das práticas da Guerra Fria norte-americana na África foi a substituição do governo democrático de Lumumba pelo regime predatório de Mobuto, no coração do próprio continente. Quando, portanto, a crise econômica mundial da década de 1970 se estabeleceu, a Guerra Fria aumentou ainda mais a possibilidade de que a Ásia oriental tivesse sucesso e a África fracassasse na futura luta competitiva das duas décadas seguintes.

---

[42] Bruce Cumings, "The political economy of the Pacific rim", em Ravi Palat (org.), *Pacific-Asia and the future of the world-system*, cit., p. 31.

[43] William Borden, *The Pacific alliance: United States foreign economic policy and Japanese trade recovery 1947-1955* (Madison, WI, 1984), p. 220.

[44] Bruce Cumings, "The origins and development of the Northeast Asian political economy: industrial sectors, product cycles, and political consequences", em F. C. Deyo (org.), *The political economy of New Asian industrialism* (Ithaca, 1987), p. 67.

[45] Cumings, "The origins and development of the Northeast Asian political economy", cit., p. 68.

"MÁ SORTE" E "BOM GOVERNO"

Segue-se desta análise que, ao contrário dos fundamentos do Consenso de Washington (e, *mutatis mutandis*, da maior parte das teorias de desenvolvimento nacional), não existe política que seja, por si só, "boa" ou "má" no decorrer do tempo e do espaço. O que é bom numa região pode ser mau em outra região na mesma época ou na mesma região em outra época. É interessante que, partindo de premissas diferentes, um importante economista do Banco Mundial, William Easterly, chegou recentemente a conclusões muito parecidas. Ele já publicou em co-autoria, no início da década de 1990, um estudo chamado "Good policy or good luck? Country growth performance and temporary shocks" [Boa política ou boa sorte? Crescimento nacional e choques temporários], que mostrava que o desempenho econômico individual dos países variava consideravelmente com o tempo apesar de seus governos continuarem a seguir o mesmo tipo de política. Assim, o bom desempenho econômico parecia depender mais da "boa sorte" do que da "boa política"[46]. Num artigo recente, Easterly avançou mais um passo em sua posição ao mostrar que uma importante "melhora das variáveis políticas" nos países em desenvolvimento desde 1980 – ou seja, a maior obediência ao programa do Consenso de Washington – associou-se não a uma melhora, mas a uma deterioração violenta de seu desempenho econômico; a taxa média de crescimento da renda per capita caiu de 2,5% em 1960-79 para 0% em 1980-98[47].

Easterly não questiona explicitamente os méritos das políticas defendidas pelo Consenso de Washington. Ainda assim, as duas explicações principais que apresenta para o fato de não terem cumprido suas promessas constituem uma crítica devastadora da própria idéia de que seriam "boas" políticas em algum sentido absoluto, como sustentavam seus divulgadores. Em primeiro lugar, sugere que estariam sujeitas a um retorno decrescente; quando impostas além de um certo ponto em algum país específico ou impostas ao mesmo tempo num número crescente de países, deixavam de gerar resultados "bons". "Embora alguém possa crescer mais depressa do que o vizinho caso seu envolvimento secundário seja maior, seu próprio crescimento não aumenta necessariamente quando a razão do envolvimento secundário (e a de todos os outros) cresce." A segunda explicação – e, na opinião de Easterly, a mais importante – é que "fatores mundiais, como o aumento mundial da taxa de juros, a elevação do peso da dívida dos países em desenvolvimento, a desaceleração do crescimento do mundo industrializado e a mudança

---

[46] William Easterly, Michael Kremer, Lant Pritchett e Lawrence Summers, "Good policy or good luck? Country growth performance and temporary shocks", *Journal of Monetary Economics*, v. 32, 1993.

[47] William Easterly, "The lost decades: developing countries' stagnation in spite of policy reform 1980-1998", *Journal of Economic Growth*, v. 6, 2001.

técnica voltada para o talento, podem ter contribuído para a estagnação dos países em desenvolvimento"[48].

Embora não formulada especificamente tendo em vista os países africanos, para os nossos propósitos o espantoso dessa dupla explicação é ser muito mais próxima do diagnóstico da crise africana que está por trás do Plano de Ação de Lagos do que daquele apresentado pelo Relatório Berg e pela NEP. Afinal, a explicação é uma admissão inconfundível, embora implícita, da falta de justificativa factual para a afirmativa do Banco Mundial e da NEP de que as "más" políticas e o "mau" governo das elites africanas seriam as principais causas da crise na África. Em vez disso, sugere que a crise deveu-se em primeiro lugar aos processos estruturais e conjunturais da economia global, como concordariam sinceramente os signatários do Plano de Ação de Lagos.

Os processos estruturais da economia global correspondem mais ou menos à primeira parte da explicação de Easterly, que aponta para o fato de que as políticas e as atividades associadas a atributos desejáveis – como riqueza nacional, bem-estar e poder – podem estar, e muitas vezes estão, sujeitas a um "problema de composição". Sua generalização é capaz de criar uma competição que prejudica o objetivo original[49]. Os processos conjunturais da economia global, pelo contrário, correspondem à segunda explicação de Easterly. Afinal, por mais importantes que fossem os processos estruturais na deflagração da crise global dos anos 1970, a mudança súbita das circunstâncias sistêmicas mundiais ocorrida por volta de 1980 resultou, principalmente, da reação dos Estados Unidos a ela. Foi essa reação, mais do que tudo, que provocou o aumento mundial dos juros, o aprofundamento da recessão global e o fardo crescente da dívida dos países do Terceiro Mundo. A "melhora das variáveis políticas" promovida pelas gestões do Consenso de Washington nada fez para contrabalançar as repercussões negativas dessas mudanças nos países do Terceiro Mundo e, com toda a probabilidade, fortaleceu a tendência deles de reexpandir o poder e a riqueza dos Estados Unidos.

Hoje essa possibilidade é cogitada até nas colunas do *New York Times*. Seu correspondente Joseph Kahn noticiou recentemente, a respeito da Conferência Internacional de Financiamento e Desenvolvimento das Nações Unidas em Monterrey, México:

---

[48] Easterly, "The lost decades", cit., p. 135, 137, 151-5.

[49] Para uma análise inicial desse tipo de processo, ver Arrighi e Jessica Drangel, "The stratification of the world economy: an exploration of the semiperipheral zone", *Review* (Fernand Braudel Centre), verão de 1986; e o meu "Developmentalist illusion: a reconceptualization of the semiperiphery", em W. G. Martin (org.), *Semiperipheral states in the world-economy* (Westport, 1990). Há uma análise mais recente em Arrighi, Beverly Silver e Benjamin Brewer, "Industrial convergence and the persistence of the North-South divide", versão revista de um artigo apresentado na International Studies Association em fevereiro de 2001.

Além da China, talvez o único país que parece ter se beneficiado indubitavelmente da tendência mundial para o mercado aberto seja os Estados Unidos, onde o enorme ingresso de capitais ajudou os norte-americanos a gastar mais do que poupam e a importar mais do que exportam. "A tendência da globalização é que o capital excedente está vindo dos países da periferia para o centro, que são os Estados Unidos", disse George Soros [...] [que] veio a Monterrey para convencer os líderes a apoiar sua idéia de criar uma reserva de 27 bilhões de dólares [...] para financiar o desenvolvimento, principalmente quando o fluxo de capital privado se esgota. "A opinião do governo dos Estados Unidos é que o mercado está sempre certo", disse Soros. "A minha opinião é que o mercado está quase sempre errado e tem de ser corrigido."[50]

Para as baixas da chamada globalização – em primeiro lugar os povos da África subsaariana –, o problema não é que "o mercado est[eja] quase sempre errado e te[nha] de ser corrigido". O verdadeiro problema é que alguns países ou regiões têm o poder de fazer o mercado mundial trabalhar em seu benefício enquanto outros não têm esse poder e acabam bancando o custo. Tal poder corresponde em boa medida ao que Easterly e seus co-autores chamam de "boa sorte". Do ponto de vista aqui exposto, o que, em qualquer momento dado, parece ser boa ou má sorte tem, na verdade, raízes profundas numa herança histórica específica que posiciona um país ou uma região de forma favorável ou desfavorável em relação aos processos estruturais e conjunturais dentro do sistema mundial. Se é isso que entendemos por esses termos, então a tragédia africana de fato se deveu a uma grande dose de má sorte – ou seja, a uma herança pré-colonial e colonial que prejudicou gravemente a região no ambiente global de intensa competição gerado pela resposta dos Estados Unidos à crise dos anos 1970. Ainda assim, nem a responsabilidade norte-americana pela mudança da conjuntura mundial nem a má sorte dos africanos de estarem mal-equipados para competir nas novas condições absolvem as elites africanas de não terem feito o que estava a seu alcance para que o colapso da década de 1980 fosse menos grave e para aliviar suas conseqüências sociais desastrosas.

Deixem-me declarar rapidamente quais são, na minha opinião, as três falhas mais visíveis. Primeiro, embora houvesse pouquíssima coisa que os grupos dominantes da África pudessem fazer para impedir a mudança das circunstâncias sistêmicas que precipitaram o colapso econômico da região na década de 1980, ainda assim poderiam tê-la mitigado se fossem mais realistas quanto à sustentabilidade do padrão anterior de crescimento econômico da região. Isso pode ter levado a restrições maiores, não só pela promoção do consumo ostentatório, como também, e principalmente, pela adoção de níveis de endividamento externo que ampliaram a vulnerabilidade da região à mudança do clima sistêmico. Nesse aspecto, a concla-

---

[50] "Globalization proves disappointing", *New York Times*, 21/3/2002.

mação à autoconfiança coletiva do Plano de Ação de Lagos acertou bem no alvo. Infelizmente, veio tarde demais e, pior ainda, não levou a nenhuma ação.

Em segundo lugar, depois que a mudança aconteceu, seria provavelmente menos danoso suspender os pagamentos da dívida externa do que renegociá-la sob as condições ditadas pelo Banco Mundial. A curto prazo, o colapso teria sido mais grave; mas os efeitos negativos a longo prazo das "boas políticas" impostas pelos órgãos do Consenso de Washington teriam sido evitados. Nesse caso, o Panurdea foi, desde o princípio, um mau negócio para a África, ainda mais porque os Estados africanos cumpriram sua parte no acordo, enquanto os países ricos e seus órgãos não.

Em terceiro lugar, e mais importante, mesmo supondo que não houvesse nada que os grupos governantes da África pudessem fazer para prevenir ou mesmo mitigar o colapso econômico dos anos 1980, havia muito que poderiam fazer para aliviar seu impacto sobre o bem-estar dos cidadãos. Isso nos leva à questão da relação entre riqueza nacional e bem-estar nacional. No último meio século, vem ficando cada vez mais evidente que a hierarquia global da riqueza, medida pelo PNB relativo per capita, é muito estável. Com poucas exceções, os países de baixa renda tendem a permanecer pobres, os de alta renda tendem a permanecer ricos, e os países de renda mediana tendem a ficar no meio[51]. Ao mesmo tempo, também tornou-se evidente que, dentro de cada estrato, há uma variação considerável do grau de bem-estar (medido por vários indicadores sociais) usufruído pelos cidadãos de Estados diferentes.

Segue-se que, embora talvez haja pouca coisa que a maioria dos Estados possa fazer para que sua economia nacional suba na hierarquia global da riqueza, sempre há algo que cada um deles pode fazer para aumentar (ou reduzir) o bem-estar de seus cidadãos em qualquer nível dado de pobreza ou riqueza[52]. No contexto africano, o tipo de destribalização que Mamdani defende traria provavelmente mais resultado do que qualquer outra estratégia. Desse ponto de vista, a maioria dos grupos governantes africanos fez, possivelmente, muito menos do que poderia. Mas não está nada claro se, em geral, foram mais deficientes, e até que ponto o foram, que os grupos governantes de outros países e regiões, inclusive dos Estados Unidos. Na verdade, se levarmos em conta as diferenças de riqueza e poder, parece provável que, na comparação, foram é bem melhores.

---

[51] Ver Arrighi e Drangel, "Stratification of the world economy", cit.; e Roberto Patricio Korzeniewicz e Timothy Patrick Moran, "World-economic trends in the distribution of income, 1965-1992", *American Journal of Sociology*, n. 4, 1997, p. 1000-39, principalmente a Tabela 5.

[52] Peter Evans ressaltou recentemente essa possibilidade com referência específica às experiências de Kerala, na Índia, e Porto Alegre, no Brasil, em "Beyond 'institutional monocropping': institutions, capabilities, and deliberative development", artigo não-publicado. Ver também Santosh Mehrotra e Richard Jolly, *Development with a human face: experience in social achievements and economic growth* (Oxford, 1997).

PERRY ANDERSON

FORÇA E CONSENSO

Quando a contagem regressiva para a guerra começa mais uma vez no Oriente Médio, em meio a níveis elevados de puritanismo e comoção no mundo atlântico, são os parâmetros básicos da situação internacional corrente que exigem atenção, e não a nuvem de retórica – seja beligerantemente oficial, seja ostensivamente oposicionista – que a cerca. Esses parâmetros levantam três perguntas analíticas importantes. Até que ponto a atual linha do governo republicano de Washington representa um rompimento com a política norte-americana anterior? Se assim é, o que explica a descontinuidade? Quais são as conseqüências prováveis da mudança? Para responder a isso, talvez seja necessária uma visão mais ampla que a conjuntura imediata. O papel dos Estados Unidos no mundo tornou-se o tema de uma série cada vez maior de posturas no espectro político estabelecido, e somente parte das questões complexas que isso implica pode ser abordada aqui. Mas algumas flechas da aljava da teoria socialista clássica podem ser melhores que nada.

1

Os planejadores de hoje da política dos Estados Unidos são herdeiros de tradições ininterruptas de cálculo global do Estado norte-americano que datam dos últimos anos da Segunda Guerra Mundial. Entre 1943 e 1945, o governo Roosevelt elaborou o formato do sistema de poder norte-americano que a vitória sobre a Alemanha e o Japão, em meio às crescentes baixas russas e dívidas britânicas, dava sinais de que traria. Desde o princípio, Washington buscou dois objetivos estratégicos integralmente ligados. De um lado, os Estados Unidos decidiram tornar o mundo seguro para o capitalismo. Isso significou dar prioridade máxima a conter a União Soviética e deter a disseminação da revolução além de suas fronteiras, onde quer que isso não pusesse diretamente em questão o espólio da guerra, como na Europa oriental.

Com o início da Guerra Fria, a meta a longo prazo da luta contra o comunismo tornou-se mais uma vez – como fora no princípio da intervenção de Wilson, em 1919 – não somente bloquear como remover o adversário soviético do mapa. Por outro lado, Washington decidiu garantir a primazia norte-americana incontesto dentro do capitalismo mundial. Isso quis dizer, a princípio, reduzir a Grã-Bretanha à dependência econômica, processo que começara com os próprios Empréstimos e Arrendamentos, e impor uma regência militar pós-guerra na Alemanha Ocidental e no Japão. Uma vez montado esse arcabouço, a grande expansão do capitalismo norte-americano durante a guerra atingiu, com sucesso, as potências aliadas e as derrotadas, para benefício comum de todos os Estados da OCDE.

Durante os anos da Guerra Fria, houve pouca ou nenhuma tensão entre esses dois objetivos fundamentais da política dos Estados Unidos. O perigo do comunismo para as classes capitalistas do mundo todo, intensificado na Ásia pela Revolução Chinesa, fez com que praticamente todos apreciassem ser protegidos, ajudados e vigiados por Washington. A França, culturalmente menos próxima que a Grã-Bretanha e militarmente mais autônoma que a Alemanha ou o Japão, foi a única breve exceção no governo De Gaulle. Fora esse parêntese, toda a zona capitalista avançada integrou-se sem muito esforço a um império norte-americano informal, cujos marcos foram Bretton Woods, os planos Marshall e Dodge, a Otan e o Pacto de Segurança Nipo-Americano. No devido tempo, o capitalismo japonês e alemão recuperou-se a ponto de se tornar um concorrente econômico cada vez mais importante diante dos Estados Unidos, enquanto o sistema de Bretton Woods cedeu sob a pressão da Guerra do Vietnã no início dos anos 1970. Mas a unidade política e ideológica do Mundo Livre mal foi afetada. O bloco soviético, sempre mais fraco, menor e mais pobre, suportou mais vinte anos de queda do crescimento e escalada da corrida armamentista, mas acabou desmoronando na virada dos anos 1990.

O desaparecimento da União Soviética marcou a vitória completa dos Estados Unidos na Guerra Fria. Mas, do mesmo modo, o nó que amarrava os objetivos básicos da estratégia global norte-americana ficou mais frouxo. A mesma lógica não integrava mais seus dois objetivos num único sistema hegemônico[1]. Assim que o perigo comunista foi tirado da mesa, a primazia norte-americana deixou de ser uma exigência automática da segurança da ordem estabelecida *tout court*. Potencialmente, o campo das rivalidades intercapitalistas, não mais apenas no nível das empresas, mas dos Estados, abriu-se uma vez mais, já que, em teoria, os regimes europeus e do leste da Ásia poderiam então considerar graus de independência impensáveis

---

[1] No texto a seguir, que deve muito a um debate entre Gopal Balakrishnan e Peter Gowan, a noção de hegemonia vem do uso de Gramsci. Recentemente a palavra recebeu outra acepção na discussão coesa e vigorosa de John Mearsheimer em *Tragedy of Great Power Politics*; a respeito, ver Peter Gowan, "A calculus of power", *New Left Review*, n. 16, julho-agosto de 2002.

durante a época do risco totalitário. Mas havia outro aspecto nessa mudança. Embora agora faltassem à estrutura consensual do domínio norte-americano as mesmas vigas externas, sua superioridade coerciva foi, de um só golpe, aumentada de forma abrupta e maciça. Afinal, com o apagamento da União Soviética, não havia mais no planeta nenhuma força contrária capaz de suportar o poderio militar dos Estados Unidos. Ficavam para trás os dias em que era possível os norte-americanos sofrerem um xeque-mate no Vietnã ou uma derrota por procuração na África do Sul. Essas mudanças inter-relacionadas viriam a alterar o papel dos Estados Unidos no mundo. A fórmula química do poder estava em processo de solução.

2

Na prática, contudo, os efeitos de tal mudança estrutural no equilíbrio entre força e consenso dentro do funcionamento da hegemonia norte-americana mantiveram-se latentes durante uma década. Na verdade, o conflito que definiu os anos 1990 praticamente mascarou-os. A ocupação iraquiana do Kwait ameaçou o preço do petróleo para todos os principais Estados capitalistas, sem falar da estabilidade dos regimes vizinhos, e permitiu que uma ampla coalizão com aliados árabes e do G7 fosse logo montada pelos Estados Unidos para recolocar no trono a dinastia Sabah. No entanto, mais importante do que a lista de subsídios ou auxiliares estrangeiros reunidos para a Tempestade no Deserto foi a capacidade dos Estados Unidos de garantir o apoio total das Nações Unidas à sua campanha. Com a União Soviética fora dos cálculos, o Conselho de Segurança pôde, daí em diante, ser usado com confiança cada vez maior como biombo ideológico para as iniciativas da única superpotência. Na aparência, era como se o alcance consensual da diplomacia norte-americana fosse maior do que nunca.

Mas o consenso assim ampliado era de um tipo especial. As elites da Rússia e – isso começara antes – da China eram, com certeza, suscetíveis ao magnetismo do sucesso material e cultural norte-americano como norma a ser imitada. Nesse aspecto, a internalização, por potências subalternas, de valores e atributos seletos do Estado dominante, que Gramsci consideraria característica essencial de toda hegemonia internacional, começou a se impor. Mas o caráter objetivo desses regimes ainda estava afastado demais dos protótipos norte-americanos para que essa predisposição subjetiva constituísse uma garantia confiável em cada ato de aquiescência no Conselho de Segurança. Para isso, o terceiro nível que Gramsci certa vez ressaltara – intermediário entre força e consenso, mas mais próximo deste último – seria necessário: a corrupção[2]. Usada há muito tempo para controlar os votos na

---

[2] "O exercício 'normal' da hegemonia", escreveu ele, "caracteriza-se pela combinação de força e consenso, em equilíbrio variável, sem que a força predomine demais sobre o consenso." Mas

Assembléia Geral, foi então estendida aos países com poder de veto. Os estímulos econômicos para ceder à vontade dos Estados Unidos abrangeram, na Rússia pós-comunista, de empréstimos do FMI ao financiamento e à organização por debaixo do pano das campanhas eleitorais de Ieltsin. No caso da China, concentraram-se no ajuste fino da condição de "nação mais favorecida" ("most favoured nation", ou MFN) e em acordos comerciais[3]. A aquiescência comprada nunca é igual à aquiescência cedida; mas, na prática, bastava que a ONU voltasse a um estado parecido com os dias tranqüilos da deflagração da Guerra da Coréia, quando fazia automaticamente o que os Estados Unidos solicitavam. O pequeno incômodo de um secretário-geral que às vezes não seguia os ditames norte-americanos foi afastado, e instalou-se outro secretário, indicado pela Casa Branca, recompensado por encobrir o genocídio de Ruanda enquanto os Estados Unidos pressionavam pela intervenção nos Bálcãs[4]. No final dos anos 1990, a ONU se tornara praticamente um braço do Departamento do Estado, assim como o FMI é um braço do Tesouro.

Nessas condições, os planejadores da política norte-americana podiam enfrentar o mundo pós-Guerra Fria com uma carta branca sem precedentes. Sua prioridade foi assegurar que a Rússia ficasse presa, econômica e politicamente, na ordem global do capital, com a instalação de uma economia privatizada e uma oligarquia empresarial no comando de um sistema eleitoral democrático. Esse foi o maior objetivo diplomático do governo Clinton. A segunda preocupação foi dominar as duas zonas adjacentes de influência soviética: a Europa oriental e o Oriente Médio. Na primeira, Washington levou a Otan até as fronteiras tradicionais da Rússia, bem antes de qualquer expansão da União Européia para leste, e encarregou-se de liqüidar o Estado iugoslavo. No último, a guerra pelo Kwait foi um presente dos céus que lhe permitiu instalar bases militares avançadas na Arábia Saudita e no Golfo, criar um protetorado no Curdistão e fixar o movimento nacional palestino numa zona de espera sob controle israelense. Até certo ponto, todas essas ações foram medidas de emergência surgidas da vitória na Guerra Fria propriamente dita.

---

em certas situações em que o uso da força seria arriscado demais, "entre o consenso e a força insere-se a corrupção-fraude, ou seja, o enfraquecimento e a paralisia do antagonista ou dos antagonistas" (Antonio Gramsci, *Quaderni del Carcere*, Turim, 1975, v. III, p. 1638).

[3] Os dois casos não são idênticos, mas, em cada um deles, ao lado de considerações pecuniárias, houve um elemento de submissão moral. Com base em cálculos de vantagens puramente materiais, seria melhor para os governantes da Rússia e da China exercer seus vetos de vez em quando para elevar seu preço de compra. O fato de não conseguirem ver uma lógica tão óbvia da venalidade política indica seu grau de internalização da autoridade hegemônica.

[4] Sobre Kofi Annan, ver Colette Braeckman, "New York and Kigali", *New Left Review*, n. 9, maio-junho de 2001, p. 145-7; Peter Gowan, "Neoliberal cosmopolitanism", *New Left Review*, n. 11, setembro-outubro de 2001, p. 84.

3

Em termos ideológicos, os contornos do sistema pós-Guerra Fria surgiram mais devagar. Mas as guerras do Golfo e dos Bálcãs ajudaram a cristalizar uma doutrina cada vez mais abrangente que une o mercado livre (o refúgio do neoliberalismo desde o período Reagan-Thatcher) às eleições livres (o principal tema da libertação na Europa centro-oriental) e aos direitos humanos (grito de guerra no Curdistão e nos Bálcãs). Os dois primeiros, com vários matizes, sempre fizeram parte do repertório da Guerra Fria, embora agora reafirmados com mais determinação – uma mudança bem marcante na recuperação total da palavra "capitalismo", considerada inconveniente no ápice da Guerra Fria, quando se preferiam os eufemismos. Os terceiros, no entanto, foram a principal inovação do período e muito fizeram para alterar a paisagem estratégica. Foram o pé-de-cabra na porta da soberania nacional.

É claro que, na Guerra Fria, os princípios tradicionais que sustentavam a autonomia das nações em seus assuntos internos foram regularmente desrespeitados pelos dois lados. Mas, como determinado por convenções diplomáticas – entre as quais o próprio Estatuto da ONU –, tais princípios nasceram do equilíbrio de forças durante o período de descolonização que deu origem a um grande número de Estados, em geral pequenos e quase sempre fracos, no Terceiro Mundo[5]. Em termos jurídicos, a doutrina da soberania nacional pressupunha noções de igualdade entre os povos, as quais conferiam alguma proteção contra a intimidação das duas superpotências, cuja competição assegurava que nenhuma delas buscaria abertamente descartá-la por medo de ceder à outra uma excessiva vantagem moral. Mas, com o fim da Guerra Fria e o desaparecimento de todo contrapeso ao campo do capital, havia pouca razão para dar atenção demasiada a fórmulas que exprimiam outra relação de forças internacionais, agora extinta. A Nova Ordem Mundial, proclamada pela primeira vez em termos triunfalistas mas ainda tradicionais por Bush pai, tornou-se, no governo Clinton, a busca legítima pela comunidade internacional de justiça universal e direitos humanos onde quer que estivessem ameaçados, sem atenção às fronteiras estatais, como condição da paz democrática.

Desde meados dos anos 1990, o ambiente em que o governo democrata atuava era invulgarmente propício. Dentro do país, encimava uma grande expansão especulativa; no exterior, tinha à disposição um conjunto de regimes europeus sob medida para seu programa ideológico doméstico. A versão do neoliberalismo da Terceira Via ajustava-se com perfeição à catequese da "comunidade internacional" e a sua devoção comum aos valores humanos universais. É claro que,

---

[5] Há uma discussão desse cenário em David Chandler, "'International Justice'", *New Left Review*, n. 6, novembro-dezembro de 2000, p. 55-60.

na prática, sempre que a lógica da primazia norte-americana se chocava com as considerações ou os objetivos aliados, a primeira prevalecia. A realidade política por trás da retórica multilateral ficou bem clara vezes sem conta naquela época. Os Estados Unidos ameaçaram os acordos de Lisboa em 1992 e preferiram ditar seus próprios termos na Bósnia – se necessário à custa de mais limpeza étnica –, em vez de aceitar a iniciativa da União Européia; impuseram o ultimato de Rambouillet, que provocou a guerra em grande escala no Kosovo; empurraram a Otan para as fronteiras de Belarus e da Ucrânia; e deram sua bênção à reconquista russa da Tchetchênia – Clinton comemorou a "libertação de Grozny" depois de um massacre que fez os acontecimentos de Sarajevo parecerem um piquenique.

Seja como for, todas essas ações em seu quintal atropelaram ou amesquinharam a sensibilidade da União Européia. Mas esta nunca foi tratada de modo indelicado ou ostensivo demais. Na verdade, no final do segundo governo Clinton, as autoridades européias chegaram mesmo a ficar mais loquazes e veementes do que Washington ao alardear a interligação entre mercado livre e eleições livres e a necessidade de limitar a soberania nacional em nome dos direitos humanos. Nessa mistura, políticos e intelectuais puderam escolher o que mais lhes interessava. Num discurso em Chicago, Blair superou o entusiasmo de Clinton com o novo humanismo militar, enquanto, na Alemanha, um pensador como Habermas viu o compromisso desinteressado com o ideal dos direitos humanos como definição da própria identidade européia, isolando o continente das metas meramente utilitárias das potências anglo-americanas no bombardeio da Iugoslávia.

No fim da década, os planejadores estratégicos de Washington tinham toda a razão de estarem satisfeitos com o balanço geral dos anos 1990. A União Soviética fora jogada para fora do ringue; a Europa e o Japão estavam sob controle; a China, atraída para relações comerciais cada vez mais íntimas; a ONU encontrava-se reduzida a pouco mais que um órgão licenciador; e tudo isso conseguido segundo a mais branda das ideologias, na qual, a cada palavra, tropeçava-se em entendimento internacional e patrimônio democrático. A paz, a justiça e a liberdade espalhavam-se pelo mundo.

4

Dois anos depois, o cenário parece muito diferente. Mas em que aspectos? Desde o princípio, o recém-chegado governo Bush demonstrou uma certa impaciência com a ficção de que a "comunidade internacional" seria uma aliança de democracias iguais e um certo desdém pelas várias hipocrisias correlatas, irritando a opinião pública européia, que ainda chorava por Clinton. Mas essas mudanças de estilo não significaram uma alteração das metas fundamentais da estratégia global norte-americana, que permanece totalmente estável há meio século. Entretanto, dois acontecimentos modificaram de forma radical a maneira como hoje se busca realizá-las.

O primeiro deles, é claro, foi o choque de 11 de Setembro. Embora jamais tenha sido uma ameaça grave ao poderio dos Estados Unidos, os atentados atingiram prédios simbólicos e vítimas inocentes – matando num só dia quase tantos norte-americanos quanto eles mesmos se matam num trimestre –, num espetáculo calculado para semear o terror e a fúria numa população sem experiência de ataque estrangeiro. Uma retaliação dramática, em escala desproporcional ao massacre, seria automaticamente o primeiro dever de qualquer governo, fosse qual fosse o partido no poder. Nesse caso, o novo governo, eleito por margem pequena e questionada, já tinha deixado clara sua intenção de impor uma postura nacional mais firme no exterior, abrindo mão de uma série de fachadas ou placebos diplomáticos – Roma, Quioto etc. – que seu antecessor aprovara, ainda que de forma bastante nominal. O atentado de 11 de Setembro deu-lhe a oportunidade inesperada de reconfigurar os termos da estratégia global norte-americana com mais firmeza do que seria possível sem ele. De forma espontânea, a opinião pública nacional estava agora mobilizada em prol de uma luta figurativamente comparável à própria Guerra Fria.

Com isso, uma restrição fundamental foi suspensa. Nas condições pós-modernas, a hegemonia do *capital* não exige nenhum tipo de mobilização de massa. Em vez disso, alimenta-se do oposto: da apatia política e do afastamento de qualquer catexe da vida pública. Não votar, como observou o chanceler da Grã-Bretanha depois da última eleição no Reino Unido, é a marca do cidadão satisfeito. Em nenhum lugar esse axioma é mais aceito que nos Estados Unidos, onde os presidentes são regularmente eleitos por cerca de um quarto da população adulta. Mas – eis uma distinção essencial – o exercício da *primazia norte-americana* exige uma ativação do sentimento popular além da mera aquiescência ao *status quo* doméstico. Esta não costuma estar disponível de forma pronta ou contínua. A Guerra do Golfo foi aprovada no Congresso por apenas um punhado de votos. A intervenção na Bósnia foi bastante retardada por medo da reação pouco entusiasmada do eleitorado. Até os desembarques no Haiti tiveram de ser rápidos. Aqui sempre houve fortes restrições ao Pentágono e à Casa Branca: o medo popular das baixas, a ignorância generalizada sobre o mundo exterior, a indiferença tradicional aos conflitos externos. Com efeito, há um abismo estrutural permanente entre a gama de operações político-militares de que o império norte-americano precisa para manter seu domínio e a atenção ou o compromisso de seus eleitores. Para cruzá-lo, é praticamente indispensável algum tipo de ameaça. Nesse sentido, assim como Pearl Harbour, os atentados de 11 de Setembro deram à Presidência – que, aliás, já tentava mudar o *modus operandi* dos Estados Unidos no exterior – a oportunidade de uma virada muito mais rápida e ambiciosa. O círculo em torno de Bush percebeu isso de imediato, e Rice, a conselheira de Segurança Nacional, comparou o momento à origem da Guerra Fria – equivalente político da criação do mundo[6].

O segundo acontecimento, de importância nada menor, vinha germinando desde meados dos anos 1990. A guerra nos Bálcãs, valiosa como demonstração do domínio norte-americano na Europa e estimulante por remover Milosevic, também trouxe uma vantagem mais prática, embora indireta. Ali, pela primeira vez, em condições quase ideais, pôde ser posta à prova a "Revolução nos Assuntos Militares" (RAM) que os especialistas vinham considerando iminente fazia algum tempo. A RAM significou uma mudança fundamental da natureza da guerra, com a ampla aplicação dos avanços eletrônicos às armas e aos sistemas de comunicação. A campanha da Otan contra a Iugoslávia foi uma primeira experiência – com muitas falhas técnicas e erros de pontaria – das possibilidades de destruição unilateral criadas por tais inovações. Mas o resultado já foi bastante espantoso e indicou o potencial de um salto qualitativo na exatidão e no efeito do poder de fogo norte-americano. Quando os planos para a retaliação contra a Al-Qaeda ainda estavam em preparação, a RAM já avançara bastante. A *blitz* contra o Afeganistão, que mobilizou todo um arsenal de satélites, mísseis inteligentes, aeronaves não-tripuladas, bombardeiros invisíveis e tropas especiais, mostrou como ficara largo o abismo tecnológico entre o armamento norte-americano e o dos outros Estados e como poderia ser baixo, para os Estados Unidos, o custo humano de novas intervenções militares pelo mundo. Na verdade, o desequilíbrio global dos meios de violência depois que a União Soviética desapareceu foi redobrado, inclinando ainda mais os fatores constituintes da hegemonia a favor do pólo de força. Afinal, o efeito da RAM é criar um vácuo de poder de baixo risco em torno do planejamento norte-americano em que o cálculo ordinário dos riscos ou dos ganhos da guerra seja diluído ou suspenso. O sucesso-relâmpago da operação afegã, num terreno geográfico e cultural proibitivo, só poderia encorajar qualquer governo a ações imperiais mais amplas.

Essas duas mudanças das circunstâncias – a intensificação do nacionalismo popular logo após o 11 de Setembro, em casa, e o novo fôlego conferido pela RAM no exterior – foram acompanhadas de uma alteração ideológica. Esse é o principal elemento de descontinuidade na estratégia global norte-americana vigente. Enquanto a retórica do regime Clinton falava da causa da justiça internacional e da construção de uma paz democrática, o governo Bush levantou a bandeira da

---

[6] Ver Bob Woodward, "We will rally the world", *Washington Post*, 28/1/2002, que noticia as gestões de Rumsfeld em prol da guerra com o Iraque já na manhã de 12 de setembro; quanto à avaliação de Rice sobre a situação, cf. Nicholas Lemann, "The next World Order", *New Yorker*, 1/4/2002, p. 42-8.

guerra ao terrorismo. Não são motivos incompatíveis, mas alterou-se o grau da ênfase atribuída a cada um. O resultado é um forte contraste do clima ambiental. A guerra ao terrorismo orquestrada por Cheney e Rumsfeld é um grito de união muito mais estridente, embora também frágil, que as carolices melosas dos anos Clinton-Albright. A produção política imediata de cada um também é diferente. A linha mais nova e impetuosa de Washington foi muito mal recebida na Europa, onde o discurso dos direitos humanos era e é valorizadíssimo. Aqui a linha anterior era claramente melhor como idioma hegemônico.

Por outro lado, na Rússia e na China o oposto é que é verdade. Ali, a guerra ao terrorismo, pelo menos temporariamente, constitui uma base muito melhor para integrar os centros rivais de poder sob a liderança norte-americana do que a retórica dos direitos humanos, que só irritava os dirigentes. Por enquanto, os ganhos diplomáticos obtidos pela cooptação do regime de Putin para a campanha afegã e a instalação de bases norte-americanas na Ásia central podem ser considerados por Washington mais substanciais que o custo dos queixumes inanes sobre o unilateralismo norte-americano, característica tão marcante do cenário europeu. O Tratado Antimísseis Balísticos está morto; a Otan penetra nos Estados bálticos sem resistência de Moscou, e a Rússia anda ansiosa para unir-se ao concerto ocidental. A China também – a princípio incomodada com o discurso republicano descuidado sobre Taiwan – tranqüilizou-se com o combate ao terrorismo, que lhe dá a cobertura da Casa Branca para a repressão étnica em Xinjiang.

5

Se era esse o balanço quando um fantoche norte-americano foi suavemente posto em seu lugar em Cabul, sob aplausos quase universais – dos mulás iranianos aos *philosophes* franceses, dos socialdemocratas escandinavos aos policiais secretos russos, das ONGs britânicas aos generais chineses –, o que explica a seqüência projetada no Iraque? Uma política mais dura para com o regime do Baath, já sinalizada durante a campanha eleitoral de Bush, era previsível bem antes de 11 de Setembro, numa época em que, de qualquer modo, o prolongado bombardeio anglo-americano ao Iraque já se vinha intensificando[7]. Desde então, três fatores converteram o que, sem dúvida, fora pensado originalmente como operação secreta e progressiva para derrubar Saddam na proposta atual de pura e simples invasão. O primeiro é a necessidade de algum resultado mais conclusivo e espetacular na guerra ao terrorismo. A vitória no Afeganistão, bastante satisfatória por si só, foi conseguida contra um inimigo praticamente invisível e, até certo ponto,

---

[7] Sobre o aumento dos ataques aéreos ao Iraque por Clinton e Blair, ver Tariq Ali, "Throttling Iraq", *New Left Review*, n. 5, setembro-outubro de 2001, p. 5-6.

psicologicamente acuado pelos alertas constantes de novos ataques dos agentes ocultos da Al-Qaeda. Útil para sustentar um nível elevado de alarme público, falta a esse assunto, ainda assim, uma solução libertadora. A conquista do Iraque é um drama grandioso e familiar, cujo final vitorioso pode transmitir a sensação de que a hidra do inimigo realmente ficou fora de ação. Para o público norte-americano, traumatizado com a sensação nova de insegurança, a distinção entre Kandahar e Bagdá na taxonomia do mal não tem muita importância.

No entanto, fora desse clima, o impulso para atacar o Iraque corresponde a um cálculo racional de natureza mais estratégica. Está claro que o oligopólio nuclear tradicional, indefensável em qualquer sistema de princípios, está fadado a ser cada vez mais questionado na prática conforme a tecnologia para fabricar armas atômicas se torna mais barata e mais simples. O clube já foi desafiado pela Índia e pelo Paquistão. Para lidar com esse perigo ameaçador, os Estados Unidos precisam ser capazes de dar golpes preventivos em possíveis candidatos sempre que assim desejar. A Guerra dos Bálcãs foi um primeiro precedente fundamental para sobrepujar a doutrina legal da soberania nacional sem necessidade alguma de invocar a defesa própria – e retrospectivamente sancionado pela ONU. Na Europa, ainda costuma ser apresentada como exceção lamentável, provocada por uma emergência humanitária, ao respeito normal pelas leis internacionais, característico das democracias. Ao contrário, a noção de eixo do mal e a transformação subseqüente do Iraque em alvo estabelece como *norma* a guerra preventiva e a imposição da mudança de regime para que o mundo possa tornar-se seguro.

Por razões óbvias, essa concepção – diversamente da batalha contra o terrorismo concebida de forma mais estrita – pode deixar nervosos todos os centros de poder fora de Washington. Já se manifestaram, embora em voz não muito alta, as inquietações da França e da Rússia. Mas, do ponto de vista de Washington, se o ímpeto do combate ao terrorismo puder ser usado para forçar a ONU a aceitar de fato – ou, melhor ainda, de direito – a necessidade de esmagar Saddam Hussein sem mais delongas, então os golpes preventivos vão se estabelecer a partir daí como parte do repertório regular da manutenção democrática da paz em escala global. É pouco provável que se abra outra janela de oportunidade ideológica como essa em futuro próximo. São as possibilidades jurídicas, abertas por essa janela, de uma nova "constituição internacional" – na qual tais operações passem a fazer parte da ordem legal habitual – que estimulam um teórico tão importante das intervenções anteriores pelos direitos humanos como Philip Bobbitt, admirador apaixonado e assessor próximo de Clinton durante os ataques aos Bálcãs – demonstrando até que ponto a lógica da prevenção é potencialmente bipartidária[8].

---

[8] "O ex-presidente americano Bill Clinton, o primeiro-ministro britânico Tony Blair e o chanceler alemão Gerhard Schroeder, que foram muito criticados em seus respectivos partidos,

É claro que o fato de o Iraque não ter armas nucleares tornaria ainda mais eficaz um ataque como lição para impedir que outros tentem obtê-las.

A terceira razão para ocupar Bagdá é mais diretamente política, em vez de ideológica ou militar. Nesse caso o risco é significativamente maior. O governo republicano sabe tanto quanto a esquerda que 11 de Setembro não foi apenas um ato maldoso sem motivo, mas uma reação ao papel tão criticado dos Estados Unidos no Oriente Médio. Esta é uma região onde, diversamente de Europa, Rússia, China, Japão ou América Latina, quase não há regimes com bases confiáveis para permitir pontos de transmissão eficazes da hegemonia cultural ou econômica norte-americana. Os vários Estados árabes são bastante submissos, mas falta-lhes todo apoio popular e são fundamentados em redes de relações familiares e na polícia secreta, que costumam compensar tal servilismo com uma boa dose de hostilidade, para não dizer bloqueio, aos Estados Unidos nos meios de comunicação. De forma extraordinária, com efeito, o dependente mais antigo e valioso de Washington na região, a Arábia Saudita, está mais defendido contra a penetração cultural norte-americana do que todos os outros países do mundo depois da Coréia do Norte.

Na prática, embora totalmente submetida às garras do *"hard power"* – o poder "concreto" norte-americano (recursos financeiros e armas) –, a maior parte do mundo árabe forma, assim, uma zona excluída das operações normais do *"soft power"*, o "poder brando" dos Estados Unidos, deixando fermentar todo tipo de força e sentimento aberrante sob a tampa aparentemente firme dos serviços de segurança locais, como demonstrou a origem dos que promoveram os ataques de 11 de Setembro. Visto por esse prisma, a Al-Qaeda pode ser considerada um alerta para o perigo de confiar num sistema de controle demasiadamente externo e indireto no Oriente Médio, região que também contém a maior parte das reservas de petróleo do mundo e que, portanto, não pode ser ignorada como um fim de mundo irrelevante – como é o caso da maior parte da África subsaariana. Por outro lado,

---

serão considerados arquitetos de uma mudança profunda, de magnitude constitucional semelhante à de Bismarck. Quando este texto foi escrito, o presidente dos Estados Unidos, George W. Bush, parecia seguir curso semelhante [...] Nenhum Estado é inatacável em sua soberania se pisoteia de forma estudada as instituições parlamentares e a proteção aos direitos humanos. Quanto maior a rejeição dessas instituições – que são os meios pelos quais a soberania é transmitida pelas sociedades aos seus governos –, mais curta vai ficando a capa de soberania que, não fosse isso, protegeria os governos da interferência de seus pares. A ação dos Estados Unidos contra a soberania do Iraque, por exemplo, deve ser avaliada sob essa luz"(*The shield of Achilles: war, peace and the course of history*, Londres, 2002, p. xxvii, 680). Essa obra é a teorização mais extensa do imperativo constitucional de esmagar Estados que não respeitem suficientemente os direitos humanos nem o oligopólio das armas nucleares. A deferência ao chanceler Schroeder pode ser ignorada como expectativa perdoável de sua elevada missão.

qualquer tentativa de alterar os esteios do domínio dos Estados Unidos na região, interferindo nos regimes existentes, poderia levar facilmente a revertérios do tipo de Madame Nhu, que não gerou benefício algum aos Estados Unidos no sudeste da Ásia. Já ocupar o Iraque, pelo contrário, daria a Washington uma grande plataforma rica em petróleo no centro do mundo árabe, sobre a qual se poderia criar uma versão ampliada da democracia de estilo afegão, projetada para mudar toda a paisagem política do Oriente Médio.

É claro que, como se apressaram a ressaltar muitos comentaristas em geral favoráveis, a reconstrução do Iraque pode vir a ser uma tarefa arriscada e inglória. Mas os recursos norte-americanos são grandes, e Washington pode esperar um efeito nicaragüense depois de uma década de mortalidade e desespero sob o cerco da ONU, contando com o fim das sanções e o reinício total da exportação de petróleo sob a ocupação dos Estados Unidos, para melhorar de forma tão dramática as condições de vida da maioria da população iraquiana a ponto de se criarem as possibilidades de um protetorado norte-americano estável, como de certo modo já existe no setor curdo do país. Diversamente do governo sandinista, o regime do Baath é uma ditadura impiedosa com pouca ou nenhuma raiz popular. O governo Bush calculou que a probabilidade de uma evolução desse quadro, aos moldes do que ocorreu na Nicarágua, em que a população exausta troque a independência pelo conforto material, seria maior em Bagdá do que em Manágua.

Depois, seria de esperar que o efeito demonstrativo de um regime parlamentar modelo, com tutelagem internacional benevolente – talvez outra *loya jirga* do mosaico étnico do país –, convencesse as elites árabes sobre a necessidade de modernizar seu comportamento, e as massas árabes, sobre a invencibilidade dos Estados Unidos. No mundo muçulmano em geral, Washington já embolsou a conivência dos líderes religiosos iranianos (conservadores e reformistas) para uma repetição da Operação Liberdade Duradoura na Mesopotâmia. Nessas condições – prossegue o cálculo estratégico –, o tipo de adesão coletiva que, de início, deixou de joelhos a OLP em Oslo depois da Guerra do Golfo seria irresistível mais uma vez, permitindo um acordo final na questão palestina numa linha aceitável por Sharon.

6

Em poucas palavras, é essa a idéia por trás do plano republicano de ocupar o Iraque. Como todos os empreendimentos geopolíticos do gênero, que nunca conseguem prever completamente os agentes ou as circunstâncias concernentes, esse também envolve um certo risco. No entanto, um cálculo que dá errado não é necessariamente irracional; só se torna irracional quando a probabilidade de sucesso é pequena demais ou o custo potencial é muito maior que os benefícios, ainda que tal custo seja baixo. Nada disso parece se aplicar ao caso. A operação está claramente dentro da capacidade norte-americana, e seu custo imediato – sem dúvida haverá algum – não parece proibitivo neste estágio. O que poderia entornar o caldo, claro, seria a derrubada súbita de um ou mais regimes dependentes dos Estados Unidos na região por multidões indignadas ou militares enraivecidos. Pela natureza das coisas, é impossível impedir viradas sensacionais desse tipo, mas, pelo que se vê no momento, parece que Washington é bem realista ao descartar essa eventualidade. O regime iraquiano gera bem menos solidariedade que a causa palestina, mas as massas árabes foram incapazes de levantar um dedo para auxiliar a segunda intifada durante o esmagamento televisionado do levante nos territórios ocupados pelas forças de defesa israelenses.

Então, por que a possibilidade da guerra despertou tamanha inquietude, não tanto no Oriente Médio, onde a barulheira da Liga Árabe é bastante *pro forma*, mas na Europa? No nível governamental, parte da razão, como muitas vezes se observa, é a distribuição oposta de habitantes árabes e judeus dos dois lados do Atlântico. A Europa não tem nenhum equivalente exato do poder do AIPAC (American Israel Public Affairs Committee, ou Comitê Estados Unidos-Israel de Comunicação Social) nos Estados Unidos, mas abriga milhões de muçulmanos: comunidades nas quais a ocupação do Iraque poderia provocar agitação – e talvez deflagrar, em condições mais livres, uma turbulência indesejada nas próprias ruas árabes, onde as reações à invasão, uma vez completada, poderiam se provar mais fortes que a inabilidade para bloqueá-las sugeriria. Os países da União Européia, muito mais fracos como atores políticos e militares no palco internacional, são inerentemente mais cautelosos que os Estados Unidos. É claro que a exceção é a Grã-Bretanha, onde a mentalidade escudeira levou ao extremo oposto: concordar de forma mais ou menos automática com as iniciativas vindas do outro lado do oceano.

Em geral, embora os Estados europeus saibam que são subordinados aos Estados Unidos e aceitem essa condição, não gostam de vê-la exibida publicamente. A rejeição aos protocolos de Quioto e ao Tribunal Penal Internacional pelo governo Bush também feriu o senso de adequação tão associado às formas exteriores de retidão política. A Otan recebeu parca atenção na campanha afegã e está sendo totalmente ignorada no avanço sobre o Tigre. Tudo isso feriu a suscetibilidade européia. Outro ingrediente da recepção hostil pela *intelligentsia* européia – e, em menor grau, também da norte-americana liberal – ao plano de atacar o Iraque é o temor justificado de que isso possa arrancar o véu humanitário que cobriu as operações nos Bálcãs e no Afeganistão e revelar com excessiva nudez a realidade imperial por trás do novo militarismo. Essa camada investiu muito na retórica dos direitos humanos e sente-se desconfortavelmente exposta com a sem-cerimônia do ataque em andamento.

Na prática, essas inquietações mal vão além de um apelo para que toda guerra que se inicie tenha a bênção nominal das Nações Unidas. O governo republicano acedeu com todo o prazer, explicando com total franqueza que sempre é bom para os Estados Unidos poder agir multilateralmente, mas que, quando não puderem, vão agir mesmo que de forma unilateral. Uma resolução do Conselho de Segurança, redigida de forma suficientemente vaga para permitir o ataque norte-americano ao Iraque logo depois de algum tipo de ultimato, bastaria para aplacar a consciência européia e deixar o Pentágono realizar a guerra. Um mês ou dois de constante massagem oficial da opinião pública nos dois lados do Atlântico pode realizar maravilhas. Apesar da imensa manifestação antiguerra em Londres ocorrida neste outono, três quartos do público britânico apoiariam o ataque ao Iraque, desde que a ONU lhe emprestasse sua folha de parreira. Nesse caso, parece bem possível que o chacal francês vá também atrás da carniça. Na Alemanha, Schroeder aproveitou a oposição popular à guerra para fugir da derrota eleitoral, mas, como seu país não é membro do Conselho de Segurança, o gesto nada lhe custa. Na prática, a República Federal cederá todos os postos de apoio necessários à expedição ao Iraque, serviço estratégico muito mais importante para o Pentágono que o envio de comandos britânicos ou pára-quedistas franceses. No geral, pode-se contar com a aquiescência européia à campanha.

Isso não significa que na União Européia, fora da própria Downing Street, haja algum entusiasmo generalizado pela guerra. O consentimento efetivo a um ataque armado é uma coisa, o compromisso ideológico com ele é outra. É improvável que a participação na expedição ou, mais provavelmente, na ocupação que se seguirá possa anular por completo o ressentimento da Europa com a forma como foi forçada a participar do empreendimento. A demonstração das prerrogativas norte-americanas – "o punho de ferro unilateral dentro da luva de veludo multilateral", como explicou com perspicácia Robert Kagan – pode continuar fermentando ainda por algum tempo[9].

7

Isso significa, como protesta um coro de vozes do *establishment* na Europa e nos Estados Unidos, que a "unidade do Ocidente" corre o risco de sofrer danos a longo prazo com a arrogância de Cheney, Rumsfeld e Rice? Quando se pensa nessa pergunta, é essencial não esquecer a imagem formal de toda hegemonia, que conjuga, sempre e necessariamente, um poder *específico* com uma tarefa *geral* de coordenação. O capitalismo, como ordem econômica abstrata, exige algumas condições universais para funcionar: direito estável à propriedade privada, regras legais previsíveis, alguns procedimentos de arbitragem e (importantíssimo) mecanismos para garantir a subordinação da mão-de-obra. Mas

---

[9] "Multilateralism, American style", *Washington Post*, 14/9/2002.

é um sistema competitivo, cujo motor é a rivalidade entre os agentes econômicos. Essa competição não tem um teto "natural"; quando se torna internacional, a luta darwinista entre as empresas tem a tendência inata de crescer até chegar aos Estados. Nesse ponto, entretanto, como mostrou repetidas vezes a história da primeira metade do século XX, isso pode trazer conseqüências desastrosas para o próprio sistema. Afinal, no plano das relações entre estados, só há equivalentes frágeis da legislação nacional e não existe nenhum mecanismo para agregar os interesses de partidos diferentes com uma base igualitária, como acontece nominalmente nas democracias eleitorais.

Deixada por conta própria, a lógica dessa anarquia só poderia ser a guerra total, como a que Lenin descreveu em 1916. Kautsky, pelo contrário, abstraindo os interesses conflitantes e a dinâmica dos estados concretos da época, chegou à conclusão de que o futuro do sistema estaria, em seu próprio interesse, no surgimento de mecanismos de coordenação capitalista internacional capazes de transcender esses conflitos, ou o que chamou de "ultra-imperialismo"[10]. Lenin rejeitou essa possibilidade como utópica. A segunda metade do século produziu uma solução não prevista por nenhum pensador, mas intuitivamente vislumbrada por Gramsci. Afinal, no devido tempo ficou claro que o problema da coordenação só pode ser satisfatoriamente resolvido pela existência de um poder superior, capaz de impor disciplina ao sistema como um todo para o bem comum de todas as partes. Essa "imposição" não pode ser produto da força bruta. Também tem de corresponder a uma capacidade genuína de persuasão; em termos ideais, uma forma de liderança que represente o modelo mais avançado de produção e cultura de sua época, como alvo a ser imitado por todos os outros. Essa é a definição de hegemonia como unificação *geral* no campo do capital.

Mas, ao mesmo tempo, o Estado hegemônico tem de ser – só pode ser – um Estado *específico*; como tal, possuidor inevitável de uma história diferente e de um conjunto de peculiaridades nacionais que o distinguem de todos os outros. Essa contradição insere-se desde o início na filosofia de Hegel, na qual a necessidade da encarnação da razão num só Estado histórico mundial, em qualquer período dado, nunca consegue apagar por completo a multiplicidade contingente de formas políticas à sua volta[11]. De modo latente, o universal singular está sempre em discrepância com o múltiplo empírico. Esse é o ambiente conceitual no qual o "excepcionalismo" norte-americano deve ser considerado. Todos os Estados são mais ou menos excepcionais, pois possuem características só suas. No entanto, por

---

[10] Sobre a previsão de Kautsky, ver o texto "Ultra-Imperialism", em *New Left Review*, n. 1/59, janeiro-fevereiro de 1970, p. 41-6, que ainda é a única tradução para o inglês.

[11] Sobre essa tensão no pensamento de Hegel, ver "The ends of history", em *A zone of engagement* (Londres, 1992), p. 292.

definição, o hegemônico terá traços distintivos que *não podem* ser partilhados por outros, já que são exatamente tais traços que o elevam acima da multidão de seus rivais. Mas, ao mesmo tempo, seu papel exige que chegue o mais perto possível de um modelo generalizável – ou seja, reproduzível. No fim das contas, é claro que a quadratura do círculo é impossível, e é por isso que há um coeficiente de atrito inerente a toda ordem hegemônica. Em termos estruturais, embute-se uma discrepância na harmonia que é sua função instalar. Nesse sentido, vivemos num mundo que é, ao mesmo tempo e inseparavelmente – de um modo que nenhum dos dois conseguiu prever –, o passado descrito por Lenin e o futuro antevisto por Kautsky. O particular e o geral estão condenados um ao outro. A união só pode se realizar pela divisão.

Nos cadernos que escreveu na prisão, Gramsci teorizou a hegemonia como uma síntese peculiar de "dominação" e "direção", ou um equilíbrio dinâmico entre força e consenso. O foco principal de sua atenção eram as formas variáveis para atingir ou romper esse equilíbrio dentro dos Estados nacionais. Mas a lógica de sua teoria, e ele tinha consciência disso, estendia-se também ao sistema internacional. Nesse plano, os elementos de hegemonia estão distribuídos assimetricamente[12]. A dominação – o exercício da violência como moeda extrema de poder – tende necessariamente para o pólo da particularidade. O hegemônico tem de possuir uma força superior em armas, atributo nacional que não pode ser alienado nem compartilhado, como primeira condição do seu domínio. A direção, por outro lado – a capacidade ideológica de conquistar o consenso –, é um tipo de liderança cuja capacidade de atração é, por definição, geral. Isso não significa que uma síntese hegemônica exija, portanto, uma estrutura persuasiva que seja tão puramente internacional quanto sua estrutura coercitiva tem de ser irredutivelmente nacional. O sistema ideológico do país hegemônico bem-sucedido *não pode* derivar apenas de sua função de coordenação geral. É inevitável que também reflita a matriz específica de sua própria história social[13]. É claro que, quanto menos marcante a distância entre as duas, mais eficaz ele será.

8

No caso dos Estados Unidos, o grau dessa distância – a justeza do encaixe – é um reflexo das principais características do passado do país. Muita literatura se gastou sobre a exceção norte-americana. Mas a única excepcionalidade que

---

[12] Sobre a assimetria em todo Estado nacional, ver "The antinomies of Antonio Gramsci", *New Left Review*, I/100, novembro de 1976–janeiro de 1977, p. 41.

[13] Em outras palavras, o "Estado universal e homogêneo" imaginado por Alexandre Kojève continua fora de alcance; sobre sua concepção, ver *A zone of engagement*, cit., p. 315-9 ss.

realmente importa, já que todos os países são *sui generis*, cada um a seu modo, é a configuração que deu base a sua hegemonia global. Como ela se exprime melhor? É com base no ajuste praticamente perfeito que o país oferece entre condições geográficas ótimas e condições sociais ótimas para o desenvolvimento capitalista. Ou seja: o tamanho continental do território, dos recursos e do mercado, protegidos por dois oceanos, que nenhum outro Estado-nação chega perto de possuir; e uma população de colonos-imigrantes que forma uma sociedade praticamente sem passado pré-capitalista, a não ser por seus habitantes locais, escravos e credos religiosos, e unida apenas pelas abstrações de uma ideologia democrática. Eis aqui todas as condições para um crescimento econômico, um poderio militar e uma penetração cultural espetaculares. Em termos políticos, já que o capital sempre se impôs à mão-de-obra num grau desconhecido em outras sociedades industriais avançadas, o resultado é uma paisagem doméstica bem à direita de tais sociedades.

Pelo contrário, na Europa ocidental quase todos os termos da equação norte-americana se invertem. Os Estados-nações são de tamanho pequeno ou médio, fáceis de sitiar e invadir; a população data muitas vezes da época neolítica; as estruturas sociais e culturais estão saturadas de vestígios da origem pré-capitalista; o equilíbrio de forças é, em geral, menos desvantajoso para a mão-de-obra; a religião é uma força esgotada. Conseqüentemente, o centro de gravidade dos sistemas políticos europeus está à esquerda do norte-americano – mais protetores e mais preocupados com o bem-estar social, mesmo com governos de direita[14]. Nas relações entre a Europa e os Estados Unidos, há, assim, material abundante para todo tipo de fricção e até de combustão. Não surpreende que tenham voado fagulhas na tensa situação atual. A questão política relevante, contudo, é se tais aspectos anunciam alguma briga maior ou uma modificação do equilíbrio de poder entre os dois conforme a União Européia adquirir um senso mais forte de sua própria identidade.

Quando se comparam os dois centros capitalistas, o contraste entre seus estilos internacionais é bastante claro. A típica abordagem européia da Nova Ordem Mundial brota da experiência interna de integração gradual dentro da própria União Européia: diplomacia baseada em tratados, fusão incremental da soberania, apego legalista às regras formais, propalada preocupação com os direitos humanos. As práticas estratégicas norte-americanas, baseadas numa concepção das relações entre Estados como uma rede radial centralizada, são mais duras e bilaterais. Mas a diplomacia dos Estados Unidos sempre teve duas linguagens: uma descendente dos axiomas machistas de Theodore Roosevelt; a outra, da cantilena

---

[14] Assim, pode-se dizer que Berlusconi, exemplo da direita mais temida pela esquerda na Europa, está de várias maneiras à esquerda de Clinton, que construiu boa parte de sua carreira nos Estados Unidos com base em políticas – execuções no Arkansas, cortes na assistência social em Washington – impensáveis para qualquer primeiro-ministro da Itália.

presbiteriana de Woodrow Wilson[15]. Esses são, respectivamente, os idiomas nacional e internacional do poderio norte-americano. Embora no início do século XX este último fosse mais estranho ao estadismo europeu, hoje tornou-se a jangada atlântica à qual se agarra, desesperada, a suscetibilidade da União Européia. Mas ambos são tipicamente norte-americanos. Boa parte da recente comoção no *establishment* intelectual democrata dos Estados Unidos consistiu num lembrete à Casa Branca da necessidade de apresentar ao mundo uma mistura palatável dos dois[16]. A Estratégia de Segurança Nacional apresentada por Bush ao Congresso em 21 de setembro atendeu à demanda com aprumo. Eis ali, para os ouvintes de casa e de fora, um dueto que entrelaça com perfeição as duas vozes de "um internacionalismo tipicamente norte-americano". A expressão foi bem escolhida. O exercício da hegemonia exige exatamente essa dualidade.

É claro que a direção norte-americana do globo, ao contrário da dominação, não se baseia apenas num credo ideológico. Em termos históricos, foi o poder de atração dos modelos de produção e da cultura dos Estados Unidos que aumentou o alcance de sua hegemonia. Os dois, com o tempo, unificaram-se cada vez mais na esfera do consumo para oferecer um modo de vida único como padrão para o mundo. Mas em termos analíticos devem manter-se distintos. O poder daquilo que Gramsci teorizou como fordismo – o desenvolvimento da administração científica e das primeiras linhas de montagem do mundo – está em suas inovações técnicas e organizacionais, que, em sua época, já faziam dos Estados Unidos a sociedade mais rica que existia. Enquanto essa liderança econômica se manteve – nas últimas décadas teve seus altos e baixos –, os Estados Unidos puderam figurar no imaginário mundial como ponto de fuga da modernidade: aos olhos de milhões de pessoas no estrangeiro, o estilo de vida que traçava os contornos ideais do seu próprio futuro. Essa imagem era, e é, função do *avanço* tecnológico.

Já o espelho cultural que os Estados Unidos ofereceram ao mundo deve seu sucesso a algo diverso. Nesse caso, o segredo da hegemonia norte-americana baseou-se mais na *abstração* formulista, base da fortuna de Hollywood. Num vasto

---

[15] É claro que essa é uma simplificação. Encontra-se uma genealogia mais complexa em Walter Russell Mead, *Special providence* (Nova York, 2001), que discrimina ramos vindos de Hamilton, Jefferson, Jackson e Wilson.

[16] Um bom exemplo é Michael Hirsh, "Bush and the world", *Foreign Affairs*, setembro-outubro de 2002, p. 18-43, cheio de objeções à importância de consultar os aliados, à inviolabilidade dos acordos internacionais, ao valor dos ideais nobres, deixando claro, ao mesmo tempo, que "os aliados dos Estados Unidos têm de aceitar que é inevitável, e até desejável, algum unilateralismo dos Estados Unidos. Isso significa, sobretudo, aceitar a realidade do poderio superior norte-americano – e, de modo sincero, apreciar a boa sorte histórica de serem protegidos por uma potência comparativamente tão benevolente".

continente de imigrantes heterogêneos oriundos de todos os cantos da Europa, os produtos da cultura industrial tiveram de ser, desde o princípio, tão genéricos quanto possível para maximizar sua participação no mercado. Na Europa, todos os filmes vinham de culturas com densa sedimentação de tradições, costumes, linguagens específicas herdadas do passado nacional, e tinham de agradá-las – gerando, inevitavelmente, um cinema com muito conteúdo local e pouca possibilidade de viajar. Nos Estados Unidos, pelo contrário, os públicos imigrantes, de conexão enfraquecida com passados heteróclitos, só podiam ser agregados por meio de esquemas narrativos e visuais reduzidos ao denominador comum mais abstrato e repetitivo. As linguagens cinematográficas que resolveram esse problema foram, de modo bastante lógico, aquelas que avançaram para conquistar o mundo, onde o prêmio da repetição e da simplificação dramática, em mercados muito mais heterogêneos, era ainda maior. A universalidade das formas hollywoodianas – a televisão norte-americana nunca foi capaz de repetir o mesmo sucesso – nasce de sua tarefa originária, embora, como todas as outras dimensões da hegemonia dos Estados Unidos, tire forças do solo expressamente nacional, com a criação de grandes gêneros populares extraídos dos mitos do faroeste, do submundo, da guerra do Pacífico.

Enfim, e igualmente importante, havia o arcabouço legal da produção e da cultura: direito ilimitado de propriedade, litígios irrestritos, a invenção da grande empresa. Aqui também o resultado foi a criação do que Polanyi mais temia: um sistema jurídico que desconecta, o mais possível, o mercado dos laços do costume, da tradição e da solidariedade, cujo próprio alheamento mostrou-se mais tarde – tanto para as empresas quanto para os filmes norte-americanos – exportável e reproduzível pelo mundo, de um modo tal que nenhum outro concorrente conseguiria igualar[17]. A transformação constante das leis e dos arbitramentos comerciais internacionais de acordo com os padrões dos Estados Unidos é testemunha desse processo. O terreno político propriamente dito é outra coisa. Apesar da universalidade formal da ideologia da democracia norte-americana, intocada pelas complicações da Revolução Francesa, faltou às estruturas constitucionais do país esse poder de transmissão[18]. Ancoradas em sua maior parte nos sistemas do século XVIII, tais estruturas deixaram o resto do mundo relativamente indiferente, embora, com a disseminação do dinheiro e da política televisiva, afetado por sua corrupção.

---

[17] Sobre esse fenômeno, ver as observações contundentes de John Grahl, "Globalized finance", *New Left Review*, n. 8, março-abril de 2001, p. 28-30.

[18] Difundindo, no máximo, a praga do presidencialismo de modo caricato – a Rússia é o exemplo óbvio. Da safra recente de novas democracias, nenhum Estado do Leste europeu copiou o modelo norte-americano.

9

Como a União Européia se posiciona em relação a esse complexo? A população e a produção da União Européia excedem as dos Estados Unidos e constituem um mosaico de modelos sociais considerados, em geral, mais humanos e avançados que o norte-americano. Mas estão tipicamente incrustados em heranças históricas locais de todos os tipos. A criação de um mercado comum e a adoção de uma moeda única começam a unificar as condições de produção, especulação e consumo, mas continua a haver pouca mobilidade da mão-de-obra e da cultura compartilhada, seja erudita ou popular, em nível continental. A década passada viu aumentarem as discussões sobre a necessidade de a União assumir mais características de um Estado tradicional, e seus povos, mais identidade em comum. Existe agora até uma convenção constitucional, com *status* de assessoria. Mas o mesmo período também viu paradigmas econômicos, sociais e culturais do Novo Mundo espalharem-se sem parar pelo Velho. A extensão desse processo pode ser exagerada; os dois mundos ainda parecem e continuam a ser muito diferentes. Mas as tendências de mudança são todas no mesmo sentido. Desde a flexibilidade do mercado de trabalho, os dividendos pagos aos acionistas e os tributos bem definidos até os conglomerados da mídia, a assistência social vinculada ao emprego e os *reality shows*, a tendência tem sido afastar-se do padrão tradicional rumo ao padrão norte-americano. Apesar de todo o investimento europeu nos Estados Unidos, há pouquíssimos indícios de influência recíproca. Esse é o unilateralismo que mais conta, mas o que menos consta no atual livro de reclamações.

No entanto, em termos políticos, se o sistema norte-americano está petrificado, o europeu, teoricamente, está em movimento. Mas a União Européia não é um Estado, e a possibilidade de que ela venha a ser algo parecido com um Estado vem arrefecendo. No papel, a ampliação da União Européia para o leste é um empreendimento de magnitude histórico-mundial, numa escala que se iguala à mais heróica ambição dos Estados Unidos. Na prática, vindo na esteira da expansão norte-americana da Otan, até agora isso parece, em boa parte, um projeto realizado à revelia, sem meta constitucional ou geopolítica clara, que, nas condições atuais, é provável que distenda e enfraqueça ainda mais o agregado semiparalisado de instituições de Bruxelas. Na prática, o abandono do aprofundamento federativo só pode levar a uma estratificação nacional à medida que a hierarquia existente de Estados-membros se tornar uma pirâmide de poder mais aberta, sem um ápice, com um anexo semicolonial a leste – a Bósnia em maior escala. No topo do sistema propriamente dito, sem falar de mais abaixo, os limites da coesão são determinados por assincronias recorrentes no ciclo político dos principais países, como hoje, quando os governos de centro-esquerda dominam em Berlim e Londres, e os de centro-direita, em Paris, Roma e Madri. Nessas condições, a política externa da Comunidade tende a tornar-se pouco mais que uma busca pelo máximo denominador comum da quimera ideológica[19]. Seja qual for a lógica a longo prazo da construção pan-européia, hoje a União não está em condições de rejeitar nem questionar nenhuma grande iniciativa norte-americana.

Segue-se que não há mais uma "fórmula orgânica" de hegemonia neoliberal interna em todo o mundo capitalista avançado[20]. A conquista da Casa Branca pelos republicanos em 2000 não refletiu nenhuma grande mudança da opinião política dos Estados Unidos, e sim, em essência, o custo indireto da conduta de Clinton para a causa democrata. No cargo, o novo governo aproveitou – superencenou com habilidade – a possibilidade de dar uma forte virada para afastar-se da retórica e, até certo ponto, da prática de seu antecessor. Na Europa, a centro-direita obteve vitórias convincentes na Itália, na Dinamarca, na Holanda e em Portugal, enquanto a centro-esquerda se manteve na Suécia e sem dúvida recuperará a Áustria. Mas na França e na Alemanha, os dois principais países da União, os efeitos eleitorais opostos que mantiveram Chirac e Schroeder no poder foram igualmente acidentais: um foi salvo pela dispersão ocasional dos votos; o outro, pelas águas de um ato de Deus. Nem a centro-direita da França nem a centro-esquerda da Alemanha têm hoje muito apoio da população. Nesse cenário superficial, as políticas costumam ser opostas aos rótulos. Hoje em dia o SPD (Partido Socialdemocrata alemão) agarra-se ao colete de ferro do Pacto de Estabilidade, enquanto Berlusconi e Chirac reivindicam um afrouxamento keynesiano.

Em outras palavras, como se pode deduzir do impulso contingente que vem dos próprios Estados Unidos, a Terceira Via não teve vida longa nem houve uma virada geral da maré rumo a uma versão mais dura do neoliberalismo, do tipo que se instalou com Thatcher e Reagan. Estamos é de volta às circunstâncias variegadas dos anos 1970, quando não havia um padrão claro de alinhamento político doméstico na OCDE. Nessas condições, podemos esperar um aumento do volume de disputas e recriminações de baixo nível dentro do bloco atlântico. O deslocamento entre o consenso e a força dentro do sistema da hegemonia norte-americana, que se tornou possível com o fim da Guerra Fria, está ficando mais real.

---

[19] É claro que essa também é uma função da provincialização das culturas européias nos últimos anos. É notável como se produzem poucas idéias geopolíticas sérias hoje em dia na Europa. Estamos muito longe dos dias de Schmitt ou Aron. Quase todas as idéias nesse campo vêm dos Estados Unidos, onde as necessidades do império levaram à construção de um campo intelectual imponente nos últimos vinte anos. A última verdadeira obra de prognóstico a sair do outro lado do Atlântico foi, provavelmente, *Les empires contre l'Europe*, de Régis Debray, publicada em 1985.

[20] Há uma discussão dessa idéia em "Testing formula two", *New Left Review*, n. 8, março-abril de 2001, p. 5-22.

10

Seu sintoma imediato, naturalmente, é o jorro de protestos da *intelligentsia* atlântica – avassalador no lado da União Européia, substancial nos Estados Unidos – contra a guerra iminente ao Iraque. Na época em que este texto foi escrito, uma torrente de temores de que os Estados Unidos tenham esquecido os melhores traços de sua personalidade – invocações à ONU, encômios aos valores europeus, receio de danos aos interesses ocidentais no mundo árabe, esperança no general Powell, elogios ao chanceler Schroeder – continua a percorrer a mídia. Somos levados a entender que as guerras do Golfo, dos Bálcãs e do Afeganistão eram uma coisa. Foram expedições que obtiveram o apoio enfático desse estrato – seu aplauso sóbrio acompanhado, é claro, da chuva de observações críticas que denota o intelectual de respeito. Mas o ataque norte-americano ao Iraque é outra coisa, explicam agora as mesmas vozes, já que não goza da mesma solidariedade da comunidade internacional e exige uma doutrina desmedida de prevenção. A isso o governo republicano não tem dificuldade de responder, nas palavras firmes de Sade: "Encore un effort, citoyens"*. A intervenção militar para impedir o risco de limpeza étnica no Kosovo violou a soberania nacional e desrespeitou o estatuto da ONU quando a Otan assim decidiu. Então, por que não uma intervenção militar para impedir o risco das armas de destruição em massa no Iraque, com ou sem o assentimento da ONU? O princípio é exatamente o mesmo: o direito – e até o dever – dos Estados civilizados de esmagar as piores formas de barbarismo, sejam quais forem as fronteiras nacionais dentro das quais ocorram, para tornar o mundo um lugar mais seguro e mais pacífico.

A lógica é irretorquível e, na prática, o resultado será o mesmo. É improvável que se consiga distrair a Casa Branca de sua presa com alguma concessão do regime Baath em Bagdá. Um Congresso democrata poderia, mesmo agora, causar mais dificuldades; e qualquer queda súbita e profunda de Wall Street permanece sendo um risco para o governo. Mas a probabilidade continua a ser de guerra e, se houver guerra, a certeza é a ocupação do Iraque, com o aplauso da comunidade internacional, incluindo a maioria avassaladora dos comentadores e intelectuais que agora se angustiam com o "unilateralismo" de Bush. Os repórteres do *New Yorker* e do *Le Monde*, da *Vanity Fair* e da *New York Review of Books*, do *Guardian* e do *La Repubblica* desembarcarão na Bagdá libertada e – naturalmente, com equilibrado realismo e todas as qualificações necessárias – saudarão a aurora tímida da democracia árabe, como antes a balcânica e a afegã. Com a redescoberta de que, afinal de contas, a única verdadeira revolução é norte-americana; o poder e a literatura podem cair de novo nos braços um do outro. A tempestade no copo d'água atlântico não vai durar muito.

---

* "Mais um esforço, cidadãos." (N. T.)

A reconciliação é ainda mais previsível porque, por sua própria natureza, a atual mudança de ênfase do que é "cooperativamente aliado" para o que é "tipicamente norte-americano" dentro da ideologia imperial terá uma provável vida curta. A "guerra contra o terrorismo" é um desvio temporário da estrada real que leva "aos direitos humanos e à liberdade" no mundo inteiro. Produto de uma emergência, seus objetivos negativos não substituem os ideais positivos permanentes de que a hegemonia necessita. Em termos funcionais, conforme o peso relativo da força cresce na síntese norte-americana e o consenso declina pelas razões objetivas de longo prazo já citadas aqui, a importância da versão "mais suave" de seu conjunto de justificativas vai aumentar, exatamente para mascarar o desequilíbrio que a versão "mais dura" se arrisca a acentuar. Num futuro não muito distante, as viúvas de Clinton terão consolo. De qualquer modo, seja qual for o resultado no Oriente Médio, o titubear da economia dos Estados Unidos, onde se fundam os alicerces básicos da hegemonia norte-americana, não promete rédea solta ao governo republicano.

11

É preciso mencionar a necessidade de se opor à guerra, se ela acontecer? O conjunto de crueldade e hipocrisia que justificou o bloqueio de uma década ao Iraque, à custa de centenas de milhares de vidas, não precisa de mais exposição nestas páginas[21]. As armas de destruição em massa em posse do regime Baath são insignificantes se comparadas ao estoque acumulado por Israel, para quem a "comunidade internacional" fecha os olhos; a ocupação do Kwait pelo Iraque mostrou-se uma reação retardada aos acontecimentos na Cisjordânia; o assassinato de seus próprios cidadãos foi em muito ultrapassado pela ditadura da Indonésia, louvada em Washington e Bonn até o fim de seus dias. Não foram as atrocidades de Saddam Hussein que atraíram a hostilidade de sucessivos governos norte-americanos e seus vários sequazes europeus, mas a ameaça potencial que representa para as posições imperiais no Golfo e, de modo mais teórico, para a estabilidade colonial na Palestina. A invasão e a ocupação são o resultado lógico do estrangulamento do país desde a Operação Tempestade no Deserto. As disputas nas capitais ocidentais sobre se é melhor dar o golpe de misericórdia ou prolongar a asfixia até o fim são discordâncias de tática e ritmo, não de humanidade ou princípios.

Os governos republicano e democrata nos Estados Unidos não são iguais, nem os governos de centro-direita e centro-esquerda na Europa. É sempre necessário apontar as diferenças entre eles. Mas raramente se distribuem numa linha

---

[21] Para uma discussão completa desses tópicos, ver o editorial de Tariq Ali "Throttling Iraq", *New Left Review*, n. 5, cit.

moral contínua de bem ou mal decrescentes. Os contrastes quase sempre são mais confusos. E é assim hoje em dia. Não há por que lamentar que o governo Bush tenha eliminado o pobre simulacro do Tribunal Penal Internacional ou varrido as folhas de parreira murchas do Protocolo de Quioto. Mas há muitas razões para resistir ao desgaste da liberdade civil nos Estados Unidos. A doutrina da prevenção é uma ameaça a todos os Estados que, no futuro, venham a cruzar a vontade da potência hegemônica ou de seus aliados. Mas nem por isso tal doutrina é melhor quando proclamada em nome dos direitos humanos ou da não-proliferação de armas nucleares. O molho do frango balcânico também serve para o galeto mesopotâmico. Os queixosos que afirmam o contrário merecem menos respeito do que aqueles a quem imploram que não ajam com base em suas suposições em comum. A arrogância da "comunidade internacional" e seu direito de intervenção em todo o globo não são uma série de acontecimentos arbitrários nem de episódios desconexos. Eles formam um sistema que precisa ser combatido com uma coerência à altura.

QIN HUI

A DIVISÃO DO PATRIMÔNIO
DA GRANDE FAMÍLIA

O senhor poderia nos contar sua história?

Nasci e cresci em Nanning, capital de Guangxi, no sudoeste da China, onde meus pais trabalhavam na secretaria de Educação do governo da província. Ambos tinham sido ativistas do movimento estudantil contra o regime de Chiang Kai-Shek em Guilin, onde meu pai estudava no Colégio Normal. Minha mãe viera de Zhejiang como refugiada em 1937. Ambos eram membros da Aliança Democrática, um pequeno partido de intelectuais próximo do Partido Comunista Chinês. No início da década de 1950, tentaram, sem sucesso, entrar no Partido e, em 1957, tiveram sorte de escapar da campanha antidireitista. Por influência deles me interessei bem cedo pelas questões políticas e intelectuais. Eu me lembro de ouvir a transmissão das Nove Cartas Abertas do PCC ao Partido Comunista da União Soviética no início da década de 1960, quando tinha só dez anos. Acho que sou capaz de recitar de cor o texto todo de algumas dessas altercações polêmicas da disputa sino-soviética.

Terminei a escola básica em 1966, ano em que irrompeu a Revolução Cultural. Passei os três anos seguintes nominalmente no curso médio, mas, como o ensino foi suspenso, não havia aulas, e eu e meus colegas ficávamos à toa. Quando a primeira rodada de Guardas Vermelhos se formou em nossa escola – voltados não contra "vagabundos capitalistas" mas contra as "cinco castas negras" –, fui excluído por causa do meu histórico familiar "não-vermelho". No entanto, como no resto da China, esse primeiro surto de Guardas Vermelhos foi logo superado por uma onda maior de jovens que respondiam ao chamado de rebelião de Mao, e, na proliferação de novas organizações da Guarda Vermelha mais para o fim daquele ano, logo me filiei a um grupo dissidente, como um de seus integrantes mais jovens.

No início, sem atrair supervisão nem atenção, alguns de nós começaram a publicar um boletim que passou a ser bastante lido. Para mim foi uma experiência muito excitante, que aumentou minha autoconfiança. No começo de 1967, houve uma nova fase, com a consolidação de vários grupos menores em duas grandes organizações opostas da Guarda Vermelha. Foi o princípio de um conflito que provocou algumas das batalhas mais sangrentas da Revolução Cultural.

Logo Guangxi ficou famosa em toda a China pelas lutas violentas entre facções divergentes de seus Guardas Vermelhos, o que acabou explodindo numa verdadeira guerra civil. Em parte isso aconteceu porque Guangxi era a única região do país onde a secretaria do partido na província manteve-se no poder durante toda a Revolução Cultural; no resto do país, eles foram derrubados. Mas Guangxi controla as rotas de suprimentos para o Vietnã, onde a guerra com os Estados Unidos estava em seu ponto máximo, e o secretário local do partido, Wei Guoqing, tinha excelentes relações com o Partido Vietnamita do outro lado da fronteira, e Mao não quis que fosse removido. Nossa facção combateu Wei em 1967 e 1968. Nossa base era, principalmente, um bairro pobre da cidade. Ali tive reveladoras aulas de sociologia. Nossos partidários eram moradores pobres e marginalizados da cidade que não davam muita atenção a nossa retórica ideológica, mas exprimiam com grande energia as queixas acumuladas contra as autoridades do governo. As atividades econômicas em nossas "áreas libertadas" também não eram nada "planejadas". Em vez disso, a parte mais pobre do bairro vivia cheia de camelôs e vendedores de rua. Quando nós, estudantes, chegamos a pensar na rendição depois que a liderança do Grupo Central da Revolução Cultural, em Beijing, anunciou o apoio inequívoco aos nossos adversários, os pobres quiseram continuar lutando. Entre eles estavam os trabalhadores do porto e das balsas do rio Yong, que a facção liderada por Wei acusava de serem um lumpemproletariado, mais próximos de uma máfia do que de uma moderna classe operária industrial. O contraste entre as palavras de ordem retóricas das facções estudantis rivais e as divisões sociais reais entre os grupos que se aglomeravam por trás delas também era espantoso em Guilin, para onde fui no inverno de 1967. Lá, diversamente de Nanning, nossa facção detinha o poder municipal, enquanto a maior parte dos pobres apoiava a facção de Wei e resistia aos esforços para derrubá-la. Na verdade, a gente comum tendia a apoiar o lado mais fraco nesses conflitos – quem quer que estivesse fora do poder – e depois de fazer sua opção era, também, mais resoluta que os estudantes para lutar até o fim.

O ajuste de contas final aconteceu no verão de 1968, quando Mao lançou uma campanha para dar fim ao caos nacional antes do IX Congresso do Partido, no início de 1969. Em Guangxi, Wei e seus aliados mobilizaram cerca de 100 mil soldados e militantes para esmagar a oposição, sobrepujando muito o nosso grupo. Houve lutas ferozes em Nanning, onde os nossos se entrincheiraram num bairro antigo da cidade, com apenas cem fuzis para todos nós. Tanto os moradores pobres quanto os portuários sofreram pesadas baixas, assim como os estudantes que ficaram com eles. Vinte colegas meus foram mortos no cerco. Tive sorte de escapar: pouco antes do ajuste de contas fora visitar a cidade natal de minha mãe em Zhejiang e, assim, estava longe quando o ataque começou. Quando voltei, nossa escola, como todas as outras unidades de trabalho e comitês de rua em Nanning, consolidava a vitória do regime com a criação de uma nova organização estudantil sob controle oficial, ainda usando ostensivamente o nome de Guarda Vermelha. Os efeitos secundários da luta eram fortes naquela nova organização, e não me filiei a ela. Mas todos os estudantes foram mobilizados para realizar trabalho "voluntário" limpando as ruas – muitas das quais tinham sido totalmente arrasadas, em cenas que lembram *A defesa de Stalingrado*.

O que aconteceu depois da repressão em Nanning?

Tive a oportunidade de continuar minha "educação" por mais dois anos. Abri mão, com o apoio dos meus pais. Então, fui mandado com uma massa de jovens para o repovoamento do campo. Em 1969, cheguei à província de Tianlin, no canto montanhoso de Guangxi, que faz fronteira com Yunnan a oeste e Guizhou ao norte, para superar a divisão entre trabalho mental e manual vivendo com os camponeses. A capital regional do distrito é Bose, onde Deng levantou a bandeira do soviete de Guangxi em 1930. É uma área de minoria zhuang, onde a população fala uma língua mais parecida com o tai do que com o chinês. Três de nós, todos rapazes, fomos despachados para uma aldeia minúscula de onze famílias, de onde tínhamos de caminhar por uma trilha montanhosa de 60 li, ou 32 quilômetros, para chegar à auto-estrada – em geral à noite, para não pagarmos hospedagem – e pegar um caminhão para visitar a cidade, a uns 95 quilômetros. Muitos aldeões nunca foram à cidade de Tianlin em toda a vida. Cinco anos depois, fui transferido, com uma dúzia de outros estudantes, para uma aldeia maior de setenta famílias. Em Tianlin a vida era duríssima em razão da pobreza do povo, ainda que a terra fosse tão fértil que dava para sobreviver de plantas e frutas selvagens sem muito trabalho. O principal produto agrícola é o milho. Para os camponeses, a pobreza significava a falta quase completa de dinheiro. Mas, naquela região de subsistência natural, o Grande Salto Adiante conseguiu criar a fome em massa quando tirou gente demais da terra para "produzir aço" e não permitiu que voltassem. Em todas as aldeias da nossa comuna houve gente morrendo de fome por volta de 1959. Não há dúvida de que a fome foi conseqüência do sistema social e não de um desastre natural.

Como eram as suas relações com os camponeses?

Passei cinco anos na primeira aldeia e quatro na segunda, o único dos jovens enviados a nossa comuna a ficar ali nove anos inteiros. Depois de quase duas décadas, quando nosso grupo voltou para visitar as aldeias, fui o único ainda capaz de me comunicar com o povo local na língua deles. Os anos no campo me influenciaram profundamente, mas isso não significa que eu tivesse as melhores relações do meu grupo com os aldeões. Não é que eu os olhasse de cima. Não, eu tinha a crença ideológica preconcebida de que eles seriam os professores ideais para reformar meu ponto de vista pequeno-burguês. No entanto, na verdade o camponês não é um sábio. Quem venerava os aldeões tinha tanta possibilidade de fazer amizade com eles quanto quem os discriminava. Já alguns de nosso grupo se misturaram facilmente com os camponeses, divertindo-se com piadas sujas ou com fofocas, ainda que, pelas costas, os desdenhassem como limitados e estúpidos. Para mim, todos esses fenômenos eram superficiais; o que eu procurava era a "essência" dos camponeses pobres. Infelizmente, os aldeões raramente mostravam sua "essência", a não ser nas sessões de estudo político organizado.

Minhas boas relações com os aldeões se deveram sobretudo a minha intenção de me transformar num camponês "de verdade" – e exemplar. Enquanto resistiam a ser convocados para as obras de infra-estrutura longe de casa, eu sempre me apresentava como voluntário. Embora tivesse decidido ser realmente independente, abrindo mão da oferta de meus pais de me mandar alguns suprimentos, pedi a minha família que conseguisse remédios para a aldeia. Assim, os camponeses acabaram me aceitando. Quando afinal parti – o último dos jovens enviados a voltar para a cidade –, a maioria das famílias da aldeia mandou alguém para se despedir de mim. Ninguém chorou, mas exprimiram o respeito que sentiam. Falando com franqueza, embora eu tenha me esforçado muitíssimo durante nove anos, nunca me tornei realmente íntimo dos camponeses pobres. Digo isso porque hoje em dia é comum as pessoas concluírem que estudo a sociedade rural por causa da minha ligação com aquele passado. Embora seja mesmo verdade que o conhecimento do campo em primeira mão afetou minha pesquisa posterior, acredito que meus estudos são inspirados pela razão, e não pelo sentimento. Não é exato dizer que luto pelos interesses dos camponeses. Como acadêmico, não posso concorrer a um cargo num sindicato camponês nem num comitê de aldeia. O que faço é apenas tentar ajudar os camponeses a conquistarem e exercerem seus direitos civis, como o direito de se organizar, que lhes permitirão proteger os próprios interesses. O interesse concreto dos camponeses nem sempre é igual ao meu. O que temos em comum é o interesse pelos direitos civis. Estes são da conta de intelectuais, camponeses, operários e outros também. Não me vejo como mero porta-voz dos interesses dos camponeses.

E como foi seu desenvolvimento intelectual naquela época?

Eu tinha uma certa fama de rato de biblioteca entre os aldeões. Minhas leituras eram muito amplas e incluíam obras práticas sobre medicina, máquinas agrícolas, fornecimento de água e eletricidade e outros tipos de tecnologia rural. O conhecimento desses assuntos permitiu que eu ajudasse a resolver muitos problemas da vida na aldeia. Nos meus últimos três anos também fiz algumas coisas para a secretaria de cultura do distrito. Ali, desenvolvi um grande interesse pelos costumes e pela cultura zhuang local, coletei canções folclóricas e aumentei meus conhecimentos antropológicos sobre os zhuang como grupo étnico distinto. O mais importante foi que mantive meu interesse pela teoria social durante esse período. Por causa do isolamento do distrito, ninguém ali dava muita importância ao que eu lia. Aprendi sozinho a ler inglês, com a ajuda do sistema pin-yin chinês, método para surdos-mudos que me foi muito útil durante muitos anos.

A maior parte dos livros eu levara de casa, mas outra boa fonte era a biblioteca do distrito, em Tianlin. Como pouca gente lia naquela época e os regulamentos eram poucos, eu conseguia pegar livros emprestados sempre que tínhamos licença de ir até lá. Nos anos 1960 o governo publicou uma série de títulos apenas para "circulação interna", como material para sua campanha ideológica contra o revisionismo soviético. Mas, como ninguém mais se interessava por eles em Tianlin, não só pude lê-los com toda a atenção como também fiquei com alguns deles. Meu exemplar de *A agricultura socializada da União Soviética*, do acadêmico norte-americano Naum Jasny, foi publicado em agosto de 1965. Outro volume foi *A nova classe*, de Milovan Djilas. Meu caso não era assim tão raro. Nos últimos anos da Revolução Cultural, muitos chineses tiveram os olhos abertos por obras que analisavam o sistema soviético. Era fácil relacionar o que líamos com o que vivíamos. Mas esses livros não mudaram minha fé no comunismo. Na verdade, ingressei no Partido enquanto estava no campo e continuei a ser um comunista ardoroso, sem nenhuma dúvida sobre o sistema, durante toda a minha juventude.

O que fez depois do período nas aldeias?

Como, durante a Revolução Cultural, não houve vestibular durante uma década, as universidades tiveram de recrutar do nada alunos para graduação e pós-graduação num único ano depois da queda do Bando dos Quatro. O ano de 1978 foi importante para a família toda. Num mês, meus pais, que também tinham sido mandados para o campo, noutro distrito, voltaram a Nanning. Minha irmã entrou na faculdade depois de passar pelas provas de admissão recém-reinstauradas. E fui aprovado no curso de pós-graduação da universidade de Lanzhou, na província de Gansu, no extremo noroeste da China. Assim, passei direto da escola elementar para a pós-graduação, pulando o curso médio e a graduação – carreira só possibilitada, é claro, pela Revolução Cultural. Depois de tanto tempo nas aldeias, tinha uma vontade tremenda de estudar, e isso me absorveu tanto que só tirei férias quando completei o mestrado, três anos depois.

O que o atraiu para o noroeste da China?

Escolhi a universidade de Lanzhou para minha pós-graduação porque o professor Zhao Lisheng fora exilado lá como direitista desde a década de 1950. Minhas leituras tinham me convencido de que era o melhor historiador especialista na posse da terra e nas guerras camponesas na China. Queria trabalhar com ele e lhe mandara de minha aldeia algumas tentativas de ensaios. A análise de classe da posse da terra, das relações de arrendamento e das lutas sociais que se transformaram em guerras camponesas eram temas tradicionais do estudo marxista do campesinato, embora os primeiros historiadores marxistas chineses não tivessem se preocupado com esses conflitos. Na verdade, foram os trotskistas chineses que publicaram a *História das guerras camponesas chinesas*, em dois volumes, no início da década de 1930, sem muita resposta nem seguimento. Na década de 1950, depois da Libertação, Zhao Lisheng foi responsável pelas bases do estudo moderno das guerras camponesas da China. Foi uma "Nova Historiografia" inspirada no marxismo, com muita energia e vitalidade tanto na pesquisa empírica quanto na crítica social. Contudo, nos anos 1970 eram principalmente os antigos paradigmas que despertavam interesse, sem provocar muitas idéias. Foi a preocupação com essa evolução do setor que me aproximou de Zhao, mas, depois que fui para a universidade, ambos abrimos mão do nosso interesse pelos debates "teóricos" da época e nos dedicamos a estudos empíricos. Queríamos identificar as visões sociais que animavam as revoltas camponesas – naturalmente, nem o socialismo científico nem o capitalismo – e acreditávamos que nossa pesquisa tinha de ser, em primeiro lugar, empírica, para avaliar os paradigmas existentes com a necessária distância.

Essa preocupação conduziu minha atenção para uma área onde hoje ficam Yunnan e Sichuan e onde, durante a transição entre as dinastias Ming e Qing no século XVII, um regime camponês rebelde criou um sistema militar de produção, substituindo a organização social patriarcal pela distribuição igualitária da terra e de seus produtos. Ao contrário da maioria dos estudos sobre a rebelião de Taiping, por exemplo, a minha pesquisa baseava-se menos nos decretos e programas oficiais e mais nos registros que documentavam como se realizavam as atividades econômicas naquela versão patriarcal de "propriedade pública" numa economia de pequenos camponeses. Dois longos artigos de pesquisa saíram dessa tese de mestrado. No início dos anos 1980, aceitei um emprego de professor na Universidade Normal de Shaanxi, na venerável cidade de Xi'an. Ainda buscava novos paradigmas para entender a longa história da economia camponesa. A explicação comunista tradicional das guerras camponesas da China antiga sintetizava-as na fórmula "relações de arrendamento; apropriação da terra; revolta camponesa", na qual a ênfase recaía sobre os conflitos de arrendamento e propriedade entre os donos da terra e os camponeses arrendatários, concebidos como lutas de classe; a repressão do Estado era teorizada como extensão do poder político dos donos da terra. No entanto, o que descobri estudando o registro dos levantes camponeses em toda a China foi o inverso dessa seqüência. O corpo principal dos exércitos camponeses não era formado de arrendatários, mas de aldeões prósperos e até pequenos proprietários que não agüentavam mais a exploração por parte do Estado. A divisão entre os poderosos e os sem-poder era o fator primário, e não as questões de posse da terra.

Essa hipótese recebeu ainda mais apoio com a minha pesquisa sobre a economia rural da planície de Guanzhong, no centro de Shaanxi. Lá encontrei um "feudalismo sem senhor" em que os pequenos camponeses subordinavam-se diretamente a uma estrutura de poder tradicional. A classe superior explorava o campesinato não por meio de sua posição de proprietários da terra ou do capital, mas por intermédio do Estado, que funcionava como um tipo de omnicomunidade que dominava toda a população com seu sistema de registro fiscal. Para mim o principal, naquele caso, não era questionar as definições de feudalismo, mas reexaminar os conceitos básicos do paradigma teórico que havia muito tempo dominava nosso campo de estudo.

Esse interesse me levou a um estudo comparativo entre o período Qin–Han – Estados em Guerra – na China, de 475 a.C. a 220 d.C., e a época greco-romana no Ocidente. Ressaltei que as relações de arrendamento e ocupação da terra eram muito mais desenvolvidas no Império Romano do que na China sob a dinastia Han, embora os dois sistemas apresentassem muitas semelhanças nas relações de crédito, muitíssimo diferentes dos empréstimos com juros elevados da Europa medieval ou do período Tang. Sentia que muitos de nossos conceitos subjacentes continham suposições importadas de estudos da Antigüidade ocidental que não se ajustavam direito às características chinesas. Ao mesmo tempo, também avaliei as interpretações ocidentais atuais da economia greco-romana e propus modelos alternativos para compreendê-la.

Em retrospecto, não dei atenção suficiente à intervenção econômica do Estado autocrático, exemplificada pela capacidade extraordinária do governo Qin–Han de mobilizar recursos humanos em escala imensa para os projetos imperiais. Por esse ponto de vista, a dinastia Han estava mais próxima do Império Bizantino que do Romano. A "desclanificação" deflagrada pelos Qin e pelos Han não significou que os laços de parentesco tivessem sido minados pelos direitos individuais dos cidadãos, mas que o Estado autocrático havia esmagado os direitos de família. O processo foi comparável ao modo como o poder imperial bizantino desmantelou os direitos hereditários romanos. A lei romana que foi codificada a partir da prática bizantina, embora seja aparentemente bastante "moderna" em seu expurgo dos resíduos hereditários da República Romana, na verdade se afastou ainda mais da noção de cidadania e se aproximou mais das normas do despotismo oriental. A dissolução das comunidades locais sob os Qin e os Han também tomou como padrão o Estado autoritário, e não o indivíduo. Foi uma liqüidação do patriarcado que se encaminhou no sentido oposto da sociedade civil.

O senhor acha que seu desenvolvimento intelectual se beneficiou com a abertura dos anos 1980? Em termos mais gerais, qual sua opinião sobre aquele período?

Olhando para trás, pode-se dizer que me beneficiei. Minha carreira progrediu sem problemas, conforme fui subindo pela escada acadêmica, de professor-assistente a catedrático, mas em termos de estímulo intelectual ou inspiração fiquei muito desencantado na época. No final da década de 1980, o interesse pela história camponesa declinara rápido. Os acadêmicos conservadores estavam voltando ao estudo dinástico tradicional, enquanto outros pegaram a "febre cultural" mais quente da época, fazendo todo tipo de comparação genérica entre "Oriente e Ocidente", em que a cultura se tornava vetor do caráter nacional em vez de fenômeno histórico ou social. Tratar das diferenças entre "a China e o Ocidente" passou a ser um modo de minimizar as diferenças entre o passado e o presente, a elite e as massas, os detentores do poder e os plebeus na China. É claro que admito que a "febre cultural" dos anos 1980, como o Movimento da Nova Cultura de Quatro de Maio no final da década de 1910, foi um momento importante de esclarecimento intelectual. Mas, enquanto no período de Quatro de Maio houve um choque vigoroso entre vários "ismos", agora só se podia falar de "cultura", a ponto de muitas noções modernas, como democracia liberal e socialdemocracia, serem ofuscadas ao se juntarem todas na "cultura ocidental". Em conseqüência, não houve um verdadeiro debate entre posições opostas, como aconteceu depois do período de Quatro de Maio, principalmente entre os pontos de vista conservador e radical.

Foi sintomática do esvaziamento do período a substituição, no meu próprio campo de estudo, do paradigma das "relações de arrendamento e aluguel" por visões de uma "comunidade aldeã harmoniosa", com seu *ethos* protegido pela resistência da nobreza local à penetração do Estado imperial. Mas, se a comunidade local "tradicional" era tão harmoniosa, como explicar as guerras camponesas em grande escala que tantas vezes explodiram na China e desorganizaram de modo notável a vida econômica e sociopolítica? Isso me levou a reconsiderar meu entendimento da sociedade camponesa em geral. Comecei examinando de novo as teorias marxistas da sociedade camponesa e a prática dos socialdemocratas russos, de Plekhanov a Lenin, enquanto investigava as obras anglófonas no campo: Teodor Shanin; os debates entre James Scott e Samuel Popkin sobre os camponeses "morais" contra os "racionais" no sudeste da Ásia; Philip Huang, sobre a involução da economia agrária chinesa. Em 1985, comecei a estudar a tradição russa de estudos camponeses representada por Chayanov, em colaboração com minha esposa, Jin Yan, especialista em Europa oriental; organizamos a tradução para o chinês da obra de Chayanov *Peasant economic organization* [Organização econômica camponesa], de 1925. Nosso *Mir, reforma e revolução – Nongcun gongshe, gaige yu geming* – foi publicado em 1996. Essa nova direção me afastou dos estudos camponeses estritamente definidos rumo a um ponto de vista mais amplo da história chinesa.

Assim, ainda que eu estivesse desencantado com as mudanças de meu próprio campo de estudo na década de 1980, com certeza meu desenvolvimento intelectual deve muito a esse período. Afinal de contas, foi uma época muito animada, com um clima geral de descobertas. Em termos políticos, muita gente estava otimista com o futuro das reformas, e eu mesmo ainda acreditava no sistema e em sua capacidade de mudar a si mesmo para melhor.

O que mudou seu ponto de vista político?

O movimento social de 1989 alterou tudo. Xi'an foi logo afetada pela agitação em Beijing. Mas durante cerca de um mês, conforme os alunos começavam a boicotar as aulas, os professores eram arrastados para o tumulto e havia comoção crescente por toda parte. Eu estava tão voltado para meu próprio trabalho que quase não notei nada. Lembro que, em 16 de maio, quando a onda de protestos contra o governo chegou a seu ponto máximo, fui como sempre para a sala de aula com minha pasta, num *campus* totalmente deserto. Em 20 de maio, a lei marcial foi decretada e imposto o toque de recolher. Nos dias seguintes, os estudantes ficaram desapontadíssimos por não conseguirem localizar os intelectuais radicais ativos até 20 de maio. Então o comitê do Partido na província endossou a lei marcial e ordenou que todos os seus integrantes também dessem seu apoio. Não consegui mais ficar quieto. Em 24 de maio redigi uma declaração de protesto e fui com alguns membros locais do Partido colá-la como um cartaz com letras grandes, condenando, como violações do estatuto do PCC, a imposição da lei marcial e a deposição de Zhao Ziyang como Secretário-Geral do Partido. Ao reafirmar os direitos democráticos dos membros do Partido, o cartaz dava aos "Quatro Princípios Cardeais" do PCC um teor antiautoritário em vez de antiliberal, exigindo "insistência na liderança coletiva contra o totalitarismo personalista; insistência no socialismo contra o feudalismo; insistência no marxismo contra a Inquisição de estilo medieval; e insistência na ditadura democrática do povo contra a ditadura sobre o povo".

Assim, envolvi-me num movimento que já parecia condenado à derrota. O cartaz teve muita influência em Xi'an. Então veio o ataque final em 4 de junho. Em Xi'an, as manifestações e a resistência civil contra a repressão duraram até o dia 10.

Para mim, esses acontecimentos foram um divisor de águas. Num longo ensaio sobre o movimento social de 1989, Wang Hui argumentou recentemente que o movimento se apegava aos valores do passado socialista e se opunha aos do liberalismo. Se o socialismo de que ele fala é o socialismo democrático, essa era mesmo uma voz em 1989, mas, quando afirma que era antiliberal, está bastante errado. Minha conclamação à "insistência nos Quatro Princípios Cardeais" era mais "socialista" do que os exemplos que Wang Hui dá em seu ensaio, mas de jeito nenhum ela era antiliberal. Foi a primeira vez em que me envolvi diretamente em problemas atuais. Isso não significa que eu não tivesse nenhuma percepção da realidade contemporânea em minha pesquisa. Mas até 1989 minha maior frustração era a crise em nosso campo de estudo, enquanto, depois de 1989, minha atenção concentrou-se em problemas como: para onde vão os camponeses da China? Para onde deveria ir a China camponesa? Assim, no início dos anos 1990, quando a maioria dos intelectuais se afastava dos discursos grandiosos da "febre cultural" rumo aos estudos empíricos, passei dos estudos empíricos para um interesse maior pelos "ismos" teóricos. Em 1994, transferi-me para um instituto de pesquisa de Beijing e, no ano seguinte, comecei a ensinar na universidade de Qinghua. No final da década de 1990, os "ismos" entraram na moda outra vez e de novo senti vontade de voltar aos estudos empíricos. Na minha opinião, uma das fraquezas do atual cenário intelectual da China é a separação do debate sobre os "ismos" do exame dos "problemas" da realidade social. O mérito dos "ismos" em geral está nos valores universais que lhes dão forma; mas a teoria específica de um dado "ismo" costuma ser concebida como resposta a problemas históricos específicos, e não universais. Portanto, quando defendemos os valores universais, temos de tomar cuidado para não confundi-los com problemas universais. Meu lema é: "ismos" podem ser importados; "problemas" têm de ser gerados localmente; e as teorias deveriam ser sempre concebidas de forma independente.

Quais eram os pontos de vista mais amplos de seu campo de estudo que o senhor desenvolvia na década de 1990?

Durante os anos 1980, eu já me convencera de que o que vinha acontecendo na China tinha de ser visto como um processo de desenvolvimento humano de prazo muito mais longo. É claro que foi o período em que as comunas do povo foram dissolvidas e surgiu o sistema de responsabilidade doméstica, que devolvia a iniciativa econômica aos fazendeiros individuais. Foi essa a principal mudança da primeira fase da Era da Reforma de Deng Xiaoping. Interprete-a como último episódio da luta milenar da sociedade humana para "jogar fora os laços da comunidade em busca da liberdade individual". O primeiro estágio desse processo, pensava eu, seria avançar da comunidade tribal primitiva para a sociedade clássica de homens livres (eu não acreditava que "sociedade escravista" fosse uma definição apropriada para a Antigüidade); o segundo foi avançar da comunidade patriarcal feudal para uma sociedade pré-moderna de cidadãos; e o terceiro foi, agora, passar da nossa comunidade da "tigela de arroz de ferro" de estilo soviético para um socialismo democrático que eu acreditava ser o objetivo da reforma na época.

Depois de 1989, muita gente achou que a repressão militar interromperia o processo de reforma, inclusive de reforma econômica, e causaria a volta ao antigo sistema da "tigela de arroz de ferro". Minha esposa e eu acreditávamos no contrário. Em nossa opinião, já que os tiros de 4 de junho tinham dilacerado o véu suave da "grande família patriarcal", o processo de "dividir as posses da família" provavelmente se aceleraria. Embora fossem pouquíssimas as possibilidades de uma divisão democrática, o "grande patriarca", depois da demonstração para os "pequenos", teria pouco interesse em voltar a remendar o "grande clã" anterior. Seria mais provável uma evolução que lembrasse a supressão por Stolypin da revolução de 1905, que acelerou a dissolução do *mir* (as comunidades aldeãs russas anteriores à coletivização da agricultura). Já sentíamos que vinha fermentando uma combinação de controle político e "liberdade" econômica ao estilo Stolypin. Com a viagem de Deng pelo sul em 1992, ela realmente chegou.

Em termos teóricos, nosso interesse na comunidade e em sua dissolução vinha principalmente de *Gemeinschaft und Gesellschaft* [Comunidade e sociedade], de Tönnies. Marx, em sua obra madura, usa os termos em sentido sociológico, próximo do uso feito por Tönnies, para designar um conjunto social limitado pelo *status* encontrado em sociedades antigas ou subdesenvolvidas. Há diferenças. Marx não só apresenta uma explicação materialista e voluntarista desse processo como também define "comunidade" de modo bem mais amplo. Nos *Grundrisse*, é famosa sua declaração de que "quanto mais longe voltamos na história, mais o indivíduo surge como dependente, como pertencente a um todo maior". Em sua opinião, a evolução desses "todos" passou por formas sucessivas, da família única para a tribo e depois, por meio de "conflitos e fusões", para a unidade total, dominando todas as comunidades menores, que era o "Estado asiático". Em todas essas formações, o caráter pessoal é suprimido; os indivíduos são meramente partes ligadas ao todo, como a propriedade da comunidade; e da dependência do indivíduo em relação à comunidade deriva o apego de todos os seus membros ao personagem patriarcal que a comanda.

Só com o desenvolvimento da "sociedade civil" é que o indivíduo pode romper os laços da comunidade, pela "força da troca", e conquistar a independência humana – e, depois, superar a "alienação" da propriedade privada e avançar para um Estado ideal no qual os indivíduos são ao mesmo tempo livres e unidos. Embora tenha havido algumas mudanças de somenos importância em sua obra posterior, a opinião básica de Marx sobre a evolução dos membros da comunidade para indivíduos independentes permaneceu a mesma.

Até a ascensão de Stolypin, os socialdemocratas russos se diferenciavam dos populistas sustentando essa mesma posição. Plekhanov falava de "comuna exploradora e indivíduo explorado", tradição que ocupava um terreno intelectual comum a Tönnies. As formas de comunidade social e sua mudança no decorrer do tempo foram muito diferentes na China e no Ocidente. Desde a Antigüidade Clássica até a época medieval e o início da Era Moderna, a sociedade européia se baseou principalmente em pequenas comunidades, enquanto a China desenvolveu a supercomunidade preponderante a partir da Era Qin (221–207 a.C.). Assim, enquanto na Europa a modernização significou união do cidadão individual com uma comunidade abrangente, o Estado monárquico, contra o poder do senhor feudal, na China temos de levar em conta a possibilidade de o cidadão individual e a pequena comunidade de aldeias unirem forças contra o duradouro poder supremo do imenso Estado central, caso se queira concretizar o objetivo da modernização – fazer do cidadão individual tanto a base quanto o fim da sociedade.

Que conclusões políticas o senhor tira desse ponto de vista macro-histórico?

Seja qual for a rota para o desmoronamento final da comunidade, sua dissolução sempre levanta três questões. Primeiro, romper os laços da comunidade e perder sua proteção são dois lados do mesmo processo. O indivíduo é "livrado" deles em ambos os sentidos. Ainda assim, os dois aspectos têm significado diferente para as várias classes sociais, cujos integrantes costumam esperar deles ganhos e perdas diferentes e até conflitantes. Cada classe social lutará inevitavelmente por uma "divisão do patrimônio da família" que melhor atenda a seus próprios interesses. Em segundo lugar, isso significa que a questão de como dividir o patrimônio da família é mais importante do que se deve ou não ser dividido. Apesar da ênfase marxista tradicional nas classes reacionária e revolucionária, na prática ninguém é sempre inerentemente a favor da divisão ou da preservação da comunidade. Na Grécia e na Roma Antigas, tanto aristocratas quanto plebeus revelavam tradições tribais. No início da França moderna, tanto os monarquistas quanto os jacobinos destruíram a comuna rural. Na China de hoje, a "comunidade do grande *wok*" está sendo destruída sob uma pressão dupla, do "pai indiferente" e dos "filhos nada filiais".

Em terceiro lugar, as disputas sobre "como dividir" não distinguem os contendores como "radicais" ou "conservadores", mas envolvem questões de justiça e injustiça, com conseqüências consideráveis para a evolução histórica subseqüente. Quando a sociedade humana evolui além das formas da comunidade tribal, faz diferença se adota o caminho ateniense ou macedônio. Em Atenas, um corpo político hereditário, dominado pelos mais velhos, foi transformado num corpo político democrático, ou sociedade civil clássica, por uma revolução dos plebeus que incluiu o cancelamento das dívidas e a distribuição igualitária da terra por Sólon para criar a propriedade privada dos plebeus. Houve em Roma um processo comparável com as *Leges Liciniæ Sextiæ*. Na Macedônia, a estrutura tribal evoluiu para uma política de homens fortes, substituindo a hereditariedade pelo poder imperial – incluindo a formação de vastos domínios privados, à moda de Ptolomeu – para criar o domínio monárquico despótico sobre todos os súditos. Do mesmo modo, há duas rotas para sair da comunidade feudal. Numa, os "pequenos" rompem o controle patriarcal e dividem democraticamente entre si o patrimônio existente; noutra, o próprio patriarca, talvez com o apoio de alguns irmãos mais velhos, usa seu punho de ferro para monopolizar o patrimônio da família e expulsar ou escravizar os pequenos. Lenin chamou essas rotas de caminho norte-americano e prussiano para o capitalismo nos debates russos sobre a reforma agrária de Stolypin.

Antes dessa reforma, o czar era reverenciado pelos camponeses como o "paizinho do *mir*", que tanto os liberais quanto os socialdemocratas russos queriam abolir para libertar os camponeses e a terra. Isso, efetivamente, significava a privatização da terra numa linha democrática. Foi por isso que Lenin observou mais tarde que o programa agrário original de seu partido fora "executado por Stolypin". A injustiça das reformas de Stolypin não estava na privatização da terra, mas na expropriação opressora dos camponeses para consegui-la. Na época, os populistas, por um lado, se queixaram com amargura de que a dissolução do *mir* estava destruindo o "socialismo russo tradicional", mais ou menos como alguns "esquerdistas" da China de hoje protestam que Deng Xiaoping destruiu o socialismo de Mao. Por outro, alguns liberais russos apoiaram a oligarquia na época de Stolypin, acreditando que, fossem quais fossem os métodos de sua realização, a privatização seria um benefício e que todos deviam refletir sobre o radicalismo excessivo de 1905 e mudar suas "bandeiras" para cooperar com as autoridades. Hoje em dia, esse tipo de liberal é bastante comum na China.

Qual sua atitude diante dessas posições?

Critiquei ambas. Sou contra o louvor do socialismo tradicional por nossos "populistas" e também contra o apoio de nossos "liberais oligárquicos" à elite do poder ou à privatização pelo Estado policial segundo a linha de Stolypin. No mesmo espírito dos liberais dissidentes (como Miliukov) e socialdemocratas (como Plekhanov e o jovem Lenin) na Rússia czarista, acredito que o problema que enfrentamos hoje não é escolher entre capitalismo ou "socialismo", ao estilo *mir* ou Mao, como se tivéssemos pecado ao abandonar este último; nem entre "feudalismo" ou capitalismo, como se tudo fosse dar certo caso rejeitássemos o primeiro.

O verdadeiro problema a enfrentar é qual dos dois caminhos possíveis, o prussiano ou o norte-americano, a China rural deve adotar: a expropriação do campesinato imposta de cima para baixo por grandes proprietários ou empresas, como na Prússia do século XIX, ou o surgimento de pequenos ou médios fazendeiros modernos independentes de baixo para cima, como nos Estados Unidos do século XIX. Lenin sempre atacou o primeiro e defendeu o segundo.

Na época de Stolypin, a Rússia ainda não era uma sociedade industrial, e seu programa era, principalmente, uma privatização da terra. Esse não é mais o caso na China de hoje. Na minha opinião, atualmente há dois mitos populares sobre a privatização da terra. Um diz que provocará a anexação, a crise social e a guerra camponesa; outro, que automaticamente otimizará a distribuição dos recursos agrários através do mercado. O primeiro é historicamente inexato. A origem da revolta camponesa na China, como já disse, tem menos a ver com os conflitos sobre arrendamentos do que com a expropriação pelo Estado autoritário. Por outro lado, não acredito que, nas condições atuais, a privatização da terra seja a melhor maneira de aumentar a eficiência agrícola ou de resolver os problemas dos camponeses. No geral, continuo convencido da posição de Plekhanov de que os socialistas não preferirão a privatização da terra, mas devem se opor à "expropriação da terra por um Estado policial que varreria todas as conquistas da modernização e reviveria a autocracia asiática". Assim, na China de hoje, o que precisa ser detido não é a distribuição da terra entre os camponeses como propriedade privada, mas o ataque perpetrado pelas autoridades políticas aos direitos dos camponeses à terra. Em particular, onde não surgem problemas de localização específica nem de planejamento nacional, apóio que se dêem mais direitos aos camponeses e se limite o poder do governo. Essa posição não se baseia em considerações econômicas, já que, como expliquei, não acho que o mercado livre da terra vá produzir "grandes fazendas eficientes", mas na crença de que, como grupo social em desvantagem e vulnerável às agressões, os camponeses deveriam gozar de mais direito à terra como linha de defesa contra o Estado. Se as autoridades podem tomar a terra dos camponeses à vontade, que outros direitos civis lhes restarão?

Atualmente, muitos camponeses que moram perto das grandes cidades ou no litoral sudeste tornaram-se grandes proprietários e arrendam terra a trabalhadores das províncias do interior. Noutras regiões os camponeses estão abandonando por completo a terra, deixando-a inculta, para fugir ao peso da tributação. Mas o grande perigo que ameaça a população do campo não é a fusão da propriedade dos camponeses, e sim o Estado expropriar as terras camponesas para empreendimentos comerciais. Hoje esse é um fenômeno generalizado na China. Em Jiangxi, por exemplo, o governo local expulsou recentemente os camponeses de cerca de 3300 hectares, capazes de sustentar 20 mil pessoas, para arrendar a terra a uma empresa supostamente dedicada à agricultura ecologicamente esclarecida.

Na prática, toda a indenização que os camponeses receberam foi uma isenção de impostos; nada ganharam na troca, e, quando protestaram, o governo mandou a polícia calá-los. Se a terra fosse propriedade privada dos camponeses, a empresa teria tido muita dificuldade em conseguir uma área tão grande assim a preço de mercado. A envergadura desse abuso provocou reações fortes, mas esse não é um caso isolado. Assim, muita gente hoje é de opinião que a única maneira de proteger os camponeses é entregar-lhes a terra e privar as autoridades do poder de negociá-la por baixo do pano. Assim, meu apoio a uma privatização condicional da terra na China é mais político do que econômico. Na verdade, a idéia de que as reformas de Stolypin garantiram o desenvolvimento de uma rica economia camponesa na Rússia é, por si só, um exagero.

> *A "aposta nos fortes" de Stolypin fracassou em grande parte por ter subestimado a coesão moral das comunidades aldeãs russas, que resistiram à "separação" das famílias individuais da prática da propriedade coletiva da terra e se mantiveram atentas à conduta oportunista dos camponeses mais ricos. Os bolcheviques, que não tinham raízes no campo e não o entendiam bem, cometeram o mesmo erro no sentido contrário. Tentaram deflagrar a luta de classes nas aldeias russas mobilizando os "camponeses pobres" contra os "culaques". Mas as comunidades aldeãs tampouco gostaram disso; tinham uma fortíssima tradição igualitária e também autônoma, que unia entre si todos os camponeses numa economia moral comum. A coletivização soviética foi um desastre. Já na China o partido tinha raízes profundas no campo e, depois da Libertação, gozava do respeito generalizado dos camponeses, enquanto faltava às aldeias o tipo de organização coletiva e autônoma que marcava o mir russo – eram mais parecidas com a "bandeja de areia" de Sun Yat-sen. Isso não explicaria a relativa facilidade com que o PCC conseguiu realizar inicialmente a coletivização na década de 1950, em comparação com o cataclismo provocado pelo PCUS?*

Concordo mais ou menos com essa descrição da coletivização russa e chinesa, embora acredite que, na China, a falta de instituições aldeãs autônomas tenha sido muito mais relevante que a base do Partido no campo. Outra diferença importante foi que as reformas agrárias russas envolveram a inversão total das medidas de Stolypin, eliminando os camponeses independentes e comunalizando as aldeias. A reforma chinesa, ao contrário, eliminou não só os grandes proprietários de terra como também as instituições locais que havia e que nunca tinham sido muito fortes. No entanto, exatamente por faltarem laços comuns entre eles, os camponeses chineses eram bastante incapazes de opor resistência coletiva à vontade do Estado, do tipo que a tradição do *mir* permitiu na Rússia. Para um Estado autoritário forte, é muito mais fácil controlar o campo atomizado que o campo comunalizado.

Por essa razão, hoje em dia, quando falo de privatização, nunca a separo da democratização. Uma sem a outra causará muito sofrimento e levará ao desastre. Em nossas condições atuais, "nenhum tributo sem representação" seria um lema muito poderoso, embora ainda somente esperançoso, para os camponeses da China. Na Europa, todos supõem que, se o governo não protege seus fazendeiros, não cumpre seu papel. Lá a direita defende o *laissez-faire*, e a esquerda, o Estado de bem-estar social. Mas, na situação dos camponeses da China, as duas alternativas são falsas. À maioria da população chinesa – ou seja, o campesinato, que constitui uns 65% dela, cerca de 800 milhões de pessoas – falta tanto liberdade quanto segurança. Precisam, ao mesmíssimo tempo, de mais *laissez-faire* e de mais assistência social.

Hoje em dia, que tipo de serviço está disponível para eles?

A crise dos serviços de assistência social no campo é grave. O colapso mais visível publicamente, discutido agora até nos meios oficiais de comunicação, é a educação rural. Sob a "Lei da Educação Compulsória", espera-se que o governo ofereça educação gratuita a todos os seus cidadãos. Mas, na China, essa lei costuma ser interpretada hoje como o simples dever dos camponeses de mandar seus filhos à escola. É comum as autoridades rurais prenderem camponeses que não querem mandar os filhos à escola, acusando-os de violar a lei e ignorando que não têm condições de pagar as mensalidades.

Na época de Mao a educação era estritamente controlada como "fronteira ideológica" do Estado. Exigia-se das massas que absorvessem um coquetel de doutrinas oficiais. O investimento na educação era ainda menor do que hoje; em sua maior parte, as escolas rurais tinham professores "com patrocínio local" ou "substitutos", pagos, na verdade, pelos próprios camponeses. Mas, como o lar camponês não era uma entidade econômica independente na época e os professores com patrocínio local recebiam seu salário diretamente da unidade de produção, as famílias camponesas não percebiam as despesas com educação como uma pressão direta. Isso era condizente com a situação geral, em que o Estado extraía sua acumulação original direto da "economia coletiva" em vez de usar mecanismos fiscais. O regime maoísta não tributava as famílias camponesas, e, assim, não havia o problema da "responsabilidade camponesa" pelo fardo fiscal, como hoje. Não há por que lamentar o fim daquele sistema – milhões de camponeses morreram de fome –, e os que hoje apontam a ausência de mensalidades escolares naquela época estão sendo, de qualquer modo, unilaterais. Não é que as reformas das últimas duas décadas tenham destruído o sistema de escolaridade compulsória da China. Pelo contrário, o Estado chinês é que nunca cumpriu seu dever de dar educação aos camponeses.

Mas é verdade que os problemas educacionais do campo são diferentes hoje. Na época de Mao, as crianças camponesas nunca eram impedidas de freqüentar a escola por não poderem pagar mensalidades; mas havia casos em que as crianças não tinham escola para freqüentar por causa da insuficiência do equipamento. As condições das escolas eram péssimas, e durante muito tempo só se ensinava o livrinho vermelho de Mao. O sistema de professores com patrocínio local criou condições para a corrupção dos quadros locais, que tinham o poder de fazer nomeações. As coisas melhoraram no início da época da Reforma. O volume da propaganda política nas escolas reduziu-se e a qualidade da educação rural aumentou; outra grande melhoria foi a mudança que permitiu aos professores com patrocínio local se transferir para o patrocínio estatal, por meio de exames unificados de seleção.

No entanto, a situação se deteriorou bastante na década de 1990. De um lado, as mensalidades dispararam nesse período, enquanto, de outro, o novo sistema fiscal mandou "aumentar a receita e reduzir a despesa", encorajando as aldeias, na verdade, a coletar dinheiro dos camponeses. Essa prática não só apagou inteiramente as reformas positivas do início da década de 1980 como, de fato, transformou os professores "com patrocínio do Estado" em professores também com patrocínio local – ou seja, sustentados pelos camponeses. Assim, voltamos à mesma questão: a crise da educação rural é provocada por um Estado que tem poder demais e assume responsabilidades de menos. A situação é tão ruim que hoje existem instituições de caridade por toda parte que tentam levantar recursos para a educação das crianças nas aldeias. No entanto, elas são é controladas, embora não financiadas, pelo governo. As autoridades não dão apoio administrativo nem há regulamentos que controlem a proporção das doações que pode ser usada para cobrir o custo operacional em relação à distribuição de caridade. Naturalmente, em condições sem transparência nem supervisão, isso leva a fraudes e corrupção. Quanto mais ligada ao governo for a instituição de caridade, mais fácil fica encobrir qualquer irregularidade. O mesmo acontece com os serviços de assistência à pobreza, nos quais, durante muitos anos, os fundos foram desviados dos camponeses pobres para o bolso das autoridades locais.

Como os camponeses têm reagido às mudanças no campo desde Mao?

No tocante a seus próprios direitos, os camponeses precisam ver tanto a justiça quanto os benefícios da reforma; no tocante ao desenvolvimento histórico, precisam se transformar de "camponeses" em "fazendeiros". Não é uma questão de propriedade pública *versus* propriedade privada nem de "privatização para o maior" *versus* "privatização para o menor". Em termos mais exatos, é um processo que vai da falta de liberdade para a liberdade; nas palavras de Marx, da "dependência do Homem" para sua "independência". No sistema maoísta, os camponeses da China eram controladíssimos e recebiam pouca proteção. Aí, no início da Época da Reforma, as comunas do povo foram dissolvidas, e seu principal patrimônio, a terra, foi redistribuído com relativa justiça entre os camponeses, no sistema de "responsabilidade da família". Assim, a princípio os camponeses foram a favor da reforma e demonstraram uma consciência "cívica" bastante forte. A antiga ordem, pelo contrário, dava mais proteção à população urbana, e, portanto, ali o custo de romper as algemas foi mais alto. Além disso, o modo como se dividiu a indústria – o responsável ostensivo ficava com todos os artigos de valor de uma família praticamente falida e expulsava os membros que ali tiveram a "tigela de ferro" – foi injustíssimo. Desse modo, os habitantes urbanos, sobretudo os trabalhadores em empresas estatais, resistiram mais à reforma e se apegaram mais ao sistema anterior.

Mas essas relações se alteraram assim que o processo de reforma se desenvolveu. Nos últimos anos, a mudança contínua, para o campo, dos custos de transição da reforma fez piorar muito a situação do campesinato. Quando a China entrar para a OMC, sua situação ficará ainda mais difícil. De um lado, será um grande golpe para a agricultura chinesa a entrada de importações baratas no país, reduzindo a renda dos camponeses. Esse será um enorme desafio para a população rural. De outro, a extensão de um "padrão internacional" de direitos civis em toda a OMC abrirá as portas para que os camponeses se mudem para as cidades, derrubando aos poucos as barreiras de *status* e trazendo-lhes a liberdade do mercado, liberando mais uma vez seu potencial de desenvolvimento. Será uma oportunidade para a população rural. Se a liberação do comércio e do controle residencial for bem manejada, a OMC trará mais benefícios do que danos aos camponeses da China e, assim, ao país. A questão principal nesse caso é quem será tratado como "cidadão", ou seja, capaz de gozar de direitos iguais perante a lei e de participar de uma competição entre iguais. Se o "tratamento de cidadão" só for concedido aos investidores estrangeiros, mas não aos nossos próprios camponeses, a situação deles vai piorar ainda mais e eles resistirão à reforma. Para os "camponeses" se transformarem em "fazendeiros", é preciso passar – na terminologia de Henry Maine – do *status* ao contrato e adquirir a liberdade de um cidadão moderno. Se esta lhes for negada e se não enxergarem justiça nem benefício nas reformas agora iminentes, serão "obrigados a reagir", como os camponeses russos na época de Stolypin. Nesse caso, o futuro da China pode estar condenado.

No Irã, a "Revolução Branca" do Xá foi um programa capitalista oligárquico de modernização autoritária que provocou uma forte reação fundamentalista e acabou disparando a "Revolução Negra" de Komeini. Isso é muito parecido com o modo como as reformas de Stolypin sofreram uma reação forte da tradição do *mir*, abrindo caminho para a Revolução de Outubro. Mas os camponeses russos detestaram as reformas de Stolypin porque elas os privavam da terra, enquanto a atitude dos camponeses iranianos foi exatamente o contrário. Quando a

Revolução Islâmica varreu as principais cidades do Irã em 1977-79, os camponeses iranianos, cerca de metade da população, se mostraram indiferentes ou hostis ao levante contra o Xá. Tinham se beneficiado de sua reforma agrária, que também distribuíra entre eles terras das mesquitas, e sentiam que deviam lealdade a ele – atacando, às vezes, manifestações revolucionárias e as casas dos donos de terras e dos ativistas islâmicos. Pelas mesmas razões, os grandes proprietários de terras iranianos apoiaram a revolução contra o Xá enquanto os grandes proprietários russos foram o primeiro alvo da revolução de 1917. Menciono tudo isso para mostrar que, na história, nenhuma classe é inerentemente "progressista". Não devíamos nos perguntar que classe pode mobilizar todas as outras para a reforma, mas que tipo de reforma seria justa e beneficiaria a maioria da população, que, na China, é obviamente o campesinato.

Qual foi o impacto inicial da entrada da China na OMC?

O acordo da China com a OMC inclui um teto de 8,5% para os subsídios agrícolas, baixíssimo aos olhos dos negociadores europeus e norte-americanos. Mas o que os estrangeiros não entendem é que os camponeses da China sempre receberam zero de subsídio e até subsídios negativos do Estado. Na prática, então, essa cláusula subsidia os exportadores de produtos agrícolas e tem pouco a ver com os camponeses. Por exemplo, em 2002, primeiro ano da China como integrante da OMC, a balança comercial agrícola do país viu a queda da importação e um aumento acentuado das exportações, tudo com tarifas e subsídios baixos, como combinado, apesar das acusações de burla por parte dos Estados Unidos. Na verdade, o mercado chinês doméstico de cereais estava estagnado havia anos, mas, quando seu preço subiu no Canadá e nos Estados Unidos em consequência de desastres naturais no ano anterior, os exportadores chineses aproveitaram a oportunidade. Os subsídios que receberam do Estado chinês não excederam os ditames da OMC, mas foram suficientes para que comprassem cereais dos camponeses a preços baixíssimos e os vendessem com um belo lucro no mercado internacional. Os meios de comunicação oficiais louvaram esse sucesso como "transformar um desafio em oportunidade", quando na verdade se baseava na transferência do custo real para os ombros do campesinato, em mais um exemplo de pesada "tributação sem representação". Uma prática assim significa render-se aos Estados Unidos? Render-se à "globalização"? Render-se à OMC? Ou significa render-se à antiga tradição – do primeiro imperador Qin a Mao Tsé-Tung – de não tratar o camponês como cidadão individual?

É óbvio que, no setor industrial, nenhuma força de trabalho – seja sob o sistema de bem-estar social dos países desenvolvidos, seja apoiada pelos sindicatos do Terceiro Mundo ou das democracias do Leste europeu – pode competir com a classe operária chinesa, que não tem direito a sindicatos nem a negociações trabalhistas. Do mesmo modo, os fazendeiros ocidentais que contam com subsídios estatais podem achar difícil competir com os exportadores chineses, que podem contar com produtores camponeses que jamais gozaram de nenhuma proteção, somente controle rigoroso – causas que estão por trás de vários "milagres" da China de hoje que costumam parecer igualmente espantosos para a direita e para a esquerda do Ocidente. Na verdade, embora ninguém no mundo contemporâneo vá dizer isso, uma situação dessas não deixa de ter um precedente histórico. Por volta do século XVI, alguns países do Leste europeu se tornaram extremamente competitivos na agricultura comercial ao criar uma "segunda servidão". Nos centros de estudos chineses de hoje há pessoas que entendem isso muito bem. Em algumas discussões internas, afirmam claramente que, como a China não tem vantagens comparativas em termos de recursos nem de tecnologia no mundo de hoje e não pode avançar nem para o socialismo real nem para o capitalismo real, sua vantagem competitiva só pode vir de seu sistema sem igual de mão-de-obra dependente.

Restringindo-me aos fatos, admito que essas pessoas estão bastante certas. Sem esse sistema de mão-de-obra, a China não seria capaz de extrair o "milagre de competitividade" que atrai tanto interesse do Ocidente, do ex-bloco soviético e de muitas democracias do Terceiro Mundo – mas que jamais serão capazes de imitar. No entanto, eu perguntaria se um "milagre" desse tipo é sustentável. Podemos examinar as conseqüências a longo prazo da "segunda servidão" da Europa oriental. Hoje em dia se fala muito nos Estados Unidos sobre a "ameaça da China". Na verdade, como não surgiu nenhuma grande potência da experiência do Leste europeu no século XVI, é muitíssimo duvidoso que o atual milagre chinês possa continuar até o ponto de realmente ameaçar o Ocidente. Mas, ainda que esse tipo de mágica econômica que não trata as pessoas como seres humanos leve a China ao topo do mundo, qual será seu valor? Uma evolução dessas ameaçaria, antes de tudo, a existência do próprio povo chinês.

Seu foco em problemas agrários às vezes lhe valeu o rótulo de populista chinês. O senhor o aceita?

Não, se a conotação da palavra for entendida como essencialmente russa. Poderiam me achar parecido com os populistas norte-americanos. Sou um adversário do populismo em estilo russo, em especial da versão representada por personagens como Piotr Tkachev. Isso não significa que minha oposição tenha a ver principalmente com o terrorismo narodnik. Muitos narodniks não se envolveram em assassinatos, e os envolvidos nem sempre eram narodniks. Minha posição é pela gente comum – e por isso compartilho da visão de mundo dos populistas norte-americanos –, mas contra todo tipo de coletivismo que negue a liberdade pessoal e suprima os direitos individuais. Às vezes esse coletivismo parece popular por fora, mas na realidade está a apenas um passo da oligarquia. O tipo de populismo que permite que o consenso de cinco pessoas prive a sexta de seu direito de se exprimir se torna facilmente uma oligarquia daqueles que, então, pretendem representar a todos. Witte já disse que, na Rússia, as Centúrias Negras tinham algo em comum com os narodniks: é que estes últimos lutavam por um coletivismo inocente e idealista, e aquelas, por um coletivismo de bandidos. Akhmed Iskenderov também comentou que, na década de 1890, a extrema esquerda e a extrema direita da Rússia formaram uma unidade exótica em relação ao problema do *mir* contra o indivíduo. Na minha opinião, o oposto também é verdadeiro: no final da Rússia czarista, os socialdemocratas e liberais se uniram (sem tanto exotismo) a favor de soltar os grilhões comunitários da liberdade individual. Essa foi uma unidade ao mesmo tempo antipopulista e antioligárquica.

De início os narodniks ficaram famosos com seu programa de "avançar do *mir* para a comuna e para o socialismo", fortalecendo as comunidades aldeãs existentes e se opondo ao "individualismo" da família camponesa independente. Naquela época, os socialdemocratas criticaram isso como forma de "ditadura popular" e "socialismo de Estado", que protegeria o "*mir* explorador" e impediria a liberdade camponesa. Mas, com o tempo, os narodniks moderados ficaram mais tolerantes com os camponeses independentes, enquanto a corrente socialdemocrata liderada por Lenin, ao combater as reformas de Stolypin, mudou de direção, dando cada vez mais ênfase à nacionalização da terra, como se fossem narodniks extremados. Assim, o que Plekhanov condenara como visão narodnik de uma ditadura popular acabou se transformando em realidade nas mãos do alunos, Lenin e outros, que o traíram. Plekhanov era um teórico ocidentalizado, muito familiarizado com a civilização moderna da Europa e suas tradições de socialismo e liberalismo. Mas não estava bem informado a respeito da sociedade russa nem de suas tradições, sobre as quais sabia bem menos, não só que os sociólogos narodniks, como menos do que Lenin.

Mas a ironia da história, e não só da história russa, é que, embora Plekhanov, que entendia a modernização mas não a Rússia, não conseguisse realizar seu programa, os que entendiam a Rússia mas não a modernização concretizaram o seu; mas esse sucesso só levou a uma metamorfose dos males tradicionais da Rússia e ao fracasso da democratização social. Enfrentamos problemas parecidos na China hoje em dia. A lição da experiência russa, na minha opinião, é que a luta constante contra as políticas de estilo stolypiniano só pode se basear nas posições adotadas originalmente por liberais e socialdemocratas; ou seja, apoiar o caminho norte-americano em vez do prussiano para o capitalismo agrário, em lugar de se agarrar a algum tipo de "socialismo" tradicional.

Como, então, o senhor descreveria a série de receitas defendidas para o futuro da China nos debates contemporâneos?

Vamos explicar assim. Da década de 1950 à de 1970, a China poderia ser representada como uma grande família patriarcal; o Estado controlava tudo, sob o domínio do Partido. Nos anos 1980, a "família" não conseguiu mais se manter unida, e foi inevitável a divisão de seu patrimônio. Hoje, todos concordam que a "família" precisa se dividir, mas há muita discórdia sobre como fazer isso. Essa é a questão que define hoje os vários campos na China. Em primeiro lugar, há os que querem reviver as tradições coletivas para resistir à disseminação do individualismo de estilo ocidental. Vêem o que consideram ser o legado socialista da China como antídoto para a doença do liberalismo. É o que chamo de populismo chinês. Seu bastião intelectual está principalmente nas ciências humanas. Um segundo campo são os oligarcas stolypinianos. Seu ponto de vista é simplíssimo: o patrimônio estatal é um butim a ser saqueado, de acordo com o princípio "a cada um segundo o seu poder". Em termos intelectuais, têm representação mais forte entre os economistas. É comum chamarem o primeiro grupo – os populistas, na minha definição – de Nova Esquerda Chinesa, e o segundo – os oligarcas, na minha concepção –, de Liberais.

Tenho criticado ambas as posições, do ponto de vista que provavelmente é o mais forte nas ciências sociais e pode parecer desconcertante no contexto intelectual ocidental. Afinal, minhas objeções à chamada Nova Esquerda da China se baseiam sobretudo na teoria socialdemocrata, e minhas objeções ao programa oligárquico, ou libertarianismo econômico, se baseiam principalmente na teoria liberal. Além disso, as tradições socialdemocratas em que me fundamento não são as dos partidos ocidentais contemporâneos, que parecem estar se voltando para a direita, mas sim o legado clássico da Primeira e da Segunda Internacionais, desde Marx e Engels até Bernstein e Plekhanov. Do mesmo modo, as fontes liberais que consulto não são as da esquerda liberal contemporânea, como as tradições redistributivas de Roosevelt e Rawls, mas o liberalismo clássico de Robert Nozick. Quando critico o campo oligárquico, adoto o argumento de Nozick de que a privatização precisa respeitar a "justiça integral da posse", ou seja, os princípios de aquisição justa, troca justa e reparação justa. Isso significa fugir ao caminho stolypiniano do roubo na privatização do patrimônio público. O fato de que ignoro aqui a tradição de Roosevelt não significa que eu seja contra ela. Mas como falar de um Estado de bem-estar social na China se não conseguimos impedir nem sequer o roubo por atacado da propriedade pública?

No Ocidente, há contradições entre essas duas heranças – a socialdemocracia clássica e o liberalismo clássico – em questões como a assistência social e a regulamentação da economia. Mas elas têm pouca importância na China de hoje. Sua situação é muito mais parecida com a que enfrentava Marx, que preferia os fisiocratas do livre mercado da França do século XVIII aos mercantilistas voltados para o Estado, e Adam Smith à Escola Histórica alemã; ou, nesse caso, Plekhanov, que temia as conseqüências do programa de Stolypin. Com efeito, frente a um Estado policial, a esquerda sempre defendeu o *laissez-faire* com mais vigor que a direita.

Em termos históricos, a tradição da esquerda no Ocidente foi socialista e não estatista; durante muito tempo o estatismo foi considerado um apêndice da direita. O Estado de bem-estar social defendido pela esquerda de hoje dá mais responsabilidade ao Estado, mas este não é um Leviatã expandindo seu próprio poder indefinidamente, do tipo que os liberais sempre temeram. Por sua vez, os liberais mostraram repetidamente como um Estado grande demais pode ameaçar a liberdade dos cidadãos, mas nunca defenderam que o Estado não deveria ter responsabilidades públicas. Assim, precisamos perguntar: em que condições essas duas tradições se contradizem? A resposta é que isso pode acontecer quando os poderes e as obrigações do Estado se baseiam num contrato social no qual os cidadãos delegam poderes ao Estado e esperam em troca o cumprimento por ele de determinados deveres. O quanto de responsabilidade os cidadãos desejam que o Estado assuma determinará, então, quanto poder delegarão a ele. É nessa situação que os socialdemocratas, que exigem que o Estado assuma mais responsabilidades, entrarão em conflito com os liberais, que exigem que os poderes do Estado sejam limitados.

Entretanto, na China, onde a legitimidade do Estado não se baseia no princípio do contrato social, os poderes do Estado não correspondem de modo algum a suas responsabilidades. Nesse caso, pelo contrário, o Estado goza de enormes poderes e aceita poucas responsabilidades. Nessa situação, a exigência dos socialdemocratas de que as responsabilidades do Estado sejam aumentadas está em harmonia com a exigência liberal de que os poderes do Estado sejam limitados e reduzidos. Afinal, isso levará os dois a um maior equilíbrio. Na China de hoje, precisamos restringir os poderes do Estado e aumentar suas responsabilidades. Só a democracia nos permitirá conseguir essa dupla mudança.

Essa opinião é generalizada?

Essas posições poderiam receber apoio tanto dos socialdemocratas quanto dos liberais, mas essa ainda não é a realidade da China de hoje. Tenho amigos em ambos os campos que critico: a "Nova Esquerda Chinesa" e os "Liberais". No entanto, embora as duas posições sejam toleradas até certo ponto pelas autoridades, a minha não é. Vivemos um período em que os fantasmas de Stalin e de Pol Pot ainda estão à solta, enquanto Suharto e Pinochet seguem na maré do tempo. O primeiro ainda pode roubar a propriedade privada dos outros para os cofres do Estado, enquanto o segundo pode roubar os cofres do Estado para a fortuna particular dos detentores do poder. Na prática, todos partilham o mesmo resultado tácito; o primeiro ainda pode punir os "Havels" como antes, e o segundo não tem dificuldade para despachar mais "Allendes". Nessas condições, por que os Havels do verdadeiro liberalismo e os Allendes da verdadeira socialdemocracia discutem entre si?

> *Olhando para o futuro, o senhor acha que a evolução na linha de Taiwan seria um cenário possível na China, com o PCC seguindo o caminho do Kuomintang e relaxando aos poucos seu controle para permitir a transição pacífica para uma democracia multipartidária?*

Espero muito por isso, mas será bem mais difícil para a China continental fazer o mesmo tipo de transição. Alguns diriam que é porque o PCC é ainda mais autoritário do que era o Kuomintang, mas não é esse o problema fundamental; com o tempo, qualquer partido pode mudar – veja os partidos comunistas da Europa oriental. A real dificuldade é que a República Popular da China acharia difícil se afastar da estrada stolypiniana que vem seguindo atualmente. Além disso, em Taiwan, na Indonésia e na África do Sul a democratização política aconteceu dentro de um sistema econômico que não mudou. Ali a democratização foi, principalmente, uma questão de conciliação política, de Mandela e De Klerk apertarem as mãos. Na Europa oriental, pelo contrário, a privatização e a democratização aconteceram mais ou menos ao mesmo tempo. Quando a democratização ocorreu, o patrimônio público ainda estava razoavelmente intacto, de modo que sua divisão se realizou por meio de um processo de negociação que, apesar das queixas de todos, foi considerado relativamente legítimo. Ninguém da esquerda nem da direita quer agora inverter o resultado, ainda que a esquerda possa criticar a falta de justiça "substantiva" disso.

Mas na China a privatização está acontecendo antes da democratização. Se todo nosso patrimônio público for confiscado por oligarcas, o resultado será uma pirataria gritante e injusta. Sem dúvida, se a democracia for adiada por mais duzentos anos, as pessoas terão esquecido a injustiça candente perpetrada hoje e aceitarão o resultado. Mas, se a democratização vier logo, não haverá "conciliação política" no estilo Mandela, e sim uma grande raiva popular e a determinação de reverter a injustiça. Aí, o resultado poderia ser outra vez como o da Rússia, com os novos Stolypin da China produzindo uma nova revolução bolchevique e levando mais uma vez a um novo despotismo.

> *Mas algum funcionário capaz do PCC não lhe diria: "Pois é, é por isso que precisamos manter o poder durante mais meio século pelo menos, e aí vocês poderão ter democracia sem nenhuma comoção"?*

Mais cinquenta anos – será que a taxa atual de crescimento vai se agüentar por tanto tempo? É mais fácil construir a democracia nos bons tempos, em condições de prosperidade. Mas há um paradoxo aqui, pois é exatamente nesses tempos que a pressão pela democracia tende a ser menor. Seria muito mais fácil criar a democracia na Rússia em 1913 (ou, mais ainda, em 1905) do que foi em 1917. Mas, nos tempos difíceis, o povo grita: "Por que temos de aceitar a injustiça?", como aconteceu em 1917. Por outro lado, essa indignação é rara em termos históricos. Na Indonésia, embora o povo exigisse o julgamento de Suharto como indivíduo, não questionou o regime de propriedade como um todo. Mas a Indonésia não era uma sociedade de transição como a China, onde o resultado pode ser muito mais caótico. Ainda assim, comparando os registros históricos, reconheço que, provavelmente, é um fato da natureza humana que a maioria das pessoas não tenha um forte senso de justiça.

O senhor diz que na Europa oriental o resultado da privatização foi aceito. Diria o mesmo da Rússia, onde a corrupção oligárquica foi tanta que até defensores da privatização tiveram de explicar a pilhagem de hoje como preço lamentável do futuro brilhante de amanhã? A população da China é dez vezes maior que a da Europa oriental ou da Rússia. Não é utópico imaginar uma privatização justa com uma população tão imensa?

É verdade que a democratização da Rússia foi muito menos avançada do que a da República Tcheca ou da Polônia, e assim sua privatização foi muito menos igualitária. O governo de Ieltsin traiu a promessa de dividir e redistribuir o patrimônio estatal, colocando-o diretamente no bolso de uma nova oligarquia. Até a "redistribuição justa" de estilo tcheco teve seus reveses na prática. Mas, de qualquer modo, meu argumento é apenas que a democratização é condição necessária para um processo de privatização relativamente aceitável, não que seja condição suficiente. Numa sociedade democrática, as privatizações podem não ser inteiramente justas, mas numa sociedade não-democrática com certeza serão injustas. Essa é a distinção que quero fazer.

Quando tratam da China, os economistas ocidentais tendem a se dividir em escolas. Uma é o "Consenso de Washington" dos liberais clássicos, que acreditam que, ao evitar a questão da privatização, a China obtém apenas ganhos temporários e enfrentará conseqüências graves no futuro, enquanto os países do Leste europeu que implementaram a privatização radical estão sofrendo dores temporárias, mas garantindo para si a prosperidade a longo prazo. A outra é mais ou menos keynesiana: vê a China como uma "economia sob controle estatal" ou "quase de bem-estar social" e a elogia por não correr para a mercadização excessiva. Ambas estão sob a ilusão de que a transição chinesa é mais "gradual" e "socialista" do que a do Leste europeu. Na verdade, o processo de "dividir o patrimônio da grande família" vem avançando na China de forma tão incansável quanto na Europa oriental. O que a Europa oriental não poderia igualar é nosso estilo Stolypin de redistribuição – a Rússia está mais perto disso. Acredito num processo de privatização igualitário, justo e aberto, baseado na participação democrática e na supervisão pública; simplesmente, seria prático vender o patrimônio estatal com justiça e usar a receita para financiar os serviços públicos de previdência e assistência social. Por outro lado, se a privatização for uma operação feita no escuro, sob domínio autoritário, seja por "venda" ou "divisão", isso significará inevitavelmente roubar as massas.

Alguns intelectuais chineses lançaram o lema "Adeus à utopia". Não concordo. Os "desastres utópicos" da China no século XX foram provocados por experiências coercitivas, não pela própria utopia. Afinal, a utopia, se com a palavra queremos dizer "ideal que não pode ser realizado", é, em primeiro lugar, uma coisa à qual não se pode apenas dar "adeus", já que nem sempre os seres humanos são capazes de avaliar o que é factível ou não. Assim, não há como passar a pensar apenas dentro dos limites das idéias "realizáveis". Nesse sentido, depois do "adeus" à utopia não haverá mais livres-pensadores independentes. Hayek ressalta de maneira correta os limites do pensamento racional, instando-nos a ter cuidado com o "conceito de razão". Mas foge ao paradoxo de que, exatamente por nossa razão ser limitada, não podemos saber onde estão seus limites. Portanto, é ao mesmo tempo desnecessário e impossível "limitar a razão", enquanto limitar a coação é essencial e possível. Em outras palavras, nenhuma idéia humanista, seja prática ou utópica, deveria ser implementada a um preço destrutivo para a liberdade privada ou para a democracia pública. Devemos sustentar os ideais e resistir à violência. Imaginar uma privatização justa em condições de democracia em nossa vasta população pode ser utópico, mas, sem sonhos assim, abriremos a porta para que o não-democrático avance sem restrições.

TARIQ ALI

RECORDAÇÕES
DE EDWARD SAID

Edward Said foi um amigo e camarada de longa data. Conhecemo-nos em 1972, num seminário em Nova York. Mesmo naquela época turbulenta, uma de suas características mais marcantes era seu primor no trajar: tudo era meticulosamente escolhido, até as meias. É quase impossível imaginá-lo de outro modo. Em 1997, em uma conferência em sua homenagem na cidade de Beirute, Edward insistiu em acompanhar a mim e Elias Khoury num mergulho. Quando saiu de calção de banho, perguntei a ele por que a toalha não combinava. "Quando em Roma...", respondeu, com graça; mas naquela noite, ao ler um trecho do manuscrito árabe de *Fora do lugar*, seu livro de memórias, sua roupa era impecável. E assim foi até o fim, durante toda a sua longa batalha contra a leucemia.

Nos últimos onze anos ficamos tão acostumados com a doença de Edward – as internações regulares no hospital, a disposição de experimentar os remédios mais recentes, a recusa de aceitar a derrota – que começamos a achá-lo indestrutível. No ano passado, por puro acaso, encontrei em Nova York o médico de Said. Em resposta a minhas perguntas, ele disse que não havia explicação clínica para a sobrevivência de Edward. Foi seu espírito indômito de combatente, a vontade de viver, que o preservou por tanto tempo. Said viajava por toda parte. Falava, como sempre, da Palestina, mas também da capacidade unificadora das três culturas que, insistia ele, tinham muito em comum. O monstro devorava-o por dentro, mas os que iam ouvi-lo não eram capazes de perceber, e os que sabiam preferiam esquecer. Quando o maldito câncer finalmente o levou, o choque foi violento.

A briga com o *establishment* político e cultural do Ocidente e do mundo árabe oficial é a característica mais importante da biografia de Said. Foi a Guerra dos Seis Dias, de 1967, que mudou sua vida; antes disso, não era politicamente engajado.

Seu pai, cristão palestino, emigrou para os Estados Unidos em 1911, com dezesseis anos, para não ser alistado à força pelos otomanos para lutar na Bulgária. Tornou-se cidadão norte-americano e serviu, em vez disso, nas forças armadas dos Estados Unidos na França, durante a Primeira Guerra Mundial. Depois voltou a Jerusalém, onde Edward nasceu em 1935. Said nunca fingiu ser um refugiado palestino atingido pela pobreza, como alegaram depois alguns detratores. Sua família mudou-se para o Cairo, onde Wadie Said abriu uma papelaria, sendo bem-sucedido, e Edward foi matriculado numa escola de elite de língua inglesa. Seus anos de adolescência foram solitários, dominados por um pai vitoriano, a cujos olhos o menino precisava de disciplina permanente e de uma vida sem amigos fora da escola. Os romances tornaram-se um sucedâneo: Defoe, Scott, Kipling, Dickens, Mann. Recebera o nome de Edward por causa do príncipe de Gales, mas, apesar do monarquismo do pai, não foi estudar na Grã-Bretanha, e sim nos Estados Unidos, em 1951. Mais tarde Said diria odiar o internato "puritano e hipócrita" da Nova Inglaterra: era "terrível e desorientador". Até então, achava que sabia exatamente quem era, que conhecia todas as suas falhas, "morais e físicas". Nos Estados Unidos teve de se transformar "numa coisa que o sistema exigia".

O DIVISOR DE ÁGUAS DE 67

Ainda assim, prosperou no ambiente da Ivy League, primeiro em Princeton e depois em Harvard, onde, como disse tempos mais tarde, teve o privilégio de estudar a tradição filológica alemã de literatura comparada. Said começou a ensinar em Columbia em 1963; seu primeiro livro, sobre Conrad, foi publicado três anos depois. Quando o entrevistei em Nova York, em 1994, numa conversa filmada para o Channel Four britânico, ele descreveu seus primeiros anos em Columbia, entre 1963 e 1967, como o "período Dorian Gray":

Tariq Ali: Então um de vocês era o professor de literatura comparada, que cuidava de seus afazeres, dava aulas, trabalhava com Trilling e os demais; mas, ao mesmo tempo, outro personagem crescia dentro de você – e você mantinha os dois separados?

Edward Said: Tinha de manter. Não havia espaço para o outro personagem existir. Eu havia efetivamente rompido minha ligação com o Egito. A Palestina não existia mais. Uma parte de minha família vivia no Egito, a outra parte, no Líbano. Eu era estrangeiro nos dois lugares. Não me interessava pela empresa da família e por isso estava aqui. Até 1967, não pensava em mim senão como alguém que se preocupa com o próprio trabalho. Aprendera algumas coisas pelo caminho. Estava obcecado com o fato de muitos heróis culturais meus – Edmund Wilson, Isaiah Berlin, Reinhold Niebuhr – serem sionistas fanáticos. Não eram apenas pró-israelenses; diziam e publicavam as coisas mais horríveis sobre os árabes. Mas eu só podia observar. Em termos políticos, não havia outro lugar para mim. Estava em Nova York quando começou a Guerra dos Seis Dias; fiquei absolutamente abalado. O mundo que eu entendia acabou naquele momento. Estava nos Estados Unidos fazia anos, mas só então foi que comecei a ter contato com outros árabes. Em 1970, estava totalmente mergulhado na política e no movimento de resistência palestina.[1]

Sua obra *Beginnings* [Princípios], de 1975 – um envolvimento heróico com os problemas causados pelo "ponto de partida", que sintetizava as visões de Auerbach, Vico, Freud, com uma leitura notável do romance modernista –, e, sobretudo, *Orientalismo* foram produto dessa conjuntura. Publicado em 1978, quando Said já era membro do Conselho Nacional Palestino (CNP), *Orientalismo* combina o vigor polêmico do ativista com a paixão do crítico cultural. Como todas as grandes polêmicas, rejeita o equilíbrio. Certa vez eu lhe disse que, para muitos asiáticos do Sul, o problema com os primeiros acadêmicos orientalistas britânicos não era a ideologia imperialista, mas, pelo contrário, o fato de serem politicamente corretos demais, impressionados demais com os textos sânscritos que traduziam. Said riu e insistiu que o livro era, em essência, uma tentativa de desbastar as premissas mais básicas do Ocidente sobre o Oriente árabe. O "discurso" – Foucault, vejam só, era uma influência importante – do Oriente, elaborado na França e na Grã-Bretanha durante os dois séculos que se seguiram à conquista do Egito por Napoleão, servira tanto de instrumento de domínio quanto de sustentação da identidade cultural européia, contrapondo-a ao mundo árabe[2]. Por essa razão ele se concentrara deliberadamente na exotização, na vulgarização e nas distorções do Oriente Médio e de sua cultura. Retratar as suposições imperialistas como verdade universal era uma mentira, baseada em observações tendenciosas e instrumentalistas a serviço da dominação ocidental.

Orientalismo gerou muitos seguidores acadêmicos. Embora sem dúvida Said tenha ficado emocionado e lisonjeado com o sucesso do livro, sabia muito bem como era mal usado e costumava negar a responsabilidade por seus rebentos mais

---

[1] Esta citação e as seguintes são de *A conversation with Edward Said* [Uma conversa com Edward Said], produção da Bandung Films. O programa foi gravado no apartamento de Said na Riverside Drive, num dia tão úmido que ele tirou o paletó e a gravata quando as câmeras começaram a gravar, causando muito riso na casa.

[2] Assim lorde Cromer, cônsul-geral britânico no Egito durante quase um quarto de século depois de 1881, disse: "O europeu é um raciocinador rigoroso; sua declaração dos fatos são privadas de ambiguidade; é um lógico natural [...] Por outro lado, à mente do oriental, como às suas ruas pitorescas, falta bastante simetria [...] Ele muitas vezes desmoronará sob o mais leve processo de exame mais cuidadoso" (*Orientalism*, Londres, 2003, p. 38) [ed. bras.: *Orientalismo*, São Paulo, Companhia das Letras, 2001].

monstruosos: "Como podem me acusar de condenar os 'insensíveis machos brancos'? Todo mundo sabe que adoro Conrad". E então desfiava uma lista de críticos pós-modernos, atacando um de cada vez pela ênfase dada por eles à identidade e pela hostilidade à narrativa. "Escreva tudo isso", disse-lhe certa vez. "Por que não escreve você?", foi a resposta. O que gravamos foi mais contido:

TA: A guerra de 1967 radicalizou-o, levou-o a se tornar um porta-voz palestino?

ES: Árabe primeiro, antes de palestino.

TA: E *Orientalismo* nasceu desse novo compromisso.

ES: Passei a ler metodicamente o que vinham escrevendo sobre o Oriente Médio. Não correspondia à minha experiência. No início dos anos 1970 comecei a perceber que as distorções e idéias erradas eram sistemáticas, faziam parte de um sistema de pensamento bem maior, endêmico em toda iniciativa do Ocidente de lidar com o mundo árabe. Isso confirmou minha sensação de que o estudo da literatura era, em essência, uma tarefa histórica, não apenas estética. Ainda acredito no papel da estética; mas o "reino da literatura" – "literatura pela literatura" – está simplesmente errado. A pesquisa histórica séria tem de partir do fato de que a cultura está irremediavelmente envolvida na política. O meu interesse tem sido a grande literatura canônica do Ocidente, lida não como obras-primas que têm de ser veneradas, mas como obras que precisam ser entendidas em sua densidade histórica para que possam ressoar. Mas também não acho que se possa fazer isso sem gostar delas, sem ligar para os próprios livros.

Cultura e imperialismo, publicado em 1993, ampliou os principais argumentos de *Orientalismo* para descrever um padrão mais geral de relações entre o Ocidente metropolitano e seus territórios ultramarinos, além da Europa e do Oriente Médio. Escrito num período político diferente, provocou alguns ataques afrontosos. Houve uma famosa controvérsia no *Times Literary Supplement* com Ernest Gellner – que achava que Said deveria ter "pelo menos alguma palavra de gratidão" pelo papel do imperialismo como veículo da modernidade –, na qual nenhum dos lados poupou o adversário. Mais tarde, quando Gellner tentou uma possível reconciliação, Said foi impiedoso; o ódio tem de ser puro para ser eficaz, e, aqui e em todo lugar, ele sempre retribuiu tudo na mesma moeda.

Mas então os debates sobre cultura foram obscurecidos pelos acontecimentos na Palestina. Quando perguntei se o ano de 1917 lhe significava alguma coisa, respondeu sem hesitar: "Sim, a Declaração Balfour". Os textos de Said sobre a Palestina têm um sabor totalmente diferente de tudo o mais que escreveu, apaixonados e bíblicos em sua simplicidade. Era essa a sua causa. Em *The End of the peace process* [O fim do processo de paz], *Blaming the victims* [Culpar as vítimas] e uma meia dúzia de outros livros, em suas colunas no *al-Ahram* e em seus ensaios nesta revista e no *London Review of Books*, a chama que se acendera em 1967 brilhou ainda mais intensa. Ele ajudou uma geração a entender a verdadeira história da Palestina, e foi sua posição de cronista fiel de seu povo e de sua pátria ocupada que lhe conferiu respeito e admiração no mundo todo. Os palestinos tornaram-se vítimas indiretas do judeocídio europeu na Segunda Guerra Mundial, mas poucos políticos do Ocidente pareceram se incomodar. Said esporeou-lhes a consciência coletiva, e por isso não gostavam dele.

ANTI-OSLO

Dois amigos íntimos, cujos conselhos sempre buscou – Ibrahim Abu-Lughod e Eqbal Ahmad –, morreram com poucos anos de diferença, em 1999 e 2001. Said sentiu muitíssimo a falta deles, mas a ausência só o deixou mais decidido a continuar com seu massacre literário do inimigo. Embora tenha sido, durante catorze anos, membro independente do CNP e ajudado a burilar e revisar o discurso de Arafat na Assembléia Geral da ONU em 1984, tornou-se cada vez mais crítico da falta de visão estratégica que caracterizava a maior parte dos líderes palestinos. Ao escrever logo depois do que chamou de "vulgaridade de desfile de moda" – o aperto de mãos entre Arafat e Rabin no gramado da Casa Branca –, Said retratou os Acordos de Oslo, impostos aos vencidos pelos Estados Unidos e Israel depois da Guerra do Golfo de 1991, como "instrumento de rendição, um Versalhes palestino, oferecendo apenas murchos bantustões em troca de uma série de renúncias históricas". Israel, enquanto isso, não tinha razão para desistir enquanto Washington lhe fornecesse armas e recursos[3]. (O lugar-tenente de Arafat, Nabil Shaath, repetindo os críticos mais reacionários de *Orientalismo*, respondeu: "Ele devia se limitar à crítica literária. Afinal de contas, Arafat não se mete a discutir Shakespeare".) A história absolveu a análise de Said. Um de seus ataques mais devastadores à liderança de Arafat, publicado em 2001 nestas páginas e no *al-Ahram*, condenou Oslo como mera embalagem nova da ocupação, "oferecendo simbólicos 18% das terras tomadas em 1967 à autoridade corrupta, ao estilo de Vichy, de Arafat, cuja missão, em essência, tem sido policiar e tributar seu povo em prol de Israel":

> O povo palestino merece coisa melhor. Temos de dizer claramente que, com Arafat e companhia no comando, não há esperança [...] Os palestinos precisam é de líderes que sejam realmente do povo e pelo povo, que resistam de verdade, na prática, e não burocratas gordos e mastigadores de charutos que preferem preservar seus negócios e renovar seus passaportes vip, que perderam qualquer vestígio de decência ou credibilidade [...] Precisamos de uma liderança unida e capaz de pensar, planejar e tomar

---

[3] *London Review of Books*, 21/10/1993.

decisões em vez de rastejar diante do Papa ou de George Bush enquanto os israelenses impunemente matam seu povo. [...] É na luta para libertar-se da ocupação israelense que estão hoje todos os palestinos com algum valor.[4]

O Hamaz seria uma alternativa séria? "Esse é um movimento de protesto contra a ocupação", disse-me Said:

> Na minha opinião, as idéias deles sobre um Estado islâmico são completamente incoerentes, incapazes de convencer quem mora lá. Ninguém leva a sério esse aspecto de seu programa. Quando perguntamos a eles, como fiz na Cisjordânia e em outros lugares, "Quais são suas políticas econômicas? Quais são suas idéias sobre usinas elétricas, sobre habitação?", respondem: "Ah, estamos pensando nisso". Não há um programa social que se possa rotular de "islâmico". Vejo-os como criaturas do momento, para quem o Islã é uma oportunidade de protestar contra o impasse atual, a mediocridade e a falência do partido dominante. A Autoridade Palestina, hoje, está irremediavelmente prejudicada e sem credibilidade – como sauditas e egípcios, um Estado dependente dos Estados Unidos.

Por trás das reiteradas exigências israelenses de que a Autoridade combata o Hamaz e a Jihad Islâmica, Said percebeu "a esperança de que haja algo parecido com uma guerra civil palestina, um brilho nos olhos das forças armadas israelenses". Mas, nos últimos meses de sua vida, ainda pôde comemorar a obstinada recusa dos palestinos de aceitar o papel – como os descreveu o chefe do Estado-Maior das forças de defesa israelenses – de "povo derrotado" e viu sinais de uma política palestina mais criativa na Iniciativa Política Nacional liderada por Mustafá Barghuti: "A idéia aqui não é um Estado provisório inventado que ocupe 40% da terra, com os refugiados abandonados e Jerusalém mantida por Israel, mas um território soberano liberado da ocupação militar pela ação de massa, envolvendo árabes e judeus sempre que possível"[5].

Com sua morte, a nação palestina perdeu a voz mais articulada no hemisfério norte, mundo onde, em geral, o sofrimento constante dos palestinos é ignorado. Para as autoridades israelenses, são *untermenschen*, sub-homens; para as autoridades norte-americanas, são todos terroristas; para os regimes árabes mercenários, um incômodo constante. Em seus últimos textos, Said condenou com todo o vigor a guerra ao Iraque e seus muitos apologistas. Defendia a liberdade em vez da violência e das mentiras. Sabia que a ocupação dupla da Palestina e do Iraque tornara ainda mais remota a paz na região. Sua voz é insubstituível, mas seu legado irá perdurar. Ele tem muitas vidas pela frente.

---

[4] *New Left Review*, n. 11, setembro-outubro de 2001.
[5] *London Review of Books*, 19/6/2003.

ROBERT BRENNER

NOVO *BOOM* OU NOVA BOLHA?

A trajetória da economia norte-americana

No início de 2002, Alan Greenspan declarou que a recessão norte-americana, que começara um ano antes, estava chegando ao fim. No outono, o Federal Reserve Bank foi forçado a voltar atrás e reconhecer que a economia ainda enfrentava dificuldades e que a deflação era uma ameaça. Em junho de 2003, Greenspan ainda admitia que "a economia está para apresentar um crescimento sustentável". Desde então, os economistas de Wall Street vêm proclamando, com cada vez menos restrições, que, após várias interrupções devidas a "choques externos" – 11 de Setembro, escândalos envolvendo empresas e o ataque ao Iraque –, a economia finalmente está se acelerando. Apontam para a realidade do crescimento mais rápido do PIB na segunda metade de 2003 e o aumento significativo do lucro e garantem aos Estados Unidos que chegou um novo *boom*. Portanto, a questão que se impõe, com uma eleição presidencial daqui a menos de um ano, é a verdadeira situação da economia norte-americana[1]. O que deflagrou a desaceleração que aconteceu? O que impulsiona a atual aceleração econômica? Ela é sustentável? A economia rompeu afinal o longo caminho ladeira abaixo, que provocou um desempenho global cada vez pior a cada década desde 1973? Qual a perspectiva de avanço?

Em meados de 2000, o mercado de ações norte-americano iniciou uma queda acentuada, e o setor econômico envolvido logo perdeu impulso e entrou em recessão no início de 2001[2]. Todos os reveses cíclicos anteriores no período

---

[1] Gostaria de agradecer a Aaron Brenner e Tom Mertes por me ajudarem com o conteúdo e o estilo. Também sou grato a Andrew Glyn pelos dados sobre estoques na Alemanha e no Japão e a Dean Baker pelos conselhos utilíssimos sobre fontes de dados.

[2] O National Bureau of Economic Research declarou que a recessão começou em fevereiro de 2001 e terminou em novembro de 2001. Neste texto, só uso a palavra "recessão" no sentido formal do NBER. Fora disso, falo, em geral, de desaceleração para me referir ao retardamento econômico, provocado pelos acontecimentos da segunda metade de 2000, que continuou até pelo menos meados de 2003.

do pós-guerra foram provocados pelo arrocho do crédito imposto pelo Federal Reserve, para conter a inflação e o superaquecimento econômico com a redução da demanda do consumidor e, assim, das despesas com investimentos. Mas, nesse caso sem igual, o Fed facilitou tremendamente o crédito, só que duas forças intimamente relacionadas puxaram a economia para baixo. A primeira delas foi o aumento da capacidade ociosa, em especial na indústria, que derrubou os preços e a utilização da capacidade instalada, levando à queda da lucratividade – o que, por sua vez, reduziu o nível de emprego, cortou investimentos e reprimiu os aumentos salariais. A segunda foi o colapso do preço das ações, sobretudo nos setores de alta tecnologia, que virou de ponta-cabeça o "efeito-riqueza", tornando mais difícil para as empresas levantar dinheiro mediante a emissão de ações ou com empréstimos bancários e impediu as famílias de obter crédito usando ações como garantia.

O FIM DO *BOOM*

A recessão deu fim a uma década de expansão que começou em 1991 e, em especial, aos cinco anos de aceleração econômica iniciados em 1995. Aquele *boom* foi e continua sendo muito exagerado, principalmente como cenário de um ostensivo milagre de crescimento da produtividade[3]. Na verdade, ele não interrompeu a longa descida que vem atingindo a economia mundial desde 1973. Acima de tudo, nos Estados Unidos, assim como no Japão e na Alemanha, a taxa de lucro da economia privada não conseguiu se reanimar. A taxa do ciclo econômico da década de 1990 não superou a das décadas de 1970 e 1980, que, claro, ficou muito abaixo daquela da longa expansão do pós-guerra, entre o final da década de 1940 e o fim dos anos 1960. Em conseqüência, na década de 1990 o desempenho econômico

---

[3] Nesse aspecto é típico o texto de Joseph Stiglitz, "The roaring nineties", *The Atlantic Monthly*, outubro de 2002. Apesar de seu papel, que ele mesmo descreve como crítico da economia da bolha, esse economista muito admirado e ganhador do Prêmio Nobel mostra-se, de fato, um exemplo da máquina publicitária de Wall Street quando se recusa a ser guiado por meros números. Como presidente do Council of Economic Advisers, deveria estar em condições de obter dados básicos do governo sobre a economia. Mas afirma, de modo absurdo, que "o ápice do *boom* da década de 1990" foi "um período de crescimento sem precedentes", com "níveis de produtividade que excederam até mesmo a expansão que se seguiu à Segunda Guerra Mundial". Na verdade, considerando quaisquer padrões de variáveis econômicas, o desempenho econômico na *meia década* entre 1995 e 2000 foi mais fraco que em *todo o quarto de século* de 1948 a 1973. A taxa média anual de crescimento da produtividade da *mão-de-obra* na economia comercial não-agrícola em 1995-2000, de 2,5%, ficou bem abaixo dos 2,9% do período 1948-73. "Multifactor productivity trends, 2001", *BLS News*, 8 de abril de 2003, p. 6, Tabela B (disponível no *website* da BLS). Ver também *The boom and the bubble* (Londres, 2002), p. 221, Tabela 9.1.

do conjunto das economias capitalistas adiantadas (G7), segundo os indicadores macroeconômicos padrão, não foi melhor que o da década de 1980, que por sua vez foi menos satisfatório que o da de 1970, que, por sua vez, não se comparou à expansão das décadas de 1950 e 1960[4].

O que continuou a conter a lucratividade do setor privado e impedir toda expansão econômica durável foi a perpetuação de um problema internacional de longo prazo – ou seja, sistêmico – de excesso de capacidade no setor industrial. Isso se revelou na forte queda da lucratividade industrial já muito reduzida, tanto na Alemanha quanto no Japão, durante os anos 1990 e na incapacidade dos fabricantes norte-americanos de manter a recuperação impressionante de sua taxa de lucro entre 1985 e 1995 depois de meados da década. Também se manifestou na série de crises cada vez mais profundas e generalizadas que atingiram a economia mundial na última década do século – o colapso do mecanismo cambial (ERM) na Europa em 1993, os choques mexicanos de 1994-95, a ascensão do leste da Ásia em 1997-98 e o colapso e a recessão de 2000-01.

As raízes da desaceleração e, em termos mais gerais, da configuração da economia norte-americana hoje datam de meados da década de 1990, quando se dispararam as principais forças que deram forma à economia, *tanto* na expansão de 1995-2000 *quanto* na desaceleração de 2000-03. Durante a década anterior, auxiliada pela enorme revalorização do iene e do marco imposta pelo governo dos Estados Unidos aos seus rivais japoneses e alemães na época do Acordo Plaza de 1985, a lucratividade industrial norte-americana teve uma recuperação significativa após um longo período de estagnação e cresceu um total de 70% entre 1985 e 1995. Como, na verdade, a taxa de lucro fora do setor industrial caiu levemente nesse período, tal aumento da taxa de lucro da indústria provocou, sozinho, um crescimento bastante grande da lucratividade da economia privada norte-americana, elevando em 20% a taxa de lucro empresarial do setor não-financeiro no decorrer da década e recuperando seu nível de 1973. Com base nessa reanimação, a economia dos Estados Unidos começou a se acelerar mais ou menos a partir de 1993, exibindo, pelo menos na superfície, um dinamismo maior que em muitos anos.

Ainda assim, as expectativas da economia norte-americana acabaram limitadas pela situação geral da economia mundial. A recuperação da lucratividade norte-americana baseou-se não só na desvalorização do dólar como também numa década de aumento salarial real quase nulo, na grande redução da atividade industrial, na queda dos juros reais e na volta aos orçamentos equilibrados. Portanto, ocorreu em grande parte à custa de seus principais rivais, que foram duramente atingidos tanto pelo crescimento mais lento do mercado norte-americano quanto pela maior competitividade de preços das empresas dos Estados Unidos na

---

[4] Ver *The boom and the bubble*, cit., p. 47, Tabela 1.10.

economia global. Levou, na primeira metade dos anos 1990, às recessões mais profundas do pós-guerra, tanto no Japão quanto na Alemanha, originadas pela crise industrial de ambos os países. Em 1995, assim que o setor industrial japonês ameaçou congelar-se quando o câmbio subiu para 79 ienes por dólar, os Estados Unidos foram obrigados a retribuir o favor concedido uma década antes pelo Japão e pela Alemanha, concordando em provocar, em coordenação com seus parceiros, um novo aumento do dólar. Nunca é demais ressaltar que, com a subida precipitada do dólar ocorrida a seguir, entre 1995 e 2001, a economia dos Estados Unidos foi privada do principal motor responsável por sua virada impressionante do decênio anterior, ou seja, a acentuada melhora da lucratividade industrial, da competitividade internacional e do desempenho das exportações. Isso, por sua vez, preparou o cenário para as duas tendências que configurariam a economia norte-americana no restante da década e até hoje. A primeira delas foi o aprofundamento da crise do setor industrial, das exportações e (depois de 2000) dos investimentos nos Estados Unidos; a segunda foi o crescimento ininterrupto da dívida do setor privado, do consumo das famílias e dos preços das importações e dos ativos, o que responderia pela expansão constante de parte significativa do setor não-industrial – acima de tudo o setor financeiro, mas também os setores dependentes de crédito, importações e consumo, como construção civil, comércio varejista e serviços de saúde.

O keynesianismo do mercado de ações

Quando o dólar disparou, a partir de 1995, o fardo da capacidade ociosa internacional passou para os Estados Unidos. As coisas ficaram muito piores para os fabricantes norte-americanos quando as economias do leste da Ásia entraram em crise em 1997-98, causando a retração da demanda daquela região, a desvalorização de suas moedas e a venda sob pressão no mercado mundial. De 1997 em diante, a taxa de lucro industrial dos Estados Unidos voltou a sofrer um grande declínio. Mas, embora caísse a lucratividade industrial, o mercado de ações norte-americano decolou. De início, sua alta foi impulsionada por uma queda acentuada dos juros de longo prazo em 1995, o que resultou numa entrada enorme de dinheiro dos governos do leste da Ásia no mercado financeiro norte-americano, forçando o dólar a subir. Essa alta foi sistematicamente mantida até o fim da década pelo regime de dinheiro fácil de Alan Greenspan no Fed, que se recusou a elevar os juros entre o início de 1995 e meados de 1999 e auxiliou com todo o vigor o mercado de títulos com injeções de crédito ao menor sinal de instabilidade financeira. Greenspan tinha total consciência do impacto depressivo sobre a economia das ações de Clinton para equilibrar o orçamento e da nova decolagem do dólar. Portanto, buscou o efeito-riqueza do mercado de ações para compensá-lo, alavancando o crédito empresarial e familiar e, assim, a demanda de consumo e investimentos. Na verdade, o Federal Reserve substituiu o aumento do déficit público, que fora tão indispensável para o crescimento econômico dos Estados Unidos na década de 1980, pelo aumento do déficit privado na segunda metade da década de 1990 – um tipo de "keynesianismo do mercado de ações"[5].

Assim que o preço dos títulos subiu, as empresas, principalmente de informática, viram-se com acesso fácil e sem precedentes a financiamentos, quer mediante empréstimos com a garantia ostensiva de sua capitalização no mercado acionário, quer pela emissão de ações. Em conseqüência, o endividamento das empresas não-financeiras disparou, chegando, no fim da década, a níveis nunca vistos. Embora durante todo o período do pós-guerra as empresas tivessem se financiado quase inteiramente com lucros acumulados (depois de descontados juros e dividendos), agora as empresas que não conseguiam empréstimos baratos buscavam recursos no mercado de ações, num volume que antes seria inconcebível. Com base nisso, os investimentos explodiram, crescendo numa taxa média anual de cerca de 10%, e explicaram, em termos de crescimento contábil, cerca de 30% do aumento do PIB entre 1995 e 2000.

As famílias ricas também se beneficiaram do efeito-riqueza da disparada do preço das ações. Ao verem elevar-se o valor de seus papéis, acharam justo aumentar seus empréstimos anuais, assim como sua dívida em aberto, em níveis quase recordes como percentual da renda familiar. Também se sentiram em condições de elevar em quase 100% o consumo doméstico em relação à renda pessoal, provocando uma redução paralela da taxa de poupança familiar dos Estados Unidos de 8% para quase zero no decorrer da década[6]. Os gastos de consumo subiram violentamente, ajudando bastante a absorver o aumento de produção gerado pela subida dos investimentos e da produtividade. Entre 1995 e 2000, tomou forma uma expansão vigorosa – marcada pela aceleração da produção – da produtividade, do emprego e, por fim, do crescimento salarial real. Mas essa expansão dependia quase inteiramente de uma alta do mercado acionário que não tinha apoio nenhum no lucro básico das empresas.

Por ocorrer em face da tendência de queda da lucratividade e ser possibilitada pelo aumento do endividamento das empresas e do consumo familiar, ambos

---

[5] A confiança deliberada de Greenspan no efeito-riqueza do mercado de ações pode ser constatada em suas declarações públicas do período, principalmente em seus depoimentos ao Comitê Econômico conjunto do Congresso em junho e julho de 1998.

[6] Os 20% das famílias de renda mais alta foram inteiramente responsáveis pela queda da taxa de poupança familiar durante a década de 1990. Ver Dean Maki e Michael Palumbo, "Disentangling the wealth effect: a cohort analysis of household saving in the 1990s", *Federal Reserve Finance and Discussion Series*, abril de 2001 (*website* do Federal Reserve).

dependentes da bolha do mercado de ações, boa parte desse crescimento dos investimentos na segunda metade da década foi, inevitavelmente, mal distribuída. A extensão e a profundidade da capacidade ociosa ampliaram-se muitíssimo, em especial nos ramos de alta tecnologia dentro e fora do setor industrial, exacerbando o declínio da lucratividade. Em toda a economia, a redução do crescimento dos custos que resultou do aumento da produtividade foi mais que compensada pela desaceleração dos aumentos de preço oriunda da ultrapassagem da demanda pela oferta. Assim, os consumidores acabaram sendo os beneficiários principais, embora temporários, de um processo que minava a si mesmo e que provocou um aumento inexorável da pressão de queda sobre o lucro. Entre 1997 e 2000, quando o *boom* e a bolha chegaram ao apogeu, o setor empresarial não-financeiro suportou uma queda de quase um quinto da taxa de lucro.

CRISE DA INDÚSTRIA E DA ALTA TECNOLOGIA

Mas nem a ascensão da economia real nem a de sua representação no papel sob a forma do preço das ações conseguiram resistir por muito tempo à atração gravitacional da queda do lucro. A partir de julho de 2000, a série de balanços empresariais cada vez piores provocou uma virada cíclica para baixo, tanto ao reverter o efeito-riqueza quanto ao revelar a massa de capacidade produtiva ociosa e a montanha de dívidas das empresas que constituíam a herança dupla da expansão dos investimentos causada pela bolha. Com a capitalização de mercado violentamente reduzida, as empresas acharam não só mais difícil como menos atraente pegar dinheiro emprestado, sobretudo porque a queda do lucro e a ameaça crescente de insolvência levou-as a buscar o reequilíbrio de seus balanços sobrecarregados de dívidas. Depois de comprar muito mais instalações, equipamentos e programas de computador do que podiam pôr em funcionamento de forma lucrativa, foram obrigadas a baixar os preços ou a deixar sem uso sua capacidade de produção, sustentando, de um modo ou de outro, a queda do lucro. Para agüentar o declínio da lucratividade, as empresas cortaram despesas de produção e de capital, reduzindo ao mesmo tempo o nível de emprego e o crescimento salarial para diminuir os custos. Em toda a economia essas ações restringiram de forma radical a demanda agregada, arrastando para baixo a economia e exacerbando, ao mesmo tempo, o declínio da lucratividade por deprimir a utilização da capacidade instalada e o crescimento da produtividade. O fardo implacável do pagamento de juros sobre o imenso passivo da dívida empresarial comprimiu ainda mais o lucro. No período de um ano, de meados de 2000 a meados de 2001, o crescimento do PIB caiu de 5% para −1% ao ano, e o investimento, de 9% para −5% – em ambos os casos, mais depressa do que nunca desde a Segunda Guerra Mundial –, fazendo a economia despencar.

Em 2001, 2002 e na primeira metade de 2003, o emprego na economia não-agrícola (medido em horas e incluindo autônomos) caiu 2%, 2,5% e 1,5% respectivamente, depois de ter aumentado numa taxa anual média de mais de 2% entre 1995 e 2000. Por si só, isso provocou um golpe tremendo na demanda agregada, um impulso de queda inexorável e persistente na economia. Ao mesmo tempo, o salário real por hora, que crescera 3,5% em 2000, foi violentamente cortado – respectivamente, –0,1%, –1,2% e –0,3% em 2001, 2002 e na primeira metade de 2003. Como resultado da combinação de um menor crescimento do salário por hora e da queda do emprego, a remuneração real total não-agrícola, principal elemento da demanda agregada, caiu 1,2%, 1,4% e 0,2%, respectivamente, em 2001, 2002 e na primeira metade de 2003, depois de crescer num ritmo anual de 4,3% entre 1995 e 2000. Talvez o mais espantoso de tudo seja que, depois de aumentar numa taxa média anual de 10% entre 1995 e 2000, a despesa real com instalações e equipamento tenha caído de modo drástico em 2001 e 2002 e estagnado na primeira metade de 2003. Mantendo iguais os outros fatores, esses golpes fortíssimos na demanda de consumo e investimentos, resultantes da redução mastodôntica do nível de emprego, da remuneração e do aumento da despesa de capital, poderiam manter a economia em recessão ou perto dela até o presente. Com efeito, mesmo em face do enorme programa de estímulo do governo, foram responsáveis por levar o crescimento anual médio do PIB não-agrícola de 4,6% entre 1995 e 2000 a –0,1% em 2001 e por impedir que subisse mais que 2,7% em 2002 e 2,6% na primeira metade de 2003.

Exacerbando a virada ladeira abaixo, as vendas externas dos Estados Unidos também despencaram. Nas duas décadas anteriores, o crescimento das exportações norte-americanas tendeu a depender, paradoxalmente, do aumento das importações. Isso porque se baseavam numa economia mundial cujo crescimento, cada vez mais dependente das exportações, dependia também cada vez mais do crescimento das importações norte-americanas. O último impulso de alta do mercado de ações nos dois últimos anos do século salvara a economia mundial, assim como salvara as exportações norte-americanas, da crise do leste da Ásia, pois criou uma expansão efêmera das importações, em especial de componentes de informática. Mas com o colapso dos investimentos e dos preços dos ativos nos Estados Unidos – sobretudo, mais uma vez, nos setores da "nova economia" – o processo inverteu-se. O Japão, a Europa e o leste da Ásia passaram a perder ímpeto tão depressa quanto os Estados Unidos, enquanto boa parte do mundo em desenvolvimento, principalmente a América Latina, caía de volta na crise depois de uma breve lua-de-mel. Com a economia dos parceiros comerciais dos Estados Unidos tão dependente das vendas aos Estados Unidos – e com a propensão norte-americana de importar muito maior que a da União Européia e do Japão –, a queda rumo à recessão reduziu mais a capacidade do resto do mundo de absorver importações dos Estados Unidos do que o contrário. Em 2001, 2002 e na primeira metade de 2003, portanto, o crescimento das exportações norte-americanas caiu mais do que as importações dos Estados Unidos em períodos anteriores. A importação real dos Estados Unidos, depois de aumentar 13,2% em 2000, caiu 2,9% em 2001 e subiu, respectivamente, 3,7% e 2,25% em 2002 e na primeira metade de 2003. A exportação real norte-americana, por outro lado, depois de crescer 9,7% em 2000, caiu 5,4%, 3,6% e 0,1% em 2001, 2002 e na primeira metade de 2003. Enquanto o resto do mundo, privado do motor norte-americano, desacelerava-se, os Estados Unidos só podiam contar consigo mesmos para iniciar uma recuperação econômica da qual dependia toda a economia global.

Para resistir ao mergulho, a partir de janeiro de 2001 o Federal Reserve baixou o custo dos empréstimos com rapidez sem igual, reduzindo em onze ocasiões, no decorrer do ano, a taxa de juros de curto prazo de 6,5% para 1,75%. Mas, como descobriu o Fed, a redução dos juros é muito mais eficaz para reviver a economia quando o consumo foi restringido pelo aperto do crédito – como em todos os reveses cíclicos anteriores ao pós-guerra – do que para reanimar uma economia levada à recessão pelo declínio dos investimentos e do emprego resultante do excesso de capacidade instalada, causando a queda da taxa de lucro.

Dotadas de um volume imenso de instalações e equipamento, as empresas não-financeiras tinham pouco incentivo para aumentar a acumulação de capital, não importando até onde o Fed baixasse os juros. Pelo contrário: depois de aumentar seu endividamento, entre 1995 e 2000, de 73% da produção para 90%, tinham todos os motivos para recuperar seus balanços tentando economizar mais, e isso lhes tornava ainda mais difícil investir. Embora a aumentadíssima riqueza aparente advinda da capitalização no mercado permitisse às empresas não-financeiras elevar seu nível de empréstimos em relação à renda ao quase recorde de 8% em 1998, 1999 e 2000, tomados em conjunto, elas foram obrigadas a reduzi-lo violentamente para 4,6%, 2,1% e 2,6%, respectivamente, em 2001, 2002 e na primeira metade de 2003, quando o valor de suas ações caiu de vez. Assim, as despesas não-residenciais reais em instalações e equipamento despencaram feito pedra, reduzindo-se da taxa anual média de 10,1% entre 1995 e 2000 para uma taxa anual média de –4,4% entre 2000 e meados de 2003. Foi o fracasso de reviver os investimentos que constituiu o principal fator a impedir o avanço da economia.

Excesso de capacidade industrial

O setor industrial foi a base e a fonte – principais e quase exclusivas – da desaceleração econômica, quando deu frutos a evolução que amadurecera na meia década anterior. Embora, em meados dos anos 1990, esse setor chegasse a constituir apenas 29,3% e 32,7%, respectivamente, do PIB empresarial não-financeiro, em

1995 a indústria ainda respondia por 42,5% do lucro empresarial e 50% do lucro empresarial não-financeiro antes de descontados os juros. Em conseqüência, o mergulho da indústria na crise levou à crise toda a economia.

Entre 1995 e 2000, o crescimento dos custos da economia industrial norte-americana não representou ameaça à lucratividade. Pelo contrário: o crescimento da produtividade na indústria foi tão rápido que mais do que compensou o aumento dos salários, com o resultado de que o custo unitário da mão-de-obra caiu numa impressionante taxa média anual de mais de 1% ao ano no qüinqüênio. Ainda assim, os produtores norte-americanos acharam muitíssimo mais difícil defender, quem dirá expandir, os seus mercados e margens de lucro durante esse período, pois tiveram de enfrentar uma valorização do dólar de 21% em termos ponderados pelo comércio exterior e, a partir de 1997, uma situação de crise no mercado mundial. Os preços mundiais de exportação, medidos em dólares, caíram espantosos 4% ao ano naquela meia década, tendo como conseqüência que, embora a exportação industrial norte-americana aumentasse num ritmo anual médio de 7%, a importação industrial cresceu 40% mais depressa, a 10% ao ano, e sua participação no mercado dos Estados Unidos aumentou um terço. Apesar da queda dos custos de produção, a pressão dos preços foi, portanto, tão intensa que o setor industrial só manteve a taxa de lucro entre 1995 e 1997, e mesmo assim só porque a pressão salarial foi fraquíssima nesses dois anos, tendo o salário real caído 1,5%. Entre 1997 e 2000, os preços baixaram ainda mais do que o custo unitário da mão-de-obra, o que fez que, naquele breve período, enquanto a bolha da economia inchava, a taxa de lucro da indústria caísse 15%.

Em 2001 a crise da indústria chegou ao ponto máximo, quando a pressão competitiva do mercado mundial se intensificou e complicou enormemente com a desaceleração do mercado doméstico. Enquanto os preços da indústria baixavam mais 2,4% e a exportação industrial (nominal) dos Estados Unidos caía 7%, os fabricantes norte-americanos viram o crescimento do consumo interno reduzir-se pela metade. Diante dessas contrações, o PIB industrial norte-americano caiu arrasadores 6% e a utilização da capacidade instalada declinou 7,1%. Enquanto isso, o investimento real na indústria diminuiu 5,4%. Com a produção e a utilização da capacidade instalada, assim como as despesas com novas instalações, equipamento e *software*, caindo tão depressa, os empregadores não conseguiram reduzir a força de trabalho na velocidade necessária para impedir uma queda estrondosa do crescimento da produtividade. Na verdade, o nível de emprego (medido em horas) baixou em 4,8%. Mas, ainda assim, o crescimento da produção por hora na indústria caiu de 6,1% em 2000 para –0,4 em 2001.

As indústrias reagiram a essa pressão excruciante segurando a remuneração dos empregados: o salário real, que crescera 3,9% em 2000, caiu 1,2% em 2001. Mas, com a produtividade e a utilização da capacidade instalada despencando, os empregadores não conseguiram evitar que o custo unitário da mão-de-obra aumentasse 2%. Nem puderam impedir que os preços industriais internos caíssem 0,4%, depois de uma queda de 2% em 2000. O resultado foi que, em 2001, a taxa de lucro do setor industrial baixou mais 21,3% e chegou a um nível mais de um terço abaixo de seu ponto máximo de 1997. Entre 1997 e 2001, enquanto o endividamento empresarial disparava, os juros líquidos das indústrias, em relação ao lucro líquido, subiram de 19% para 40,5%, um recorde no pós-guerra. Como conseqüência parcial disso, em 2001 o lucro industrial, depois de descontados os juros, caiu um total de 44,4% desde seu ponto mais alto de 1997.

A crise de lucratividade atingiu todo o setor industrial, inclusive as indústrias tradicionais, do ramo têxtil ao aço e aos produtos de couro. O olho da tempestade, entretanto, foi o ramo de informática, situado na maior parte no setor de bens duráveis, mas incluindo alguns ramos fora do setor industrial, mais notadamente o de telecomunicações. O setor de serviços prestados a empresas, que atende sobretudo à indústria, também foi duramente atingido. Os setores de alta tecnologia tinham sido os mais beneficiados pela liberalidade financeira gerada pela alta do mercado de ações, tornando-se os principais agentes do excesso de investimento – e, por sua vez, as maiores vítimas da capacidade ociosa –, da queda dos lucros e dos balanços sobrecarregados. Muitos sofreram quedas imensas de sua taxa de lucro. Mesmo quando a taxa de lucro não caiu de modo espetacular, essas empresas agüentaram, em geral, declínios bem grandes do lucro absoluto descontados os juros, em função do custo desmedido do serviço das dívidas imensas que tinham contraído na época da bolha. Entre 1995 e 2001, o lucro, descontados os juros, do setor de equipamentos eletrônicos (inclusive computadores) caiu de US$ 59,5 milhões (1997) para US$ 12,2 bilhões; do setor de equipamentos industriais (inclusive semicondutores), de US$ 13,3 bilhões para US$ 2,9 bilhões; do setor de telecomunicações, de US$ 24,2 bilhões (1996) para US$ 6,8 bilhões; e dos serviços prestados a empresas, de US$ 76,2 bilhões (1997) para US$ 33,5 bilhões.

O declínio da lucratividade industrial foi, por si só, responsável por *toda* a queda da taxa de lucros do setor empresarial não-financeiro em geral no ano de 2001. Ou seja, o setor empresarial não-financeiro, sem contar o setor industrial, conseguiu evitar a queda da taxa de lucros em 2001[7]. Na prática, a crise da lucratividade industrial em 2001 foi suficientemente grave para causar uma queda de 10% da taxa de lucro do setor empresarial não-financeiro. Nesse ano, a taxa de lucro empresarial não-financeiro, já tendo sofrido um declínio de 19% entre 1997 e 2000, caiu um total de 27% desde seu ponto máximo em 1997.

---

[7] Partes do setor empresarial não-industrial e não-financeiro também sofreram problemas intensos de lucratividade, como telecomunicações, serviços prestados a empresas e transporte aéreo; mas suas perdas foram compensadas pelos ganhos de outros ramos.

FIGURA 1 – Taxa de lucro da indústria dos Estados Unidos, setores de alta tecnologia e correlatos (%), 1995–2001

Fontes: Quadros de GPO e de ativos fixos, *website* do BEA; Andrew Glyn, correspondência pessoal. Ver mais informações em "Uma nota sobre as fontes", p. 158.

Foi do setor industrial e dos setores correlatos que continuou a emanar a pressão de queda mais forte da economia, quando os empregadores industriais cortaram impiedosamente os custos para recuperar o lucro. Em 2002 e na primeira metade de 2003, reduziram a produção em 0,4% e 2,8% respectivamente[8] e diminuíram os investimentos bem mais depressa, numa taxa média anual de 5% ou mais[9]. Acima de tudo, reduziram de modo drástico o nível de emprego. Entre julho de 2000 e outubro de 2003, os empregadores eliminaram 2,8 milhões de postos de trabalho no setor industrial. Isso foi bem mais de 100% do total de 2,45 milhões de empregos

---

[8] Esses números são da produção bruta, sem valor agregado (PIB). Portanto, são estimativas. Os números definitivos com valor agregado só serão disponibilizados pelo Bureau of Economic Analysis no fim deste ano.

[9] Isso pressupõe que a queda do investimento industrial foi, pelo menos, igualmente grande na economia privada como um todo. Ainda não estão disponíveis os valores dos investimentos industriais de 2002 e 2003.

do setor privado perdidos no mesmo período, significando na verdade que a economia fora da indústria criou vagas nesses anos. Desde seu ponto máximo mais recente em 1997, o setor industrial perdeu um quinto da força de trabalho. Em grande medida como conseqüência disso, depois de ter crescido num ritmo anual médio de 3,8% entre 1995 e 2000, a remuneração total na indústria caiu em média 3,1% ao ano entre o final de 2000 e meados de 2003, respondendo, portanto, mais uma vez, pela maior parte do declínio da remuneração real total havido na economia não-agrícola durante o período. Por meio de seu efeito restritivo acentuado e constante sobre o crescimento da demanda efetiva, a crise dos investimentos e do emprego foi o principal fator depressivo da economia em geral desde o início da desaceleração no final de 2000 – e o colapso dos investimentos e empregos no setor industrial esteve, em grande parte, por trás daquela crise.

UMA VIA DE EXPANSÃO DISTORCIDA

Em meados de 2003, as reduções históricas da taxa de juros determinadas por Greenspan esbarraram numa muralha de capacidade industrial ociosa e endividamento das empresas e não conseguiram interromper a desaceleração dos investimentos, estimular as empresas a tomarem empréstimos nem conferir novo dinamismo ao setor industrial e setores correlatos, sobretudo na forma de crescimento do nível de emprego. Portanto, o Fed não teve escolha senão retornar ao estímulo do crescimento do consumo para manter a economia funcionando. Nisso, teve bom grau de sucesso e, em conseqüência, a economia acabou seguindo uma trajetória dupla e paradoxal. Os setores industriais e correlatos continuaram numa contração profunda, cuja origem vinha desde 1995 e baseava-se num excesso constante e global da capacidade instalada, na intensificação da competição estrangeira e na longa sobrevalorização do dólar. Mas partes importantes do setor não-industrial conseguiram, por sua vez, manter uma expansão também originada em meados da década de 1990, em razão da perpetuação, durante o *boom* e a desaceleração subseqüente, das tendências e condições mais amplas que datavam daquela época – notadamente a disponibilidade cada vez maior de crédito barato, a alta contínua das bolhas de preço das ações, o crescimento impetuoso e interminável do endividamento, o aumento dos gastos do consumidor impulsionado pelo crédito barato e a subida estonteante das importações barateadas pelo valor elevado do dólar.

Até certo ponto, as reduzidas taxas de juros de Greenspan conseguiram promover diretamente o crédito e, portanto, o consumo. Durante as desacelerações econômicas, as famílias costumam aumentar seu nível de endividamento para cobrir a perda de receita que resulta do menor crescimento salarial e do aumento do desemprego. Mas, justamente por enfrentarem a pressão de queda da renda, as famílias têm um limite intrínseco da capacidade de aumentar o fardo da dívida que conseguem agüentar. Em 2001, em função das demissões e do achatamento dos salários, a remuneração real total de todos os empregados, inclusive dos que trabalham para o governo, perdeu 1,7% em comparação com o último trimestre de 2000; caiu mais 0,1% em 2002; e subiu apenas 0,4% na primeira metade de 2003. A intenção do Fed foi superar as limitações dessa estagnação da renda revivendo – ou, talvez com mais exatidão, continuando – sua estratégia da década de 1990, ou seja, estimular a economia com base no efeito-riqueza.

Mais uma vez, assim, Greenspan buscou elevar o preço das ações, inflar a riqueza de papel, para aumentar a capacidade de tomar empréstimos e, portanto, de gastar. Mas, com a queda profunda da lucratividade desde 1997 e dos preços dos ativos a partir de meados de 2000, além da preocupação das empresas com a redução do endividamento mediante cortes nos empréstimos, teve de mudar de ênfase. O Fed ainda tenta estimular o mercado de ações para melhorar as condições financeiras das empresas e o resultado dos negócios em termos mais gerais. Mas teve de depositar sua esperança de estimular a economia principalmente na queda dos juros hipotecários e no aumento do preço das habitações, de modo a abrir caminho para um aumento dos empréstimos das famílias e dos gastos do consumidor (inclusive o investimento em imóveis). Em seus próprios termos, essas esperanças se concretizaram de modo espetacular.

Graças, em parte, às ações do Fed, os juros de longo prazo caíram bastante e o preço dos imóveis subiu de repente. Entre junho de 2000 e junho de 2003, os juros das hipotecas fixas de 30 anos caíram de 8,29% para 5,23%, num total de 37%. No mesmo intervalo, o preço dos imóveis residenciais subiu 7% ao ano, ampliando e acentuando uma tendência que começara entre 1995 e 2000, quando esse preço aumentou em média 5,1% ao ano. Com o valor da garantia muito aumentado e o custo do empréstimo radicalmente reduzido, as famílias conseguiram elevar rápido seu nível de endividamento, mesmo com a desaceleração da economia, a queda do salário horário médio real e o aumento do desemprego. Entre 1998 e 2000, o endividamento familiar médio de 7,5% em relação à renda familiar anual já se aproximava do ponto máximo histórico atingido em meados da década de 1980. A partir de 2001, subiu acentuadamente e, na primeira metade de 2003, quebrou todos os recordes ao se aproximar de 12%. O crescimento da dívida das famílias foi responsável por 70% do crescimento total da dívida privada não-financeira em aberto entre 2000 e 2003. Quase todos os empréstimos familiares nesses anos (85%) foram feitos por meio de hipotecas da casa própria, possibilitados pela inflação do valor dos imóveis e pela redução dos juros – menos de 15% mediante outros tipos de crédito ao consumidor, evidentemente contidos pela estagnação da renda.

Aproveitando-se da valorização de seus imóveis e da queda do custo dos empréstimos, as famílias conseguiram "arrancar" grandes quantias de seu patrimônio, por meio da venda de casas, refinanciamentos e segundas hipotecas, e assim desempenhar com toda a competência o papel a elas atribuído de impulsionar a economia com a manutenção do crescimento do consumo. Entre 2000 e meados de 2003, o aumento do consumo real chegou a 2,8% ao ano, embora, como já foi dito, a remuneração real total tenha na verdade declinado no mesmo período. O crescimento constante do consumo, que dependia do crescimento da dívida das famílias, foi o fator determinante por trás do aumento do PIB a partir de 2000, limitando a queda vertiginosa da economia em 2001, estabilizando-a no inverno de 2001-02 e estimulando o crescimento que ocorreu desde então. Em termos de contabilidade nacional, o aumento do consumo pessoal foi responsável por quase todo o aumento do PIB havido entre 2000 e a primeira metade de 2003. Por si só, respondeu por um crescimento 16% maior do que o realmente ocorrido naquele período. Dito de outra forma, não só afastou sozinho o impacto negativo substancial da queda dos investimentos e da ampliação do déficit comercial sobre o crescimento do PIB como, além disso, respondeu por cerca de 50% do crescimento positivo ocorrido. Depois de cair 0,3% em 2001, o crescimento do PIB chegou a 2,4% em 2002 e 2,35% na primeira metade de 2003 (anualizado).

TABELA 1 – Crescimento impulsionado pelo consumo

	2001	2002	2003-5	Total
Crescimento do PIB (%)	0,3	2,4	2,35	5,05
Responsáveis percentuais pelo crescimento do PIB:				
Consumo pessoal	1,67	2,15	2,02	5,84
Investimento das famílias	−1,90	0,15	−0,26	−2,01
Exportação líquida de bens e serviços	−0,18	−0,67	−0,51	−1,36
Gastos federais e estaduais	0,65	0,81	0,83	2,29

O investimento das famílias inclui bens móveis e imóveis.
Fonte: Quadro NIPA S.2, *website* do BEA.

O Fed está bancando a aposta de que o crescimento do consumo vai durar tempo suficiente para que as empresas se livrem da capacidade ociosa, voltem a investir e contratar e permitam que o todo-poderoso consumidor possa descansar. É isso que é necessário para devolver à economia uma aparência saudável.

Estímulo fiscal

Enquanto o Fed implementava seu estímulo monetário, o governo Bush acrescentou o que parecia ser um grande estímulo fiscal de acordo com o modelo de Ronald Reagan, forçando a aprovação pelo Congresso de enormes cortes tributários e grandes aumentos dos gastos militares. Mas essas medidas são menos poderosas do que parece. O governo jogou uns ossinhos para a massa da população – cedeu recursos aos estados para ajudar a cobrir o custo da assistência médica Medicare, reduziu os tributos dos casados, aumentou o crédito tributário para a assistência infantil e antecipou as reduções fiscais exigidas pela Lei Tributária de 2001. Mas, em conjunto, todas essas medidas representaram apenas cerca de US$ 35 bilhões em 2003. Podem ser um estímulo palpável e temporário, mas seu impacto sobre uma economia de US$ 11 trilhões está fadado a ser passageiro. As reduções tributárias remanescentes diminuem em especial a carga sobre os dividendos e, portanto, beneficiam quase exclusivamente os mais ricos. Seu efeito será muito maior no aumento da poupança e da compra de títulos financeiros do que no estímulo ao consumo, pouco fazendo para melhorar a demanda agregada. O fato de que os cortes de impostos em nível federal reduzirão a receita dos governos estaduais com menos recursos, forçando-os a cortar despesas e, em alguns casos, aumentar a tributação, pode contrabalançar em boa parte, embora não de todo, o estímulo que trouxerem.

Na esteira do 11 de Setembro, os gastos militares cresceram 6% em 2001 e 10% em 2002, permitindo que os ativos dos nove maiores fornecedores de material bélico do país tivessem desempenho 30% melhor do que a média das empresas listadas no índice S&P 500 no ano que se seguiu aos ataques ao World Trade Center e ao Pentágono[10]. Como representaram, respectivamente, cerca de 65% e 80% do total do aumento de gastos federais nesses dois anos, os gastos com a defesa ajudaram, inquestionavelmente, a empurrar a economia para a frente. Ainda assim, o crescimento das despesas militares foi responsável por um aumento total de, no máximo, 0,75% do PIB em 2001 e 2002[11].

É claro que, enquanto a economia se desacelerava, a combinação de imensos cortes de impostos para os ricos e um aumento gigantesco dos gastos militares lançou o governo federal num mergulho ainda mais fundo no vermelho.

---

[10] Tim Bennett et al., "Global news, valuations and forecasts", e Heidi Wood, Miles Walton e Aayush Sonthalia, "Defense budget apt to remain on track", *Morgan Stanley Equity Research Aerospace and Defense*, 12/11/2002 e 16/12/2002. Gostaria de agradecer a Aayush Sonthalia por disponibilizá-los.

[11] No segundo trimestre de 2003, o aumento das despesas com a Guerra do Iraque elevou significativamente a taxa de crescimento do PIB (que vinha se arrastando), mas parece duvidoso que isso seja sustentável.

Em 2000, graças à expansão especulativa e aos enormes ganhos de capital com a valorização das ações, o orçamento federal teve um saldo positivo de uns US$ 236 bilhões. Em apenas dois anos e meio, contudo, mergulhou assustadores US$ 450 bilhões no negativo. Como a economia vinha tropeçando, os déficits keynesianos entraram na ordem do dia. Mas como parte tão expressiva da motivação do pacote do governo era política e militar, mais do que estritamente econômica, não surpreende que o modo como afundou no déficit o superávit das finanças públicas tenha sido tão pouco eficaz como estímulo ao crescimento econômico.

Em conseqüência do aumento constante do consumo gerado pelo crescimento rápido do endividamento familiar e, até certo ponto, do governo, grande parte da economia não-industrial passou pela desaceleração em relativa boa forma. Até na recessão de 2001 a taxa de lucro da economia empresarial não-financeira e não-industrial como um todo chegou a subir um pouquinho e cresceu bem mais depressa em 2002 e na primeira metade de 2003. Supondo que a produção industrial tenha se mantido mais ou menos constante no período, o PIB do setor não-industrial e não-agrícola cresceu à taxa média anual de mais de 3%. O quadro do emprego foi bem mais negro. Embora o emprego não-industrial tenha criado, em termos líquidos, 230 mil postos de trabalho entre julho de 2000 e outubro de 2003, os ganhos foram todos no setor financeiro (306 mil), imobiliário (51 mil) e serviços de saúde e educacionais (1,515 milhão). Deixando de lado esses três setores, o resto da economia não-industrial e não-agrícola perdeu 1,642 milhão de vagas. Mas isso não muda o fato de que os setores em melhores condições de aproveitar a queda dos juros, a aceleração do endividamento, o aumento dos gastos do consumidor, a disparada do crescimento das importações e a subida do valor das ações – notadamente a construção civil, o comércio varejista e, acima de tudo, o setor financeiro – tiveram excelente desempenho, dando um tom característico à trajetória econômica dos Estados Unidos no novo milênio.

Construção e varejo

Por razões óbvias, a construção civil viveu sua maior expansão no pós-guerra. A economia cresceu praticamente sem parar durante uns dez anos, aumentando como nunca a pressão sobre a oferta de moradias. Além disso, desde meados da década de 1990, o crescimento do consumo, sustentado pelo acesso cada vez mais fácil ao crédito, foi ainda mais rápido, ampliando o impacto da expansão econômica constante sobre a demanda habitacional. A consequência inevitável foi um aumento espetacular das vendas e do valor dos imóveis. Enquanto isso, o crescimento do salário real na construção civil – setor que já foi altamente organizado e que hoje, em grande parte, se dessindicalizou – ficou abaixo de 1% ao ano no último decênio. Nos quinze anos anteriores, entre 1978 e 1993, o salário real na construção civil caiu, em média, 1,1% ao ano – 14%, no total. Assim, a taxa de lucro nesse setor disparou como nunca, aumentando seis vezes na década que terminou em 2001 e chegando, naquele ano, a um nível 50% mais alto que em qualquer ponto do período desde 1945, incluindo a longa expansão do pós-guerra.

A prosperidade do varejo, como a da construção civil, baseou-se em bem mais de uma década de cortes salariais. Entre 1978 e 1991, a remuneração real neste nesse setor caiu em média 1,6% ao ano, numa queda total de 19%. Na década seguinte, os varejistas se beneficiaram não só da expansão geral da economia como do aumento especialmente rápido das despesas do consumidor – as orgias de compras dos *yuppies*, alimentadas pelo efeito-riqueza. Foram ainda mais favorecidos pelo aumento irreprimível do dólar, que barateou as importações e abriu caminho para a maré crescente de todos os tipos de mercadoria barata oriunda da China. Entre 1995 e 2002, a República Popular da China tornou-se o maior exportador para os Estados Unidos, cujas importações subiram de US$ 44 bilhões para US$ 122,5 bilhões, avançando num ritmo médio de 16% ao ano. Nesse processo, a Wal-Mart, hoje a maior empresa do mundo, teve papel principal e muito divulgado, e responde atualmente por nada menos que 10% de todas as importações da China, aproveitando-se da superprodução comuníssima em tantas indústrias chinesas para exigir preços ainda mais baixos. Mas muitos outros varejistas norte-americanos tiveram excelente resultado nesse comércio[12]. Entre 1992 e 2001, o varejo criou 2,4 milhões de empregos, um aumento de 19%. No mesmo período, a taxa de lucro do varejo subiu todos os anos, num total de 57%, tendo inclusive um aumento de 8% mesmo na recessão de 2001[13].

O setor financeiro

A expansão do setor financeiro correu paralela à da construção civil e do varejo, mas foi de ordem totalmente diferente. No decorrer da década de 1990, assumiu proporções verdadeiramente revolucionárias, transformando o mapa da economia norte-americana e se espalhando sem parar nos primeiros anos do novo milênio. Nesse setor, a virada começou de fato com a passagem para o monetarismo, os

---

[12] Paul Wonnacott, "Behind China's export boom, heated battle among factories", *Wall Street Journal*, 13/11/2003.

[13] O espaço impede que examinemos o setor hoteleiro (muito menor), que seguiu trajetória parecida com a do comércio varejista, com um aumento no nível de emprego de mais de 20% e uma elevação da taxa de lucro de 50% entre 1992 e 2001. Um caso diferente, também impelido pelo consumo e que exige bem mais estudo, é o vasto setor de serviços de saúde, que registrou saltos enormes do lucro das empresas – de US$ 4,9 bilhões em 1989 para US$ 15,4 bilhões em 1994, US$ 17,3 bilhões em 1999 e US$ 24,8 bilhões em 2001, sem mencionar a expansão de quase 50% do nível de emprego.

juros altos, o dólar forte e a desregulamentação financeira no início dos anos 1980. Resultou, em particular, do fracasso de uma década de tentativas de atenuar o declínio da lucratividade não-financeira, em especial na indústria, por meio de déficits keynesianos e dólar barato. Mas, apesar dos passos contínuos para desalgemar o setor financeiro e da imensa aceleração do mercado de títulos e obrigações durante a década de 1980, a combinação da onda de fusões e aquisições movida a empréstimos com a bolha do comércio imobiliário e com a inflação das ações terminou, ao fim de uma década, numa grande crise não só para os incorporadores, os bancos comerciais e o setor de poupança e empréstimos como também até para as próprias empresas não-financeiras.

Tudo isso mudou na década de 1990, quando Greenspan resgatou o setor financeiro. Com o início da recessão de 1990-91, Greenspan não só derrubou dramaticamente as taxas de juros de curto prazo, possibilitando aos bancos seguir, com resultados cada vez melhores, sua política padronizada de tomar dinheiro barato a curto prazo e emprestá-lo mais caro a longo prazo. Mas, além disso, permitiu aos bancos, violando regulamentos do governo, manter uma enorme quantidade de títulos de longo prazo – que se valorizaram espetacularmente quando os juros de longo prazo caíram – sem reserva de fundos para cobrir o risco a eles associado[14]. O lucro do setor financeiro recuperou-se de maneira quase instantânea e iniciou uma subida vertiginosa que ainda não se interrompeu.

Todas as grandes tendências econômicas e políticas da década de 1990 foram favoráveis ao setor financeiro. A economia real tinha crescimento contínuo. A opção de Clinton pelo equilíbrio do orçamento mais o aumento impetuoso do dólar na esteira da inversão do Acordo Plaza – ambos engendrados por seu czar econômico Robert Rubin, ex-presidente executivo da Goldman Sachs – reduziram a inflação a um nível mínimo, protegendo o lucro real dos empréstimos (assim como prejudicando o lucro da indústria). Clinton e Rubin levaram a desregulamentação bancária à sua conclusão lógica, abrindo caminho para o surgimento dos "supermercados financeiros tem-tudo", que puseram em funcionamento conjunto as atividades até então separadas de banco comercial, banco de investimentos e seguradora para magnificar o lucro. Acima de tudo, a bolha do mercado de ações criou oportunidades sem paralelo histórico para amealhar comissões e lucros com a administração de emissões de ações, compras e fusões de empresas, gerenciando, ao mesmo tempo, o financiamento do crédito às empresas e ao consumidor. Finalmente, quando a década e a bolha do preço das ações se aproximaram do clímax, a aceleração nascente do setor habitacional abriu para o setor financeiro outro campo enorme com excelentes oportunidades de caça. Entre 1994 e 2000, o lucro do setor financeiro dobrou. Já que, no mesmo período, o lucro do setor

---

[14] Joseph Stiglitz, *The roaring nineties* (Londres, 2003), p. 43.

FIGURA 2 – Lucro do setor financeiro em relação ao lucro empresarial total

% do lucro empresarial total / Bilhões de dólares

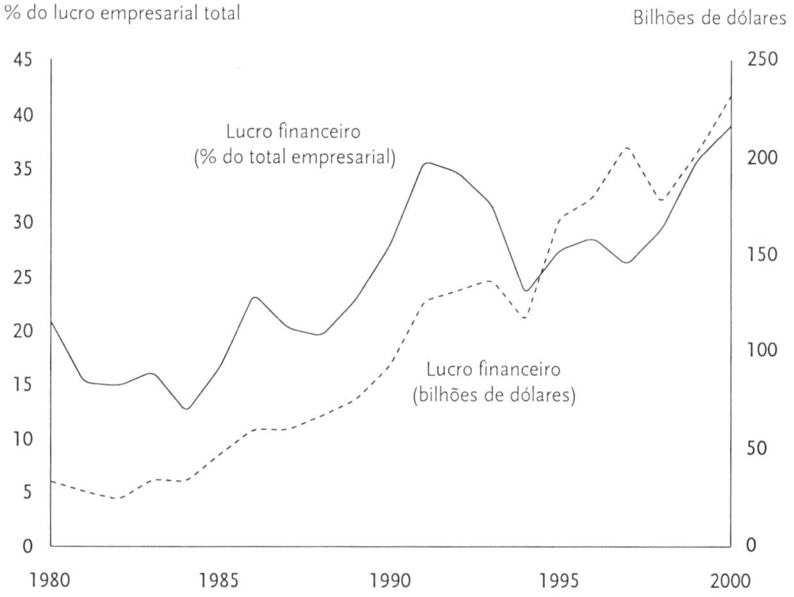

O percentual representa o lucro financeiro dividido pelo lucro empresarial total, descontados os juros líquidos.
Fontes: Quadro NIPA 1.16 e GPO, *website* do BEA.

empresarial não-financeiro só aumentou 30%, o lucro do setor financeiro, em relação ao lucro empresarial total, pulou de 23% para 39%. Com isso, foi responsável por 75% do aumento do lucro empresarial obtido nesses anos.

A explosão da bolha das ações e a desaceleração da economia real a partir de 2000 também pouco fizeram para segurar a ascensão do setor financeiro. A bolha imobiliária substituiu a bolha do mercado de ações, e a queda do custo do crédito fez o resto. O lucro advindo principalmente dos negócios hipotecários, assim como do comércio de obrigações e da subscrição de ações, tudo amarrado à queda dos juros, permitiu a bancos e seguradoras continuar auferindo ganhos sensacionais, mesmo com a queda imensa do preço das ações e a grande redução do crescimento do crédito empresarial. Entre 2000 e a primeira metade de 2003, período da desaceleração, o lucro do setor financeiro continuou a se expandir de forma dramática, tanto em termos relativos quanto absolutos. Assim, segundo o Morgan Stanley, esse lucro veio a constituir quase 50% do total do lucro das empresas e a responder por quase 80% do aumento do lucro empresarial ocorrido entre 2000 e 2003[15].

---

[15] Steve Galbraith, "Trying to draw a pound of flesh without a drop of blood", *Morgan Stanley*

CONTRADIÇÕES DE UMA ECONOMIA MOVIDA A BOLHAS

A opção do Fed pelo crédito cada vez mais fácil deu uma aparência de ordem à economia dos segmentos não-industriais e trouxe um aumento maior da lucratividade da construção civil e do varejo e a continuação de uma expansão marcante do setor financeiro. Mas, em grande parte, conseguiu isso por meio e à custa de inflar o valor dos títulos financeiros, em geral muito além do valor dos ativos subjacentes que representam. As bolhas que se seguiram foram a garantia necessária para sustentar o crédito sempre crescente, de modo a manter o consumo em alta e a economia girando. O resultado: o crescimento econômico dos Estados Unidos nos últimos três anos foi impulsionado por aumentos da demanda gerados por empréstimos feitos contra a valorização especulativa da riqueza de papel, bem mais que da demanda gerada pelo aumento dos investimentos e do nível de emprego movido pelo crescimento do lucro.

É claro que o preço dos ativos caiu de forma violenta a partir de meados de 2000. Mas, paradoxalmente, seu declínio nem sequer começou a realinhar o valor das ações com o lucro que lhe dá base, porque este último também caiu. Em outubro de 2002, quando o preço dos ativos chegou ao ponto mais baixo, o índice composto S&P 500 estava 42% abaixo do ponto máximo de julho de 2000, mas a relação rendimento-preço (ou seja, a taxa de retorno do investimento em títulos), que já caíra 48% entre o pico inicial de 1995 e meados de 2000, não subiu, ficando parada em torno de 3,7:1 – o que significa que os investimentos em ações geraram um lucro médio anual de menos de 4%. Na ausência da política de crédito barato do Fed, o preço das ações teria, obviamente, caído muito mais com relação ao rendimento que lhe dá base. Mas, em conseqüência, a bolha do preço das ações jamais arrebentaria.

Alguns meses depois, essa bolha começou a se expandir de novo. A partir de março de 2003, o preço das obrigações subiu e os juros caíram, ao que parece como expressão da fraqueza básica da economia. Mas o preço dos ativos decolou numa nova ascensão ininterrupta e o S&P 500 subiu cerca de 30% nos oito meses seguintes. Sem dúvida, era o que o Fed esperava. Ainda assim, no verão de 2003, segundo o *Financial Times*, a relação rendimento-preço do S&P 500 caiu por volta de mais 10% e chegou a 3:1, em comparação com uma média histórica de cerca de 7:1. O Fed conseguia impedir que o clima dos negócios ficasse ainda mais difícil,

---

US and the Americas Investment Research, 8 de setembro de 2003; Steve Galbraith, "Fading fog", Morgan Stanley US and the Americas Investment Research, 21 de setembro de 2003.
Os dados da Morgan Stanley são para as empresas do índice S&P 500.
Os dados adequados do governo sobre os lucros do setor financeiro depois de 2001 ainda não estão disponíveis.

mas com isso, na verdade, sustentava a bolha do mercado de ações em relação à queda do preço dos ativos e a conseqüente desaceleração econômica. Uma correção significativa poderia jogar a economia direto na recessão.

A bolha imobiliária

Quando o preço dos ativos começou a subir em meados da década de 1990, sustentando o lucro das empresas e o PIB, o preço dos imóveis também passou a inchar. De 1975, quando ficaram disponíveis os primeiros dados, até 1995, o preço dos imóveis residenciais subiu numa taxa mais ou menos semelhante à dos preços ao consumidor, ficando, assim, relativamente estável em termos reais. Durante a primeira metade dos anos 1980, o índice de preço dos imóveis residenciais ficou 5% a 10% abaixo do IPC, antes de alcançá-lo de novo em 1985; então, entre 1985 e 1990, ficou cerca de 13% acima do IPC, antes de tornar a cair em 1995. Assim, em 1995 o valor real dos imóveis era o mesmo que em 1985 e 1979. Mas, entre 1995 e a primeira metade de 2003, o aumento do índice de preços de imóveis residenciais excedeu o aumento do IPC em mais de 35 pontos – historicamente, uma elevação nunca vista do custo real da habitação.

A explicação dessa bolha imobiliária parece bastante clara, dado seu momento. À medida que os acionistas acumulavam riqueza com a expansão do mercado de ações, podiam buscar casas mais caras com mais rapidez do que era possível fornecê-las. Assim, com o aumento do preço das casas, os compradores se dispuseram a pagar quantias cada vez maiores pelos imóveis, supondo que seu valor continuaria subindo, como no mercado acionário. Quando o mercado acionário caiu e a expansão terminou em 2000, a bolha imobiliária se manteve graças em parte à redução dos juros determinada pelo Fed, mas também à transferência de recursos das ações para o mercado imobiliário, em especial num cenário de retornos reduzidíssimos dos empréstimos a juros. O aumento do preço das residências era auto-sustentável, já que permitia aos proprietários, com a queda dos juros, comprar casas ainda mais caras, mantendo a demanda bem à frente da oferta[16].

Assim, em apenas quatro anos, de 1995 a 1999, a riqueza familiar na forma de casa própria aumentou 25%. Mas entre a época do pico do mercado de ações em 1999 e seu ponto baixo no primeiro trimestre de 2003, o valor dos imóveis habitacionais aumentou ainda mais depressa, com os preços subindo numa taxa anual média 5% mais alta do que os preços ao consumidor. Na verdade, o preço

---

[16] Este parágrafo e o anterior baseiam-se em Dean Baker e Simone Baribeau, "Homeownership in a bubble: the fast path to poverty?", 13 de agosto de 2003, disponível no *website* do Center for Economic Policy Research. Ver especialmente a Figura 1, "The real cost of owning and renting" [O custo real de possuir e alugar].

FIGURA 3 – Riqueza familiar – ativos *versus* imóveis, em trilhões de dólares

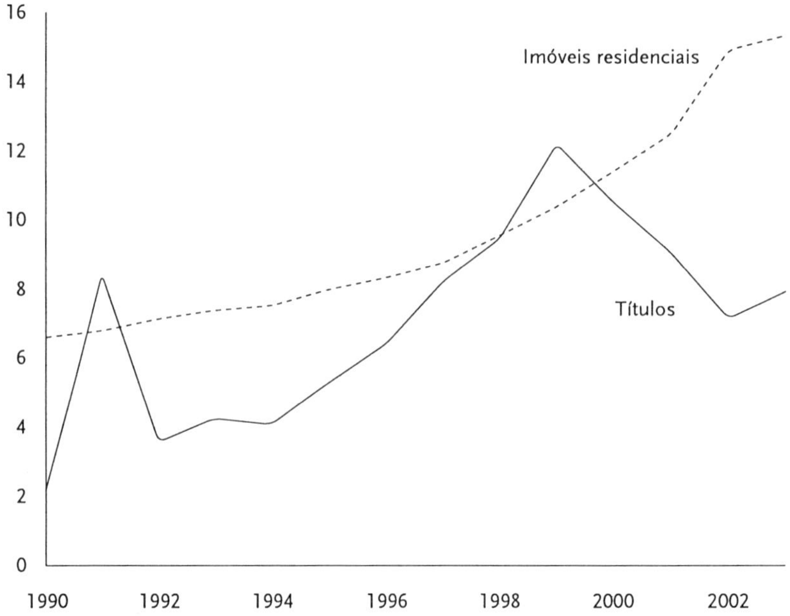

Fonte: Quadro de Fluxo de Fundos B100, *website* do Federal Reserve.

real das habitações cresceu mais nesses anos do que em qualquer outro período comparável registrado. Em conseqüência, enquanto as ações (inclusive as aplicações em fundos mútuos) em posse das famílias caíam de valor, de US$ 12,2 trilhões para US$ 7,15 trilhões nesse breve período, numa queda de US$ 5,05 trilhões, ou 44%, o valor dos imóveis residenciais pertencentes a famílias subiu de US$ 10,4 trilhões para US$ 13,9 trilhões, aumento de US$ 3,6 trilhões, ou 35%, e recuperou seu antigo lugar de fonte número um de riqueza familiar.

Na esteira dessa imensa valorização de seus imóveis no papel, as famílias conseguiram obter recursos muitíssimo maiores com a venda da casa a um preço que ultrapassava a dívida hipotecada, com o refinanciamento das hipotecas e empréstimos garantidos pelo imóvel, com conseqüências enormes para o crescimento do consumo e, por sua vez, do PIB. Entre 1990 e 1997, o valor médio do patrimônio das famílias ficou por volta de US$ 150 bilhões ao ano, mas, quando a bolha imobiliária começou a inchar nos últimos três anos da década, esse número dobrou para cerca de US$ 300 bilhões ao ano em 1998, 1999 e 2000. Em 2001, 2002 e na primeira metade de 2003, as vendas de imóveis atingiram recordes nunca vistos de US$ 6,2 trilhões, US$ 6,6 trilhões e US$ 7 trilhões (anualizados). O mesmo aconteceu com o refinanciamento das hipotecas, com

FIGURA 4 – Contribuição trimestral do setor imobiliário residencial para o crescimento do PIB (%), 2000-03

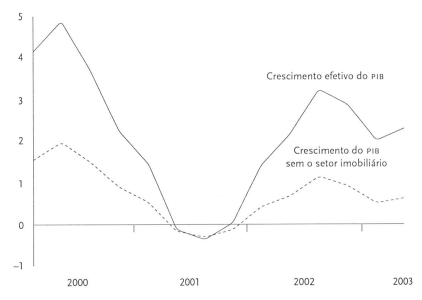

Mudança percentual em relação ao mesmo trimestre do ano anterior. Fonte: Economy.com.

valores respectivos de US$ 1,2 trilhão, US$ 1,6 trilhão e US$ 3 trilhões. Contra esse pano de fundo, nos mesmos três anos a quantia levantada por meio de hipotecas chegou a níveis inauditos – respectivamente, US$ 420 bilhões, US$ 600 bilhões e US$ 716 bilhões[17].

Em 2001, 2002 e na primeira metade de 2003, os recursos oriundos de hipotecas chegaram, respectivamente, a espantosos 5%, 7,7% e 9% da renda pessoal disponível nos Estados Unidos, desempenhando enorme papel na manutenção dos gastos do consumidor, depois de um declínio radical do crescimento do consumo. Segundo o Fed, as famílias usaram mais ou menos 50% desses recursos para financiar o aumento das despesas com todo tipo de consumo, de reformas da casa a compra de veículos, viagens de férias, educação, despesas médicas – e, no caso de algumas famílias em dificuldades, até mesmo despesas gerais de sobrevivência. Enquanto isso, cerca de um terço do dinheiro foi usado para pagar dívidas de cartões de crédito e outras prestações com juros mais altos,

---

[17] A série temporal do refinanciamento das hipotecas e das diferenças embolsadas foi elaborada por Mark Zandi, economista-chefe do *site* Economy.com, a quem quero agradecer pela generosidade de deixar seus dados à minha disposição.

liberando renda para mais consumo. O dinheiro remanescente foi usado para financiar outros investimentos, em geral imóveis, tendendo a elevar a demanda habitacional, os preços e assim, por sua vez, o aumento do patrimônio líquido das famílias[18].

Desde o final de 2000, o dinheiro obtido mediante apenas o refinanciamento de hipotecas foi responsável por, pelo menos, 20% do crescimento total do PIB. Quando se leva em conta a quantia obtida com a venda do imóvel e uma segunda hipoteca, assim como os investimentos na residência e a compra de mobiliário e artigos de decoração, os mercados habitacional e hipotecário responderam, no total, por nada menos de dois terços do crescimento do PIB entre 2000 e a primeira metade de 2003. Isso significa que, na ausência dessas contribuições do setor habitacional, o crescimento médio anual do PIB no período seria de apenas 0,6%, em vez do 1,7% que na verdade ocorreu[19].

Mas é difícil ver como será possível que esse nível de obtenção de recursos não sofra uma queda acentuada em futuro não muito distante. Isso porque a inflação de preços do mercado imobiliário parece fadada a perder velocidade, enquanto os juros, agora próximos dos níveis mínimos do pós-guerra, têm maior probabilidade de subir do que de cair, deixando menos espaço para sobras de dinheiro. Do mesmo modo, é provável que a tendência dos proprietários a contrair empréstimos decline, já que o patrimônio representado pelos imóveis das famílias, em meados de 2003, já se reduzira a um recorde mínimo, no pós-guerra, de 54% do valor das casas, caindo dos 60% de uma década antes; enquanto isso, a dívida em relação à renda familiar atingiu o recorde de 110%, partindo dos recentes 90% de 1995[20]. No entanto, se os empréstimos familiares diminuírem, o crescimento das despesas do consumidor – até agora base da saúde da economia – destina-se a ser duramente atingido. Como explicou Greenspan, de modo cauteloso: "É provável que o ritmo frenético da obtenção de recursos com a casa própria no ano passado [2002] se atenue em 2003, possivelmente reduzindo bastante a sustentação da compra de bens e serviços"[21].

---

[18] Mark Zandi, "Housing's virtuous cycle", *Regional Financial Review*, agosto de 2003, p. 13.

[19] Esses resultados baseiam-se em simulações que usam o modelo macroeconômico de Economy.com. Ver Zandi, "Housing's virtuous cycle", cit., p. 14 e nota 3, principalmente o gráfico 3; ver também Homeownership Alliance, "The economic contribution of the mortgage refinancing boom", dezembro de 2002, p. 1-5; e Homeownership Alliance, "Mortgage refinancing accounts for 20 percent of real economic growth since 2001", informações à imprensa, 17 de dezembro de 2002 (ambos disponíveis em www.homeownershipalliance.com).

[20] James Cooper e Kathleen Madigan, "The skittish bond market won't shake housing – For now", *Business Week*, 14/7/2003.

[21] "The home mortgage market": discurso de Alan Greenspan, 4/3/2003, *website* do FRB.

A bolha do dólar e o déficit em conta corrente

Ao impulsionar o aumento dos gastos do consumidor, sobretudo por meio da bolha imobiliária movida a dívidas, o regime de crédito fácil do Fed permitiu que os norte-americanos continuassem elevando suas importações entre 2000 e meados de 2003, ainda que a exportação do país tenha se reduzido diante da queda do poder de compra da maior parte do resto do mundo. A conseqüência foi prolongar e aprofundar um padrão de desenvolvimento econômico internacional que data da primeira metade da década de 1980, em que o aumento pronunciado da importação de produtos industrializados dos Estados Unidos e do seu déficit comercial amplia o déficit norte-americano de transações correntes, expande o endividamento externo do país e alimenta o crescimento baseado em exportações de boa parte do resto do mundo, em especial do leste da Ásia.

Esse padrão começou em 1979-80 com a virada internacional da expansão keynesiana para a contração monetarista como meio de combater a redução da lucratividade que continuava a atacar as economias capitalistas avançadas, sobretudo na indústria. O salto dos juros que se seguiu, a redução do crescimento dos gastos sociais e a repressão do aumento salarial encorajaram a eliminação do excesso de meios de produção caros e de baixo rendimento e, desse modo, tenderam a contribuir para a recuperação da lucratividade em todo o sistema. Mas essas mesmas forças também provocaram uma queda aguda do crescimento dos gastos do governo e do consumidor, queda que, combinada à redução do crescimento dos investimentos, cortou a demanda agregada, inibindo toda elevação da produtividade e exacerbando a desaceleração. Em face do mercado interno estagnado e de mais limites aos gastos deficitários que resultaram da desregulamentação financeira, o crescimento, na maior parte do mundo capitalista avançado, passou a depender mais e mais do aumento da exportação de manufaturados. Mas a generalização cada vez maior do crescimento dependente de exportações em todo o globo só exacerbou a tendência fundamental de aumento da capacidade ociosa na indústria internacional, que, deixada por sua própria conta, acabaria levando, antes cedo do que tarde, ao retardamento da economia mundial.

Contra esse pano de fundo de estagnação de todo o sistema, o crescimento impetuoso da dívida norte-americana combinado à alta do dólar tornou-se o motor central a mover a economia mundial. Trocando em miúdos, desde o início da década de 1980 o sistema avançou por meio da expansão do déficit norte-americano de transações correntes, levando, de um lado, ao acúmulo de um passivo cada vez maior dos Estados Unidos para com o resto do mundo e, do outro, ao aumento da capacidade ociosa no setor industrial internacional. Ainda em 1979-80, os Estados Unidos tinham superávits no comércio de manufaturados e, deixando de lado a importação de combustíveis, superávits comerciais gerais também. A partir de 1981, porém, os juros dispararam nos Estados Unidos, o dólar decolou e o déficit do país, tanto federal quanto privado, quebrou novos recordes a cada ano. Em conseqüência, o setor industrial dos Estados Unidos sofreu a pior crise de sua história no pós-guerra. Em 1987, com as exportações estagnadas e a importação aumentando sem parar, a balança comercial industrial chegou ao recorde de US$ 120 bilhões no vermelho, e o déficit de transações correntes alcançou o nível sem precedentes de 3,4% do PIB. Como lado oposto da mesma moeda, a elevação da importação norte-americana de manufaturados teve papel fundamental para arrancar a economia mundial da profunda recessão do início da década de 1980 e estimular uma nova recuperação cíclica.

O caráter indispensável dos empréstimos norte-americanos e da valorização de sua moeda para o dinamismo da economia global foi demonstrado ao máximo a partir da segunda metade da década de 1980. Quando, desde 1985, o dólar caiu violentamente, os empréstimos privados entraram em colapso temporário com a recessão de 1990-91 e o déficit público norte-americano começou a murchar a partir de 1993; o déficit comercial industrial dos Estados Unidos chegou ao mínimo de US$ 57 bilhões (em média) em 1992-93 e o déficit de transações correntes foi temporariamente eliminado. A conseqüência, durante a primeira metade da década de 1990, foi que as economias capitalistas tiveram o pior desempenho de todo o pós-guerra (sem contar os Estados Unidos e os países recém-industrializados do leste da Ásia, cujas moedas estavam atreladas ao dólar em queda).

Entre meados da década de 1990 e o fim do século houve outra inversão. A aceleração espantosa do endividamento de empresas e famílias depois da bolha do mercado de ações, combinada a uma nova decolada do dólar, assumiu então o papel antes desempenhado pelos déficits públicos no subsídio da demanda exigida para impulsionar a economia não só dos Estados Unidos como do mundo todo, ao provocar um verdadeiro tsunami de importações norte-americanas de manufaturados. Elas cresceram de US$ 480 bilhões em 1993 para US$ 1 trilhão em 2000, mais do que dobrando em sete anos, enquanto sua proporção em relação à produção industrial aumentava 50%. Já em 1995, o déficit comercial industrial pulara para US$ 145 bilhões. Chegou a US$ 271 bilhões em 1999 e aumentou para US$ 369 bilhões em 2002. Desse modo, respondeu, sozinho, por algo como 60% do aumento substancial do déficit norte-americano de transações correntes entre 1995 e 2002 e por três quartos de sua magnitude absoluta em 2002.

Na segunda metade da década de 1990, as transações correntes dos Estados Unidos, por si sós, quadruplicaram de tamanho e triplicaram como percentual do PIB, batendo novos recordes quase todo ano. Entre 2000 e meados de 2003, subiram mais 20% e chegaram a nunca vistos US$ 544 bilhões, cinco vezes o nível de 1995. Com isso, exacerbaram-se profundamente as dificuldades do setor industrial norte-americano e houve um estímulo indispensável ao resto da economia

FIGURA 5 – Balança comercial – transações correntes e setor industrial, 1980-2003

Fontes: Quadro 3, US Aggregate Foreign Trade Data, *website* da ITA; US International Transactions, *website* do BEA.

mundial, arrancando a Europa e o Japão de sua paralisação depois de 1995; salvando boa parte do leste da Ásia (e do resto do mundo) do quase colapso de 1997-98; resgatando a América Latina de crises profundas em 1994-95 e novamente em 1998-99; e, por fim, mantendo sob controle a depressão global de 2001 até hoje.

É claro que o próprio aumento do déficit norte-americano de transações correntes dependeu da disposição do resto do mundo para agüentar as dívidas e os ativos sempre crescentes dos Estados Unidos, financiando, na verdade, o aumento do consumo norte-americano para permitir que sua própria produção e exportação de manufaturados continuasse a crescer. Durante o *boom* e a bolha da segunda metade da década de 1990, os investidores estrangeiros ficaram felicíssimos de financiar o déficit norte-americano de transações correntes. Na expectativa de grandes lucros empresariais e da valorização interminável das ações, fizeram imensos investimentos diretos nos Estados Unidos e compraram enorme quantidade de títulos e obrigações das empresas, ajudando a empurrar a moeda ainda mais para cima – uma bolha do dólar que acompanhou a bolha das ações e foi, em grande parte, criação dela. Entre 1995 e 2000, enquanto explodia o déficit de transações correntes dos Estados Unidos, o total dos ativos brutos norte-americano em mãos do resto do mundo aumentou de US$ 3,4 trilhões para US$ 6,4 trilhões, ou 75% do PIB do país[22]. No entanto, quando a economia norte-americana reduziu seu ritmo e o mercado de ações do país caiu a partir de meados de 2000, os investidores privados do resto do mundo acharam os títulos dos Estados Unidos cada vez menos atraentes. A compra de obrigações das empresas e do Tesouro, assim como obrigações vendidas por instituições dos Estados Unidos como Fannie Mae e Freddy Mac, continuou a crescer animadamente. Mas tanto a compra de ativos pelo resto do mundo quanto o investimento externo direto caíram de forma acentuada – a primeira foi da média de US$ 153 bilhões em 1999 e 2000 para US$ 65 bilhões de 2001 até a primeira metade de 2003; o segundo declinou de US$ 306 bilhões para US$ 86 bilhões no mesmo período. Os europeus, principalmente, fugiram dos ativos norte-americanos. Depois do ponto máximo de US$ 115,6 bilhões no ano findo em outubro de 2000, as compras de títulos norte-americanos pela Zona do Euro despencaram para apenas US$ 4,9 bilhões no ano que se encerrou em abril de 2003. O resultado foram pressões inevitáveis sobre o dólar, intensificadas pelos juros mais altos na Europa. Entre o início de 2001 e meados de 2003, o dólar caiu 37% em relação ao euro, 27% somente no ano que terminou em junho de 2003[23].

O declínio do dólar em relação ao euro tenderia, mantendo-se iguais todos os outros fatores, a tornar mais fáceis as exportações e mais difíceis as importações dos Estados Unidos. Mas, nas condições atuais, isso talvez não traga muita melhora do déficit comercial e de transações correntes do país, e há o risco de minar as economias européias. O aumento da recessão na União Européia reduzirá sua demanda de mercadorias dos Estados Unidos, anulando boa parte do esperado benefício da queda do dólar para os exportadores norte-americanos. Entre 2001 e a primeira metade de 2003, o déficit comercial dos Estados Unidos com a Europa chegou a crescer mais de um quarto, de US$ 34,3 bilhões para US$ 43,4 bilhões. Se o dólar continuar caindo em resposta a esse abismo cada vez maior, o Federal Reserve talvez tenha de fazer uma opção angustiante: ou deixa a moeda cair e arrisca-se a uma liquidação por atacado das propriedades norte-americanas entre os investidores estrangeiros – o que poderia causar um enorme tumulto no mercado de ações e criar uma grave corrida ao dólar – ou eleva os juros e arrisca-se a empurrar a economia interna de volta para a recessão.

---

[22] Ver *The boom and the bubble*, cit., p. 208-9, e Tabela 8.1.
[23] Gertrude Chavez, "Weak capital influx seen choking dollar rally", *Reuters Online*, 14/7/2003. Obrigado a Doug Henwood e à lista LBO por esta referência.

Políticas do leste da Ásia

Na verdade, até agora o declínio geral ponderado pelo comércio exterior da taxa de câmbio do dólar ficou limitado a algo em torno de 11%. É que a queda aconteceu quase inteiramente em relação ao euro e foi pequena em relação às moedas do leste da Ásia. Isso apesar do fato de o leste da Ásia ser responsável por uma parte desproporcional dos déficits comercial e de transações correntes dos Estados Unidos, que chegou a mais de 100 bilhões por ano tanto com o Japão quanto com a China. A razão pela qual o dólar se manteve em relação às moedas do leste da Ásia foi que, liderados pelo Japão e pela China (e incluindo Hong Kong e a Coréia do Sul), os governos da região adotaram uma política durável de reciclar seus superávits de transações correntes em ativos denominados em dólar para manter baixas suas próprias moedas. Hoje, o leste da Ásia detém 1,6 trilhão de dólares em reservas, 70% do total mundial, contra apenas 30% em 1990. Quando os Estados Unidos começaram sua desaceleração e o déficit norte-americano de transações correntes se ampliou ainda mais, China, Japão, Coréia do Sul e Hong Kong entraram como nunca no mercado de moedas, elevando sua propriedade conjunta de títulos do Tesouro dos Estados Unidos de US$ 512 bilhões para US$ 696 bilhões no breve período de dezembro de 2001 a junho de 2003. Na verdade, nos primeiros meses de 2003 o Japão e a China cobriram sozinhos estimados 55% do déficit de transações correntes norte-americano ao comprar, respectivamente, US$ 150 bilhões e US$ 100 bilhões[24].

É claro que os governos do leste asiático não seguiram essa trajetória por razões altruístas, mas sim para sustentar o crescimento rápido das exportações de manufaturados de seus países para os Estados Unidos. Ainda assim, ao fechar o abismo financeiro crescente que, não fosse isso, resultaria da disparidade cada vez maior entre as exportações e as importações dos Estados Unidos, os governos leste-asiáticos realizaram nada mais, nada menos que a estabilização da economia norte-americana. Na ausência de suas compras, as políticas hiperexpansionistas seguidas pelo Fed e pelo governo Bush teriam, quase com certeza, forçado uma grande queda do dólar, levado à redução do preço das ações e aumentado o custo dos empréstimos, lançando os Estados Unidos, a Ásia e o resto do mundo de volta na recessão. Ainda assim, é difícil ver como essa simbiose poderá se sustentar por muito tempo.

Afinal, ainda que os governos do leste da Ásia pudessem e quisessem continuar comprando títulos em dólar para manter barata sua própria moeda, subsidian-

---

[24] David Hale, "The Manchurian candidate", *Financial Times*, 29/8/2003; Christopher Swarm, "Weak renminbi is both boon and bane for the US", *Financial Times*, 26-27/7/2003; Jennifer Hughes, "Asia's currency manipulation comes under scrutiny", *Financial Times*, 24/11/2003.

do assim as exportações de sua indústria, esse processo não pode ter vida longa. É que o efeito final seria reduzir as exportações e aumentar as importações dos Estados Unidos, forçando ainda mais o aumento do déficit norte-americano em transações correntes e provocando investimentos ainda maiores do leste da Ásia em títulos financeiros dos Estados Unidos, com conseqüências sinistras tanto para a economia norte-americana quanto para a global. De um lado, o fluxo de recursos do leste da Ásia para o mercado financeiro dos Estados Unidos, ao baixar o custo dos empréstimos, tenderia, direta ou indiretamente, a alimentar bolhas contínuas do valor das ações e dos imóveis. De outro, o crescimento das exportações do leste da Ásia, estimulado pelo dólar alto e pela demanda norte-americana subsidiada pelo governo, solaparia ainda mais a indústria dos Estados Unidos, exacerbando, ao mesmo tempo, a capacidade ociosa da indústria em escala global. É claro que essa é praticamente a mesma síndrome de aumento do preço das ações e superprodução industrial que perseguiu a economia mundial e seu componente norte-americano durante o *boom* envolto pela bolha e a desaceleração que se seguiu. É um caminho que solapa a si mesmo, no qual o aumento inexorável das dívidas dos Estados Unidos com o resto do mundo permite que outras economias cresçam com as exportações à custa do poder produtivo norte-americano – e, portanto, da capacidade dos Estados Unidos de honrar essas dívidas, processo que já levou a um craque da bolsa e a uma recessão.

UMA BASE PARA O *BOOM*?

Entre meados de 2000 e meados de 2003, para manter a economia funcionando enquanto se livravam da capacidade ociosa e começavam novamente a investir e criar empregos, as autoridades econômicas deflagraram o maior programa de estímulo macroeconômico da história dos Estados Unidos. O Fed reduziu sua taxa de juros de curto prazo de 6,5% para o mínimo, desde 1958, de 1% (incluindo as reduções de novembro de 2002 e junho de 2003). Ao mesmo tempo, a situação fiscal do governo passou de um superávit de 1,4% do PIB para um déficit projetado de 4,5%, ou US$ 450 bilhões. Durante o mesmo intervalo, o valor do dólar no câmbio comercial caiu mais de 10%. Ainda assim, apesar desse estímulo gigantesco, a economia mal se mexeu. Durante a primeira metade de 2003, as despesas reais anualizadas em instalações, equipamento e software ainda não haviam crescido. No mesmo período, o crescimento anualizado do PIB de 2,35% caiu ainda mais que em 2002. Na verdade, teria sido um terço menor, de apenas 1,5%, não fosse o salto imenso e insustentável dos gastos militares no Iraque, responsável por mais da metade do crescimento de 3,3% da economia no segundo trimestre. Enquanto isso, o desemprego chegou a 6,2% – e a mais de 8%, se forem incluídos os que desistiram de procurar emprego –, e as vagas continuaram sumindo num ritmo alarmante. Em julho de 2003, a economia não-agrícola perdeu 57 mil vagas, depois de perder 83 mil e 76 mil, respectivamente, em junho e maio, e o emprego não-agrícola ficou 358 mil postos de trabalho abaixo do nível de julho de 2002. A disparidade entre estímulo e resposta parecia ser expressão direta da fraqueza básica da economia – seus problemas, ainda não-resolvidos, de excesso de capacidade ociosa e fragilidade financeira das empresas.

No entanto, no outono de 2003, a economia, com toda certeza, acelerava-se. O PIB deu um salto à frente num ritmo anualizado de 8,2%, o maior ganho trimestral desde 1984. Foi igualmente importante que, de repente, a variação do nível de emprego tenha sido positiva, na faixa de mais de 100 mil vagas ao mês em setembro e outubro. Para completar o quadro, o investimento não-imobiliário disparou num ritmo de 14%, o mais alto desde o início de 2000. De repente, a economia parecia ter decolado.

A aceleração atual

Pode acontecer que, em retrospecto, o terceiro trimestre de 2003 tenha marcado o início de uma virada cíclica e durável para melhor. Mas, apesar dos números espetaculares das manchetes, não está claro que o avanço econômico dos Estados Unidos no terceiro trimestre tenha rompido de forma decisiva sua dependência das bolhas, do crédito e do consumo. Mais uma vez, os gastos pessoais do consumidor, que se expandiram numa taxa espetacular de 6,4%, incluindo um aumento colossal de 26,9% dos bens duráveis, estavam no centro da expansão. Juntamente com o crescimento dos investimentos residenciais, foram responsáveis por 75% do aumento total do PIB. O que impulsionou o consumo pessoal? Com certeza não foi a remuneração real por hora (excluindo os autônomos), que na verdade caiu 0,2% no trimestre na economia toda, com o resultado de que a remuneração real total anualizada dos três primeiros trimestres de 2003 chegou a cair um pouquinho em comparação com 2002. O que pôs dinheiro no bolso dos consumidores foi, acima de tudo, os enormes diferenciais embolsados pelas famílias com o financiamento hipotecário. Durante a primeira metade de 2003, chegaram a cerca de 7% do PIB e devem ter desempenhado papel fundamental na orgia de gastos do terceiro trimestre. É inquestionável que a redução tributária do governo Bush em 2003 também foi importante, deixando no bolso do contribuinte cerca de US$ 25 bilhões no terceiro trimestre – uma enorme massa anualizada de 100 bilhões de dólares. Enquanto a renda pessoal antes de descontados os impostos cresceu 1% no citado trimestre, depois do desconto a renda pessoal cresceu espantosos 7,2%[25].

---

[25] "Praticamente todo o novo consumo durante o [terceiro] trimestre foi financiado pela restituição tributária, pelo refinanciamento de hipotecas ou por empréstimos" (Peter Gosselin, "US

E o investimento, em última instância a variável decisiva? Por si só, o aumento de 14% já é impressionante e, considerado em conjunto com o crescimento de 7% do trimestre anterior, poderia trazer bons augúrios para o futuro. Mas boa parte desse aumento foi, quase com certeza, provocado pela lei fiscal de 2003, que permitiu às empresas antecipar a depreciação, mas só se o fizerem até o final de 2004. De qualquer modo, o investimento anualizado em capital fixo não-residencial no terceiro trimestre foi apenas 4,1% maior que em 2002 e, ainda assim, respectivamente, 1,8% e 6,9% mais baixo do que em 2001 e 2002. Isso ainda não é indício de um *boom* da acumulação de capital. O aumento considerável de três quartos do nível de emprego, vindo depois de três anos de declínio constante, foi, inquestionavelmente, o sinal mais promissor para a economia e talvez indique uma virada. Mas ainda não é grande o suficiente para alterar o número dos que entram no mercado de trabalho e, portanto, reduzir o desemprego; ou para provocar algum aumento significativo da remuneração real total e, assim, elevar a demanda. É claro que ainda há um longo caminho para transcender a pior recuperação cíclica do emprego no pós-guerra. Nos 23 meses que se seguiram ao fim oficial da recessão, em novembro de 2001, o emprego no setor privado perdeu mais 919 mil vagas, com quase todos os setores sofrendo grande redução. Se não fosse o ganho de 753 mil empregos nos serviços de educação e saúde, a perda de vagas no período de recuperação ostensiva teria sido bem maior que 1,5 milhão. No ponto análogo da "recuperação sem empregos" que se seguiu à trégua de março da recessão de 1990-91, ou seja, janeiro-fevereiro de 1993, a economia gerava 277 mil empregos por mês, mais que o dobro dos 125 mil mensais de setembro-outubro de 2003.

Um aumento sustentável da lucratividade?

A condição necessária, se não suficiente, para o aumento significativo e constante dos gastos em instalações, equipamento e novas contratações é, claro, o aumento dramático e prolongado da lucratividade – o fator crítico que faltou ao *boom* dos anos 1990. Na verdade, até agora a lucratividade elevou-se de forma bastante substancial desde seu ponto mais baixo, muito mais depressa que depois da recessão de 1990-91. A taxa de lucro das empresas não-financeiras nos três primeiros

---

economy expands at its fastest pace since 1984", *Los Angeles Times*, 31/10/2003). O fato de as despesas pessoais do consumidor caírem em setembro parece indicar que as famílias já gastaram a maior parte de suas devoluções. Em meados de novembro, a Wal-Mart deu um alerta sobre a força da recuperação dos gastos do consumidor norte-americano, dizendo que seus fregueses continuavam cautelosos, preferiam as mercadorias mais baratas e tinham pouco dinheiro para gastar (Neil Buckley, "Wal-Mart warns of cautious shoppers", *Financial Times*, 14/11/2003).

trimestres de 2003 chegou a um nível 21% acima do de 2001, ficando a apenas 10% do pico de 1997. Com isso, atingiu quase o nível médio de lucratividade de todo o ciclo econômico dos anos 1990. Esse é um avanço importante. No entanto, é preciso lembrar que a taxa média de lucro no ciclo da década de 1990 não subiu de forma palpável acima do nível das décadas de 1970 e 1980, ficando cerca de 20% abaixo do nível do *boom* do pós-guerra, e mostrou-se insuficiente para estimular uma interrupção decisiva da longa descida ladeira abaixo. Para que a economia mantenha uma nova expansão com aumentos duradouros dos investimentos e do nível de emprego, a elevação impressionante da lucratividade que começou em meados da década de 1980 mas que degringolou depois de meados da década de 1990 precisa, na verdade, partir de onde parou e subir ainda mais[26]. A dupla pergunta que se impõe, portanto, é se a recuperação atual da taxa de lucro, até agora dinâmica, pode continuar *e* constituir a base de aumentos constantes do investimento e do nível de emprego – dado que, até agora, apoiou-se em grande parte no aumento da exploração da força de trabalho norte-americana, a mais vulnerável do mundo capitalista avançado.

Com o crescimento da produção amortecido até há pouco tempo, o aumento da lucratividade deveu-se, sobretudo, à ampliação da distância entre o que os trabalhadores produzem por hora e o que recebem por hora. O crescimento mensurado da produção por hora foi bem impressionante – 5,4% em 2002, 4,35% na primeira metade de 2003 e 5% nos três primeiros trimestres de 2003 para a economia empresarial não-financeira, depois de 2,0% em 2001 –, enquanto o salário real por hora nos mesmos períodos só cresceu 1,9% e 0,9% respectivamente, após um ganho de 0,3% em 2001. Portanto, alguns analistas importantes já afirmam que o milagre do crescimento da produtividade – que, na prática, nunca se materializou em 1990, embora a produção por hora tenha se acelerado de forma palpável – está agora chegando aos Estados Unidos. Em conseqüência, mantidos inalterados todos os outros fatores, abre-se o caminho para o renascer da lucratividade.

Mas tal dedução é, no mínimo, prematura. Seu calcanhar-de-aquiles é óbvio: até agora, o aumento da produção por hora ocorreu diante de um *declínio* palpável do crescimento dos investimentos, ou seja, a adoção mais lenta de mais e melhores instalações, equipamentos e programas de computador. Entre 1995 e 2000, o capital social do setor empresarial não-financeiro cresceu 3,9% ao ano, mas só conseguiu produzir avanços técnicos suficientes para gerar ganhos de produção

---

[26] Um grande ponto de interrogação sobre o aumento mensurado do lucro é o grau em que leva em conta o comprometimento das empresas com as aposentadorias. No final de 2002, segundo Susan Schmidt Bies, diretora do Fed, 90% dos planos de benefícios definidos das empresas do índice S&P 500 estavam subfinanciados em espantosos US$ 200 bilhões; ver James Cooper e Kathleen Madigan, "A jobs recovery, yes. A hiring boom, no", *Business Week*, 20/10/2002.

por hora de apenas 2,6% ao ano. Dá para acreditar que, apesar de uma redução de mais de 50% da taxa de crescimento do capital social em 2001, 2002 e na primeira metade de 2003 – para 1,8% –, o avanço tecnológico produziu, de repente, ganhos de produtividade quase duas vezes maiores? A explicação alternativa óbvia e mais plausível é que os ganhos de produtividade registrados não representam um aumento da eficiência – ou seja, mais produção com o mesmo esforço da mão-de-obra –, mas, sim, mais esforço da mão-de-obra por hora, ou seja, aceleração e intensificação do trabalho. Esse processo não só gera lucros mais elevados como, também, de forma bastante significativa, maiores taxas de lucro, já que o lucro adicional é extraído sem necessidade de acrescentar capital. Com efeito, em 2002 e na primeira metade de 2003, o capital social das empresas não-financeiras (em termos nominais) mal aumentou, significando que praticamente todo o ganho de lucratividade desse período foi obtido sem custos em termos das instalações e do equipamento já existentes.

Empregos e investimento

O que parece ter acontecido foi que, para cortar custos, as empresas reduziram de forma acentuada as vagas – 2,1% entre 2000 e a primeira metade de 2003 no setor empresarial não-financeiro –, livrando-se da mão-de-obra menos produtiva e, assim, elevando a produtividade média daqueles que ficaram. Na esteira desse corte de vagas, os empregadores conseguiram o restante dos aumentos registrados da produção por hora, obrigando os trabalhadores remanescentes a intensificar o trabalho. Parece sintomático que o maior ganho de produtividade setorial em 2002, de 6,4%, tenha sido registrado no setor industrial, no qual, na verdade, a produção caiu 1,1% e a redução da força de trabalho foi mais extremada: um declínio de 7% do emprego, medido em horas. Como conclui sem rodeios a *Business Week*, "depois de várias largadas furadas, muitos líderes empresariais continuam cautelosos, principalmente na hora de contratar. Até agora, as empresas conseguiram atender às encomendas de seus produtos fazendo os empregados trabalharem mais"[27].

---

[27] "Business turns on the tap", *Business Week*, 17/11/2003. Em resposta a essa explicação baseada no bom senso, argumenta-se que os ganhos de produtividade foram até então reprimidos pela incapacidade de utilizar adequadamente o equipamento avançado; mas agora o "aprender fazendo" começou a dar frutos e é possível esperar ganhos constantes que não poderiam ser garantidos apenas com a aplicação de grandes volumes de capital novo (Robert Gordon, "America wins the prize with a supermarket sweep", *Financial Times*, 20/8/2003). Mas parece difícil acreditar nisso. Seria de esperar que o aprender fazendo acontecesse aos poucos e continuamente. Por que avanços desse tipo foram retardados durante quase uma década e depois ocorreram de repente e em grandes saltos? Como essa melhora tecnológica descontínua envolveu parte

Ainda assim, até que ponto as empresas podem continuar aumentando seu lucro extraindo ainda mais trabalho por hora, ou por dia, de seus empregados é uma boa pergunta. E quando as empresas tiverem de começar a pagar pelo ganho de produtividade e, portanto, pelo lucro – aumentando seu capital fixo (instalações, equipamento e programas de computador) em vez de garanti-los sem custo a partir da intensificação do trabalho –, ficará mais difícil conseguir aumentos da taxa de lucro. Do mesmo modo, mais demissões, mais aceleração do trabalho e aumentos salariais mais espaçados só vão ampliar a redução da demanda agregada que vem pressionando para baixo a economia norte-americana, desencorajando os investimentos. Nos 22 meses que se seguiram ao final formal das seis recessões anteriores, o emprego subiu, em média, 5%, e a remuneração total, 9%. Mas, no mesmo período, depois do ponto mínimo de novembro de 2001 na última recessão, as folhas de pagamento não-agrícola contraíram-se cerca de 1%, deixando inalterada a remuneração total privada não-agrícola.

A demanda estagnada vem sendo reproduzida não só pela eliminação de vagas e pela relutância em investir, mas também pelo ritmo débil da criação de novos empregos. No decorrer de 2002, a perda de vagas reduziu-se de forma palpável. Mas o mesmo aconteceu com a velocidade da criação de novos empregos. Na verdade, o número de empregos criados em 2002 foi ainda menor que no ano recessivo de 2001, chegando ao nível mais baixo desde 1995[28]. Nas recessões anteriores do pós-guerra, sempre provocadas pela contração da demanda quando o Federal Reserve aumentava os juros, as empresas tendiam a manter vínculos relativamente constantes com os ex-empregados, na expectativa de que a demanda se reanimasse quando o Fed afrouxasse as rédeas. As demissões, portanto, tendiam a ser "cíclicas", com a criação rápida de vagas depois do ponto mais baixo de uma recessão, gerando demanda para um aumento maior do nível de emprego. Nos seis últimos ciclos econômicos, na subida cíclica que se seguiu ao ponto mais baixo da recessão, uma média de 50% da reanimação do emprego aconteceu nos mesmos setores em que caíra durante a fase cíclica de queda. Na conjuntura atual, vem acontecendo um forte afastamento desse padrão. Os setores que perderam vagas durante a recessão continuaram a perdê-las na recuperação, enquanto, do outro lado da moeda, um total de 70% dos novos empregos têm sido "estruturais", ocorrendo em setores diferentes daqueles em que houve

---

suficiente da economia para produzir ganhos tão imensos e instantâneos do aumento geral de produtividade?

[28] David Leonhardt, "Slowing stream of new jobs helps to explain slump", *New York Times*, 1/10/2003. Infelizmente, os dados sobre o aumento bruto do nível de emprego e a eliminação bruta de vagas, em contraposição à criação líquida de empregos, só estão disponíveis para o período mais recente.

demissões. É claro que é muito mais arriscado criar empregos inteiramente novos do que renovar os antigos[29].

É óbvio que tal padrão é exatamente o que seria de esperar numa desaceleração como essa, resultante de um acúmulo a longo prazo da capacidade ociosa da indústria em todo o sistema, agravado pelo efeito-riqueza da bolha do preço dos ativos de 1995 a 2000. Criaram-se empregos, ainda mais no decorrer da década de 1990, sem esperança de mantê-los com o crescimento da demanda, exceto a curtíssimo prazo. O setor de alta tecnologia, sozinho, que soma apenas 8% do PIB, respondeu por um terço do aumento total do PIB durante a segunda metade da década de 1990. Acontece que grande parte dessa produção foi supérflua, invendável com lucro, e a conseqüência foi que, em 2002 e 2003, perderam-se 750 mil vagas, ou 12% do total de empregos do final de 2001. Muitos desses postos de trabalho jamais serão recriados, e, dos que ressurgirem, um número significativo será no exterior, em conseqüência da terceirização. Não só as plataformas industriais de mão-de-obra barata vêm se expandindo como fogo em palha, principalmente na China, graças à informatização e ao aprimoramento das comunicações, como também os empregos de colarinho-branco e do setor de serviços também se deslocam cada vez mais, sobretudo para a Índia. Em conseqüência, terá de ser criado nos Estados Unidos um conjunto de empregos inteiramente novos[30]. Mas onde surgirá a demanda para eles, dado que a criação de empregos é, por si só, um aspecto tão básico da geração de demanda? Parece que a economia enfrenta um grave problema de coordenação, já que os setores da Nova Economia, que se esperava que tomassem a iniciativa, mostraram-se bem incapazes disso.

O enorme estímulo do Fed pode, na verdade, ter exacerbado o problema ao frear a eliminação das empresas de custo alto e lucro baixo mediante falências e fusões. No terceiro trimestre de 2003, depois de quase três anos de desaceleração, a utilização da capacidade instalada da indústria foi de 72,9% (com os setores de alta tecnologia bem abaixo disso). Em realidade, foi menor que em todos os trimestres de 2001 e 2002 e, de fato, mais baixo do que qualquer outro trimestre do período do pós-guerra, com exceção de 1982-83 e 1975. É óbvio que isso reduz a motivação de investir em novas instalações, equipamento e programas de computador, ou mesmo de acrescentar novos empregados.

---

[29] Erica Groshen e Simon Potter, "Has structural change contributed to a jobless recovery?", em Federal Reserve Bank de Nova York, *Current Issues in Economics and Finance*, v. 9, n. 8, agosto de 2003.

[30] Scott Morrison, "750,000 US high-tech jobs lost in two years", *Financial Times*, 19/11/2003. Os dados sobre o número de empregados nos setores de alta tecnologia no final de 2000 não estavam disponíveis.

CONCLUSÃO

Durante os seis primeiros meses de 2003, a economia cambaleou. Com o Fed parecendo prometer que seguraria o custo do crédito, os juros de longo prazo despencaram até quase o nível mínimo do pós-guerra, e os investidores, em busca de melhor rendimento, correram para o mercado de obrigações. Mas quando, quase sem tomar fôlego depois de uma campanha intensa para impedir a queda de preços, o Fed anunciou de repente sua crença de que o resultado da economia melhorava, o mercado de títulos, até então extremamente comprador, deu uma guinada de 180 graus e as taxas de longo prazo dispararam com rapidez que não era vista havia muitos anos. No verão, o preço das obrigações se estabilizou. Mas ficou o temor de que isso fosse apenas o começo – de que os juros não só se corrigissem como continuassem subindo quando o crescimento mais rápido trouxesse preços mais altos e maior necessidade de crédito. Caso isso acontecesse, seria um risco grave para o preço das ações e para as hipotecas, ameaçando anular a recuperação.

Num desafio ao prognóstico sombrio do mercado de obrigações, o de ações subiu sem cessar durante a maior parte de 2003. Entre seu ponto mais baixo de fevereiro-março de 2003 e outubro do mesmo ano, o índice S&P 500 registrou um aumento notável de 33%, ajudando bastante a aumentar a confiança. Mas, ao fazê-lo, a relação preço-rendimento subiu acima de 35:1, bem perto do nível mais alto da última bolha dos anos 1990. Pode o mercado subir ainda mais? Os principais executivos andaram tendo lá suas dúvidas. No final de 2003, a relação entre venda e compra de ações por pessoal das empresas chegou ao recorde absoluto de 6:1[31]. Embora o mercado de ações pareça ter incorporado o aumento recente do lucro empresarial e mais um pouco, novos aumentos do ganho das empresas poderiam empurrar mais para cima o valor das ações – mas, ao mesmo tempo, parece que estas ficaram cada vez mais vulneráveis aos choques, em especial ao aumento dos juros ou à queda do dólar, levando a uma correção.

É claro que o boom do refinanciamento das hipotecas foi impulsionado por uma queda imensa dos juros e um aumento sem precedentes do valor dos imóveis. Parece, porém, que esses dois processos se inverteram. Junto com outros juros de longo prazo, os das hipotecas dispararam em resposta à gafe do Fed de junho de 2003 e vêm subindo lentamente desde então. No segundo trimestre de 2003 (último período para o qual temos dados), o preço dos imóveis residenciais subiu apenas 0,78 – a taxa mais baixa de valorização trimestral desde 1996. Em setembro e outubro, a atividade de refinanciamento caiu de forma palpável.

---

[31] Steve Galbraith e Mary Viviano, "The missing piece", *Morgan Stanley US and the Americas Investment Research*, 3/11/2003.

Segundo a Mortgage Bankers Association, pode-se esperar uma queda dos empréstimos hipotecários nos Estados Unidos de US$ 3,3 trilhões em 2003 para US$ 1,4 trilhão em 2004, enquanto os juros sobem de 5,8% para 6,2% (em 7%, estarão equilibrados). Se isso acontecer, é óbvio que o excedente obtido com as hipotecas despencará, enfraquecendo o que foi provavelmente, até agora, a principal base do crescimento do consumo e do PIB. O impacto sobre o setor financeiro – que, nos três últimos anos, dependeu tanto do mercado imobiliário para seus lucros – também será grande.

Durante os três primeiros trimestres de 2003, o déficit norte-americano de transações correntes continuou a bater novos recordes, e espera-se que chegue a US$ 550 bilhões no ano todo. Isso significa 13% acima do pico anterior ocorrido em 2002, que já quebrara o antigo recorde de 2000. O déficit continuará a subir, incontido, enquanto o dólar estiver sobrevalorizado e a economia mundial continuar dependendo dos estímulos macroeconômicos oriundos dos Estados Unidos. Em setembro, a balança comercial norte-americana, mesmo no setor de bens tecnológicos avançados, no qual se supõe que os Estados Unidos brilhem, atingiu o recorde de US$ 3,9 bilhões no vermelho. É claro que a conseqüência é que o volume de financiamento estrangeiro necessário para cobrir esse déficit também chegou a um nível sem precedentes. Hoje os Estados Unidos têm de vender ao resto do mundo US$ 1,5 bilhão em títulos por dia para cobrir o buraco. Essa quantia é o dobro da que era necessária em 1999, embora nesse meio-tempo, com a desaceleração econômica e o colapso do mercado acionário, os títulos norte-americanos tenham ficado bem menos desejáveis. Na verdade, desde o segundo trimestre de 2003, a entrada líqüida mensal de capital nos Estados Unidos caiu de modo acentuado – de US$ 110,4 bilhões em maio para US$ 90,6 bilhões em junho, US$ 73,4 bilhões em julho, US$ 49,9 bilhões em agosto e escassos US$ 4,2 bilhões em setembro de 2003 –, intensificando cada vez mais a pressão sobre a moeda. No último trimestre, depois de uma breve recuperação provocada pelo aumento do valor das ativos e pela aceleração da economia, o dólar começou a cair, primeiro em relação ao iene e, depois, ao euro[32].

O destino do dólar

Enquanto isso, o governo Bush, em resposta à gritaria dos estados industriais que perdiam empregos num ritmo devastador e como preparação para as eleições de 2004, começou a pressionar a China – alvo fácil, em razão do seu superávit comercial mastodôntico com os Estados Unidos – para que permitisse ao iuane

---

[32] Chavez, "Weak capital influx seen choking dolar rally"; Alan Beattie, "Greenback's fall may prove mixed blessing at home and abroad", *Financial Times*, 8/10/2003.

subir em relação ao dólar. Na reunião do G7 em setembro, em Dubai, Washington ampliou sua campanha, buscando forçar a queda generalizada do dólar. Em novembro, depois de impor tarifas à importação de aço contra as regras da OMC, estabeleceu cotas de importação de certos itens de vestuário da China. É claro que a meta é transferir parte do fardo da capacidade ociosa da indústria internacional para seus principais parceiros e rivais, de modo a apressar a recuperação do nível de emprego e investimento nos Estados Unidos.

Mas é difícil ver o que essas ações podem realmente conseguir. Não é provável que a revalorização do iuane e o aumento das tarifas faça muito pelo déficit comercial ou pelo nível de emprego norte-americano. O crescimento das importações da China reflete a redução correspondente das importações das mesmas mercadorias de outros países baratos do leste da Ásia – na verdade, a participação global da Ásia no mercado norte-americano vem declinando um pouco. Do mesmo modo, as importações fabricadas com mão-de-obra barata na República Popular da China constituem apenas uma pequena parcela das mercadorias produzidas pelas indústrias norte-americanas que sofreram as maiores perdas de empregos – computadores e equipamento eletrônico, máquinas, produtos metálicos industrializados e vestimentas. Além disso, a disparidade salarial entre a China e os Estados Unidos é tão grande que nem uma valorização de 30% do iuane conseguiria ajudar de modo significativo os produtores norte-americanos. Ao mesmo tempo, os varejistas dos Estados Unidos recebem tamanhos descontos nas importações da China, que se admite que US$ 1 trilhão de capitalização no mercado de ações correria risco sem elas. O nível salarial é bem mais próximo no Japão, e a valorização do iene a princípio ajudaria a exportação norte-americana. Mas como, provavelmente, também prejudicaria o incipiente renascer econômico japonês, que depende muito das exportações, não valeria a pena[33].

A campanha do governo Bush acelerou um processo já em andamento de queda do dólar. Embora o mercado acionário dos Estados Unidos tenha vivido uma alta saudável em termos de dólares, seu desempenho em euros foi muito mais fraco e, em ienes, ainda pior. Assim, o enfraquecimento da demanda estrangeira de ações vem forçando cada vez mais a queda do dólar. O declínio constante, embora lento, do preço das obrigações dos Estados Unidos milita na mesma direção. Contra esse pano de fundo, o impulso cada vez mais protecionista do governo foi interpretado como sinal de sua determinação crescente de forçar o dólar – cujo câmbio agora caiu acentuadamente – a baixar. Em novembro, o euro atingiu uma posição nunca vista em relação ao dólar, e o iene chegou a seu nível mais alto em três anos.

---

[33] Carolyn Baum, "Bush gets double 'D' in handling China bra flap", Bloomberg.com, 20/11/2003; "Currency wars", *Financial Times*, 8/7/2003.

Mas talvez o maior desestabilizador seja o fato de que tanto o Japão quanto a China parecem ter começado a reduzir suas costumeiras compras de títulos do Tesouro dos Estados Unidos, deixando potencialmente a descoberto parte cada vez maior do déficit norte-americano de transações correntes. O Japão dá mostras de que acedeu aos desejos dos Estados Unidos e, embora ainda entre até certo ponto no mercado de moedas, não o fez em volume suficiente para impedir um aumento de 9% do iene entre agosto e novembro. No caso da China, a pressão norte-americana para a valorização coincidiu com a ansiedade crescente do próprio governo chinês com o superaquecimento econômico e os passos iniciais para controlá-lo. Em 2003, o crescimento do PIB chinês parece ter avançado bem além dos esperados 9%; a produção industrial, acima de 16%, e o investimento em patrimônio fixo, além de 30%. Em resposta, o governo chinês exigiu a redução das compras de novas instalações e equipamentos em todo o setor industrial e determinou que os bancos aumentassem suas reservas, para tornar mais difícil o crédito. Como a compra de dólares teve papel importante ao forçar o aumento da oferta de moeda na República Popular da China para mais de 20% ao ano, é provável que Beijing tenha de cortá-la, caso leve a sério o controle da bolha da propriedade nas grandes cidades e o aumento da capacidade ociosa que atinge tantas indústrias chinesas. Como outros investidores, Beijing também pode estar preocupada com as perdas que sofrerá com os títulos do Tesouro caso os juros dos Estados Unidos continuem a subir e o preço das obrigações a cair; o ganho potencial que prevê ao não investir em títulos de maior remuneração; e as perdas mais elevadas de moeda que terá de suportar quanto mais postergar a valorização. A pressão política dos Estados Unidos pode, assim, tornar mais fácil para a China dar o passo pelo qual já se decidiu[34].

Taxas de juros

Ainda assim, derrubar a moeda traz grandes riscos para Washington. O dólar alto, em geral, e, em particular, a compra pelo leste da Ásia de títulos em dólares foram indispensáveis para a recuperação dos Estados Unidos do modo como se procedeu, permitindo uma política monetária norte-americana hiperexpansionista sem pressão de alta sobre os juros nem sobre os preços. Caso o dólar continue a cair, o valor dos ativos e das obrigações dos Estados Unidos sofrerá uma pressão direta e a inflação subirá. Mas, se o nível de preços se elevar, também subirá o custo do crédito, ameaçando os juros baixos, que têm sido o

---

[34] Jenny Wiggins, "Asian investors may drop treasury bonds", *Financial Times*, 8/7/2003; Daniel Bogler, "Asia backs out of the greenback", *Financial Times*, 23/11/2003 (obrigado a Nick Beams por esta referência).

alicerce mais importante da virada cíclica. Qualquer aumento significativo dos juros daria fim à enorme onda de empréstimos hipotecários que impulsionou o consumo. Também tornaria mais difícil para o governo financiar seu déficit orçamentário imenso e crescente sem elevar os juros e, assim, sem atrapalhar a recuperação, aumentando, ao mesmo tempo, a pressão de queda sobre o valor das ações. Na verdade, dado que o resto do mundo possui um total de US$ 7,61 trilhões em títulos norte-americanos – 40% do débito comercializável do governo dos Estados Unidos, 26% das obrigações das empresas norte-americanas e 13% dos ativos –, um declínio significativo do dólar tem o potencial de deflagrar uma corrida para livrar-se deles, provocando uma violenta espiral descendente do preço da moeda e dos títulos. Em outras palavras, se o governo Bush conseguir o que quer, talvez se arrependa de ter tentado.

Parece que agora o crédito e as bolhas que estiveram por trás da recuperação cíclica dos Estados Unidos vêm diminuindo, impondo uma pressão de queda sobre os gastos do consumidor e aumentando a vulnerabilidade do preço dos ativos aos choques. Se, no entanto, o preço das ações for freado, os recursos hipotecários cortados e o dólar escorregar ainda mais, terá de haver um crescimento mais rápido dos investimentos e do nível de emprego, e quanto mais cedo melhor, para impedir outra desaceleração ou coisa pior. Em teoria, o aumento acentuado da lucratividade norte-americana deveria representar uma base forte para o surto de gastos empresariais, e o recente crescimento mais rápido do PIB deveria elevar mais ainda os rendimentos. Mas, na verdade, mesmo neste momento, as despesas empresariais deixaram de materializar-se em volume significativo. Pode-se esperar, provavelmente, o crescimento mais rápido dos investimentos e do nível de emprego a curto prazo, com o costumeiro efeito multiplicador, ainda mais diante do enorme estímulo que se deve ampliar este ano. Mesmo assim, a sustentabilidade do aumento do dinamismo é questionável, sobretudo dada a herança da virada pós-2001. Uma expansão mais rápida não aumentará o custo do crédito numa época em que as famílias, o governo, as empresas e o próprio setor financeiro estão todos imensamente onerados? Não provocará também o inchamento do déficit de transações correntes num momento em que o dólar já está caindo? Pode a economia avançar com a expansão dos setores de serviços e financeiro que atendem ao consumo quando os setores fundamentais produtores de bens continuam sobrecarregados pela capacidade ociosa e pela reduzida lucratividade, quando os produtores estrangeiros ocupam parte cada vez maior do mercado norte-americano de bens, quando a exportação fica ainda mais para trás da importação sem esperanças de fechar a lacuna com o câmbio atual e quando os Estados Unidos dependem da generosidade dos governos do leste da Ásia para honrar suas obrigações internacionais? A economia dos Estados Unidos está em território desconhecido. Sua capacidade de encontrar o caminho continua uma incógnita.

UMA NOTA SOBRE AS FONTES

(1) *Despesas pessoais de consumo, investimento não-residencial (estruturas, equipamento, software), exportação e importação de bens e serviços, despesas de consumo do governo, renda pessoal, renda pessoal disponível, total salarial, contribuições para o crescimento do PIB*: National Income and Product Accounts (NIPA), *website* do Bureau of Economic Analysis (BEA).

(2) *Valor bruto agregado, remuneração, autônomos, por setor*: US Gross Product Originating by Industry (GPO), *website* do BEA.

(3) *Capital social líquido, depreciação, investimento (corrente e constante) por setor*: Fixed Asset Tables, *website* do BEA.

(4) *Lucro das empresas*: Quadros 1.6 e 6.16 do NIPA, *website* do BEA.

(5) *Emprego e salário (nominal), por setor*: Emprego e remuneração nacional, Dados históricos do Quadro B, *website* do Bureau of Labour Statistics (BLS).

(6) *Crédito e dívida em aberto do governo, das famílias, das empresas não-financeiras*: Fluxo de Fundos, *website* do Federal Reserve Board (FRB).

(7) *Compra e venda e posse de ativos de empresas não-financeiras, famílias, resto do mundo*: Fluxo de Fundos, *website* do FRB.

(8) *Capital social líquido empresarial não-financeiro (corrente)*: Fluxo de Fundos, Quadro B102, *website* do FRB.

(9) *Produção industrial e utilização da capacidade instalada*: Quadro G17, *website* do FRB.

(10) *Empresas não-financeiras, industriais, não-agrícolas, valor agregado total da economia (nominal e real), produção por hora, remuneração total, remuneração por hora (nominal e real), horas trabalhadas*: Índices Analíticos do Setor para empresas não-financeiras industriais e comerciais, economia total, Bureau of Labour Statistics (cópias impressas disponíveis no BLS).

(11) *Juros, preço de ativos, índice preço-redimento*: Relatório Econômico do Presidente, Washington, DC, 2003.

(12) *Exportação, importação e balança comercial industrial*: Quadro 3, Dados Agregados do Comércio Exterior dos Estados Unidos, *website* da International Trade Administration (ITA).

(13) *Deflator dos preços ao consumidor (CPI-U-RS)*: Índices de Preço ao Consumidor, *website* do BLS.

FREDRIC JAMESON

A POLÍTICA DA UTOPIA

A utopia parece ser a demonstração de um daqueles raros fenômenos cujo conceito é indistinguível de sua realidade, cuja ontologia coincide com sua representação. Essa entidade peculiar ainda tem função social? Se não a tiver mais, talvez a explicação esteja naquela extraordinária dissociação histórica em dois mundos distintos que caracteriza a globalização de hoje. Num desses mundos, a desintegração do social é tão absoluta – miséria, pobreza, desemprego, fome, corrupção, violência e morte – que os elaboradíssimos esquemas sociais dos pensadores utópicos tornam-se tão frívolos quanto irrelevantes. No outro, a riqueza sem paralelo, a produção computadorizada, as descobertas médicas e científicas inimagináveis há um século, além de uma variedade interminável de prazeres comerciais e culturais, parecem ter tornado a fantasia e a especulação utópicas tão tediosas e antiquadas quanto as narrativas pré-tecnológicas de vôos espaciais.

Somente a palavra sobrevive a essa obsolescência por atacado, como marco simbólico cujas disputas essencialmente políticas a seu respeito ainda nos ajudam a distinguir esquerda e direita. Assim, "utópico" veio a ser, na esquerda, um codinome para socialismo ou comunismo, enquanto, na direita, tornou-se sinônimo de "totalitarismo" ou, com efeito, de stalinismo. Os dois usos parecem sobrepor-se e significam que uma política que queira mudar radicalmente o sistema será designada como utópica – com a nuança direitista de que o sistema (hoje compreendido como livre mercado) faz parte da natureza humana; que qualquer tentativa de mudá-lo será acompanhada de violência; e que o esforço para manter as mudanças (contra a natureza humana) exigirá a ditadura. Assim, aqui estão em jogo duas questões prático-políticas: de um lado, a crítica esquerdista do reformismo socialdemocrata dentro do sistema; do outro, o fundamentalismo do livre mercado. Mas por que não discutir simplesmente essas questões de forma direta e aberta, sem recorrer a essa terceira questão aparentemente literária da utopia?

Na verdade, pode-se virar a pergunta do avesso e dizer que somos perfeitamente livres para discutir a utopia como questão histórica e textual ou genérica, mas não para complicá-la com a política. (De qualquer modo, a palavra já não foi usada por alguns dos mais importantes personagens políticos de todos os lados como calúnia insultuosa contra seus inimigos?)

Mas o declínio da idéia utópica é um sintoma histórico e político fundamental que, por si só, merece um diagnóstico – para não dizer alguma nova terapia mais eficaz. De um lado, esse enfraquecimento do senso histórico e da imaginação da diferença histórica que caracteriza a pós-modernidade está paradoxalmente entrelaçado com a perda daquele lugar além de toda história (ou depois do seu final) que chamamos de utopia. De outro, hoje é bastante difícil imaginar algum programa político radical sem o conceito de alteridade sistêmica, de uma sociedade alternativa, que apenas a idéia de utopia parece manter vivo, ainda que de modo débil. É claro que isso não significa que, ainda que consigamos reviver a própria utopia, os contornos de uma política prática nova e eficaz para a época da globalização vão se tornar visíveis de imediato; mas apenas que jamais chegaremos a ela sem isso.

BANIR O MAL

Então, vamos recomeçar com as próprias utopias textuais. Aqui encontramos duas possibilidades alternativas de análise que podem ser chamadas, respectivamente, de causal e institucional, ou até, talvez, de diacrônica e sincrônica. A primeira delas tem a ver com o mundo utópico como tal, ou melhor, e mais exatamente, com a maneira como esta ou aquela "raiz de todo mal" foi eliminada daquele mundo. Em Thomas Morus, por exemplo, o que todos os leitores sabidamente destacam – como também em Platão – é a abolição da propriedade privada. Supõe-se que isso faça de Morus e Platão precursores do comunismo. Mas um exame mais atento e a investigação da teoria da natureza humana que está por trás desses dois ataques à instituição da propriedade privada revelam uma posição bem diferente: que a raiz de todo mal encontra-se no ouro ou no dinheiro e que é a ganância (como mal psicológico) que precisa ser reprimida por leis e sistemas utópicos adequados para se chegar a uma forma de vida melhor e mais humana. A questão da hierarquia e do igualitarismo, nessa interpretação, é precedida, em Morus, pela questão mais fundamental do dinheiro. Esse tipo de utopismo teve descendência longa e ilustre, desde Proudhon e Henry George e daí para o Major Douglas e o famoso "stamp script" tão caro a Ezra Pound; mas esses nomes já indicam que talvez não seja inteiramente correto ler a condenação do dinheiro como ancestral direta do comunismo.

Morus pretendia eliminar as relações individuais de propriedade; a crítica da propriedade de Marx visava a eliminar a posse legal e individual dos meios de produção coletivos, e esse tipo de eliminação da propriedade privada deveria levar a uma situação em que as classes como tais desapareceriam, não apenas as hierarquias sociais e as injustiças individuais. Gostaria de ir além disso e afirmar que o fundamental em Marx é que seu ponto de vista não inclui o conceito de natureza humana; não é essencialista nem psicológico; não postula impulsos, paixões ou pecados fundamentais como a aquisitividade, a ânsia de poder, a ganância ou o orgulho. O diagnóstico de Marx é estrutural e perfeitamente coerente com as convicções existenciais, construtivistas ou antifundamentalistas e pós-modernas contemporâneas que excluem pressupostos sobre alguma natureza ou essência humana preexistente. Se não há apenas uma natureza humana, e sim toda uma série delas, é porque a dita natureza humana é histórica: cada sociedade constrói a sua. E, parafraseando Brecht, como a natureza humana é histórica e não natural, produzida por seres humanos em vez de inscrita de forma inata nos genes ou no DNA, conclui-se que os seres humanos podem mudá-la; que não é um fado ou um destino, mas sim o resultado da práxis humana.

Assim, o anti-humanismo de Marx (para dar outro nome à sua posição) ou seu estruturalismo ou até seu construtivismo significam um grande avanço em relação a Morus. Mas, assim que compreendemos o utopismo dessa forma, vemos que há várias maneiras diferentes de reinventar a utopia – pelo menos nesse primeiro sentido de eliminação desta ou daquela "raiz de todo mal", vista agora como questão estrutural em vez de psicológica. Essas várias possibilidades também podem ser mensuradas de maneira prático-política. Por exemplo, se me pergunto qual seria hoje a exigência mais radical a ser feita em nosso próprio sistema – aquela exigência que não poderia ser cumprida nem satisfeita sem transformar o sistema nalguma coisa irreconhecível e que anunciaria de imediato uma sociedade estruturalmente distinta desta aqui em todos os aspectos concebíveis, do psicológico ao sociológico, do cultural ao político –, seria a exigência de pleno emprego, pleno emprego universal em todo o planeta. Como os apologistas econômicos do sistema hoje têm nos ensinado incansavelmente, o capitalismo não pode prosperar com pleno emprego; ele exige um exército de reserva de desempregados para funcionar e evitar a inflação. Esse primeiro estorvo do pleno emprego seria então somado à universalidade da exigência, já que o capitalismo também precisa de uma fronteira e uma expansão perpétua para manter sua dinâmica interna. Mas nesse ponto o utopismo da exigência torna-se circular, já que também está claro não só que a criação do pleno emprego transformaria o sistema, como, igualmente, que o sistema já teria de estar antecipadamente transformado para que se pudesse criar o pleno emprego. Eu não chamaria isso de círculo vicioso, mas diria que com certeza revela o espaço do salto utópico, a lacuna entre o nosso presente empírico e o sistema utópico desse futuro imaginário.

Mas um futuro assim, imaginário ou não, também volta ao nosso presente para desempenhar um papel diagnóstico e crítico-essencial. Apresentar assim o pleno emprego como a exigência utópica fundamental nos permite, de fato, voltar às circunstâncias e situações concretas, interpretar seus pontos obscuros e suas dimensões patológicas como outros tantos sintomas e efeitos dessa raiz específica de todo mal identificada como desemprego. Crime, guerra, cultura de massa degradada, drogas, violência, tédio, ânsia de poder, ânsia de distração, ânsia de nirvana, sexismo, racismo – tudo isso pode ser diagnosticado também como resultados de uma sociedade incapaz de abrigar a produtividade de todos os seus cidadãos. Nesse ponto, então, a circularidade utópica torna-se tanto visão quanto programa político e instrumento de crítica e diagnóstico.

Desenvolvi essa sugestão – que, sabidamente, já está presente em Morus[1] e na qual também creio; embora ainda tenhamos de decidir o que significa o termo "crença" quando falamos de utopias – para distingui-la daquela segunda concepção bem diferente de utopia para a qual me volto agora; e então retorno (como parece sempre necessário) a Thomas Morus. Suponhamos que se dissesse que o verdadeiramente utópico no texto de Morus nada tem a ver com suas idéias sobre dinheiro e natureza humana, mas tudo a ver com sua descrição do sistema utópico e sua vida cotidiana: a forma como a coisa funciona politicamente – a divisão da ilha em 54 cidades, a organização em grupos de trinta famílias, os sifograntes, os filarcas, o senado, os traníboras, o príncipe eleito, o funcionamento dos lares (e o preparo das refeições), o casamento, os escravos, os deveres agrícolas, as leis etc. Se é esse nosso foco e nosso interesse, acredito que devemos, em primeiro lugar, observar que isso envolve uma transformação completa do ponto de vista anterior sobre a utopia. Aventuro-me a sugerir que a nossa atenção na primeira versão da utopia, a da "raiz de todo mal", era essencialmente existencial; como indivíduos, mantemos uma relação com o dinheiro e a ganância, com a propriedade, e somos levados portanto a imaginar como a vida seria sem essas coisas. Tal ponto de vista, creio, mantém-se até no meu próprio exemplo; afinal, estamos, na maioria, empregados, mas conhecemos o medo do desemprego e da falta de renda, e não ignoramos o sofrimento psíquico envolvido no desemprego crônico, a desmoralização, os efeitos mórbidos do tédio, o desperdício da energia vital e a ausência de produtividade – ainda que tendamos a perceber essas coisas de um modo burguês e introspectivo.

---

[1] Deve-se notar que, em Morus, o cristianismo e a tradição monástica desviam o conceito de trabalho para o dever, em vez de, como aqui, para a atividade e a produtividade. Em *Utopia*, na verdade, o epicurismo declarado do texto humanista ("todas as nossas ações, e até as próprias virtudes nelas exercidas, esperam finalmente o prazer como seu fim e satisfação") parece brotar mais da aversão ao ascetismo cristão (que, no entanto, Morus *também* praticava) do que de alguma fonte categórica de busca do prazer. Ver Thomas More, *Complete works* (New Haven, 1965), v. IV, p. 167.

PARAÍSO ANÔNIMO

Mas, quando nos voltamos para os esquemas e arranjos políticos utópicos que mencionei, o ponto de vista é totalmente anônimo. Os cidadãos da utopia são vistos como uma população estatística; não há mais indivíduos e muito menos alguma "experiência de vida" existencial. Quando Morus nos diz que os utopianos são "tranqüilos, bem-humorados, engenhosos e amantes do lazer", ou que, repetindo Aristóteles, "agarram-se acima de tudo aos prazeres mentais, que valorizam como os maiores e principais de todos os prazeres", isso simplesmente aumenta a impressão estatística, em vez de individualizá-la[2]. A descrição toda é feita à moda de um tipo de alteridade antropológica, que nunca nos leva, nem por um minuto, a tentar nos imaginar em seu lugar, a idear o indivíduo utópico com densidade existencial concreta, ainda que já conheçamos os detalhes de sua vida cotidiana (hoje em dia a noção de cotidiano superou mais ou menos a da vida privada). Pode-se objetar que, quando abordamos utopias como a de William Morris (*Notícias de lugar nenhum*), essa despersonalização não se estabelece mais; mas talvez seus personagens formulistas estejam, como vitorianos, apenas um pouco mais próximos de nós no tempo[3]. Ainda assim, é uma objeção importante, já que quero argumentar que esse efeito de anonimidade e despersonalização é parte muito fundamental do que é a utopia e de como ela funciona. O tédio ou a aridez atribuídos ao texto utópico, a começar com Morus, não é, assim, um defeito literário nem uma objeção grave, mas uma força bastante básica do processo utópico em geral. Reforça o que hoje chamamos, às vezes, de democratização ou igualitarismo, mas que prefiro chamar plebeização: a nossa des-subjetivação no processo político utópico, a perda dos privilégios psíquicos e da propriedade privada espiritual, a redução de todos nós àquela lacuna ou falta psíquica de que todos consistimos como sujeitos, mas que, à custa de bastante energia, tentamos esconder de nós mesmos.

Vamos voltar à distinção que eu vinha fazendo entre os dois pontos de vista utópicos, o da raiz de todo mal e o dos sistemas políticos e sociais. Provavelmente deveríamos vê-los de maneiras diferentes: como realização dos desejos e como construção. As duas abordagens envolvem claramente o prazer; quase por definição, a realização dos desejos tem algo a ver com prazer, ainda que envolva um longo desvio e a mediação múltipla por meio de substitutos. Assim, Ernst Bloch nos ensinou há muito tempo que os anúncios de remédios patenteados e vendidos

---

[2] More, *Complete works*, cit., v. IV, p. 179, 175.

[3] Suspeito, entretanto, de que a despersonalização nessas utopias modernas seja garantida pela mortalidade e pela falta de sentido da sucessão biológica de gerações numa sociedade que não conhece mais nem o significado de História nem a metafísica da religião.

sem receita médica exploram o núcleo teimoso do desejo de vida eterna e de transfiguração do corpo. Esses desejos ficam ainda mais óbvios quando abordamos as várias utopias nas quais os antigos sonhos camponeses de uma terra de abundância, de galinhas assadas voando para a boca, assim como as fantasias mais cultas do paraíso e do jardim do Éden chegam quase à superfície.

Mas os prazeres da construção podem não ser tão evidentes; é preciso pensar neles como a oficina de garagem, dos jogos de montar, do Lego, da bricolagem e do conserto de todo tipo de coisa. A isso devemos acrescentar os prazeres especiais da miniaturização: duplicar as coisas grandes em dimensões artesanais, para que possamos montar e experimentar sozinhos, como nos kits de química doméstica, ou mudar e reconstruir numa variação interminável alimentada por novas idéias e informações. Trenzinhos de montar da mente, essas construções utópicas transmitem muito melhor o espírito da mão-de-obra não-alienada e da produção do que qualquer conceito de *écriture* ou *Spiel*.

GÊNEROS DE VONTADE POLÍTICA

Mas esses dois pontos de vista, tanto a construção quanto a realização dos desejos, têm suas restrições. Os desejos nem sempre podem ser fantasiados com sucesso: eis o funcionamento das restrições da narrativa, assim como do Real. As construções nem sempre podem ser erigidas: eis as restrições das matérias-primas e da situação histórica, que agem como a estática e a dinâmica, as leis elementares da gravidade e da locomoção, da montagem de imaginários coletivos. E algumas dessas restrições estruturais podem ser identificadas por meio de uma comparação com gêneros ou tipos de discurso correlatos.

Enumero quatro desses com os quais a utopia parece estar intimamente relacionada: o manifesto, a constituição, o "espelho dos príncipes" e a grande profecia, que inclui em si mesma aquele modo chamado sátira, a condenação do mundo decadente e pecador – que Robert C. Elliott via como o inverso típico do texto utópico e que se insere no Livro Primeiro da própria *Utopia* de Morus[4]. Na verdade, dois dos outros gêneros deixam vestígios específicos aqui

---

[4] Robert C. Elliott, *The shape of utopia* (Chicago, 1970); ver também *The power of satire* (Princeton, 1960). No entanto, é importante distinguir entre a antiutopia (expressão da ideologia ferozmente antiutópica e anti-revolucionária segundo a qual as utopias levam inevitavelmente à repressão e à ditadura, à conformidade e ao tédio) e a distopia (chamada de "distopia crítica" por Tom Moylan em seu útil *Scraps of the untainted sky* [Boulder, Colorado, 2000]), que é, necessariamente, uma crítica às tendências em ação no capitalismo de hoje. Talvez precisemos acrescentar a "revolta contra a utopia" a esse sistema genérico.

também. O Livro Primeiro conta a conversa do viajante Hythloday com Morus e seus amigos, uma conversa que resultaria na descrição da própria Utopia por Hythloday no Livro Segundo (escrito, contudo, antes do Livro Primeiro). Afinal, o Livro Primeiro constitui uma sátira selvagem dos males da época, uma sátira que beira a profecia[5]. Exclui o espelho dos príncipes, já que Hythloday recusa as oportunidades da Corte e a possibilidade de ser conselheiro do monarca; deixa de identificar qualquer meio básico de mudança radical e assim fica, em geral, longe da receita de Althusser para o manifesto (que incluía *O príncipe*, de Maquiavel, texto escrito quase na mesma época da *Utopia*, de Morus)[6]. Quanto à redação de constituições – passatempo que alcançou seu zênite no revolucionário século XVIII, mas que, ao que parece, ainda é praticado hoje em dia (por Giscard d'Estaing, por exemplo) –, as instituições do Livro Segundo refletem de leve essa prática, mas com uma diferença que, para mim, é básica. Embora as leis individuais sejam redigidas para eliminar ou impedir certas ações específicas, conclusivamente identificadas como crimes, eu arriscaria a proposição de que as constituições também são redigidas para impedir que alguns eventos aconteçam; mas tais eventos são mais coletivos que individuais. Com efeito, basta dar uma olhada na constituição mais bem-sucedida de todas, ou seja, a dos Estados Unidos, para entender que tipos de evento coletivo ela pretende impedir. As constituições nascem para obstar as revoluções propriamente ditas e para impedir a desordem e a mudança social radical. Foi, claramente, um erro genérico de classificação de Jefferson tentar incorporar a esse tipo de documento o direito de rebelar-se, mas, como a utopia já está além da história, as limitações e provisões que o gênero da montagem de constituições adota para preveni-la são supérfluas. Foi só na época atual que surgiram narrativas em que os personagens encenam uma revolução contra a própria utopia – e nas quais esse processo é sentido como mais satisfatório que a própria criação da utopia.

Não há espaço aqui para examinar as análises propriamente literárias – discursiva, estrutural ou semiótica – desses diversos gêneros e modos ou para descrever de maneira mais concreta o que nos dizem sobre aquele em questão: o texto utópico. O que se pode dizer é que esse tipo de análise ajuda a determinar a relação específica com o político enquanto tal, mantida não só pela utopia como texto quanto pelo pensamento e pelos impulsos utópicos em geral. É uma relação peculiar e paradoxal, como já sugeri; ou a utopia é política demais, ou não é política o bastante. Ambas as críticas são comuns e correntes – e recordam o momento

---

[5] "Tuas ovelhas [...] que costumam ser tão mansas e tão baratas de alimentar, começam agora, pelo que consta, a ser tão gananciosas e selvagens que devoram os próprios seres humanos e devastam e despovoam os campos, as casas e as cidades" (More, *Complete works*, cit., v. IV, p. 67).

[6] Louis Althusser, *Machiavelli and us* (Londres, 1999).

fatídico da crônica de Hythloday em que ele nos conta que as discussões políticas fora do Senado são punidas com a morte, algo felizmente não muito comum em nosso mundo[7]. Mas as razões são bastante claras; na utopia, supõe-se que a política acabou, junto com a História. As facções, os partidos, os subgrupos, os interesses específicos têm de ser excluídos em nome da Vontade Geral. Afinal, a única coisa que não pode ser questionada nem alterada é o próprio sistema, e, com efeito, essa é a pressuposição fundamental de todos os sistemas, tanto da democracia quanto do comunismo. Não se pode abolir a representação parlamentar num sistema parlamentar; não se pode querer voltar à livre empresa num sistema comunista; as cooperativas não podem florescer num sistema de mercado capitalista; o nepotismo, a herança e a *nomenklatura* não podem ser tolerados numa sociedade comprometida com a igualdade. O sistema social, para continuar funcionando, precisa incluir suas próprias isenções embutidas: e quanto mais, no caso do sistema que dará fim a todos os sistemas? Mas essa exclusão da política não é nem um pouco incompatível com as "revoluções permanentes" de outro tipo de política: as rixas e implicâncias eternas, os debates e discussões intermináveis, que lotam as sessões da câmara municipal de Kim Stanley Robinson[8] ou as reuniões do Partido Survivalista de Ernest Callenbach; a expressão interminável de diferenças que inspirou Raymond Williams a observar que o socialismo seria muito mais complicado que o capitalismo e levou Oscar Wilde a queixar-se de que o primeiro "ocupava noites demais". No entanto, quando chegamos à dialética da utopia, vemos que essas mesmas diferenças, que parecem opor Morus a Callenbach e ao "enorme exército de advogados" de *Ecotopia*, também podem ser lidas sob uma luz bem diferente[9].

JOGO MENTAL

Como então deveríamos formular a posição da utopia em relação ao político? Gostaria de sugerir o seguinte: que a utopia surge no momento da suspensão do político; fico quase tentado a falar de sua excisão ou, melhor ainda – tomando

---

[7] More, *Complete works*, cit., v. IV, p. 125.
[8] Kim Stanley Robinson, *The pacific edge* (Nova York, 1990).
[9] Ernest Callenbach, *Ecotopia* (Berkeley, 1973). Ou compare-se com Edmund Burke quanto ao histórico social dos revolucionários: "A composição geral era de obscuros advogados de província, de funcionários de pequenas jurisdições locais, advogados do interior, tabeliães, fomentadores e regentes da guerrinha da vergonha aldeã. A partir do momento em que li a lista, vi distintamente e de modo bem próximo do que aconteceu o que viria a seguir" (*Reflections on the Revolution in France*, 1790).

emprestado o jargão lacaniano para transmitir sua estranha externalidade do campo social –, sua extimidade; ou até, usando a imagem que Derrida tira da análise de Abraham-Torok do Homem dos Lobos de Freud, sua "encriptação"[10]. Mas as imagens serão mesmo a forma certa de transmitir essa autonomia peculiar do político, selado e esquecido como um quisto dentro do social propriamente dito? Talvez seja mais fácil começar dizendo: a política está sempre entre nós e é sempre histórica, sempre no processo de mudar, evoluir, desintegrar-se e deteriorar-se. Quero transmitir uma situação na qual as instituições políticas pareçam tanto imutáveis quanto infinitamente modificáveis; não surgiu no horizonte nenhum meio que permita a menor possibilidade ou esperança de modificar o *status quo*, mas, mesmo assim, na mente – e talvez por essa mesma razão –, todo tipo de variação e recombinação institucional parece imaginável.

O que chamo de instituições políticas é, portanto, o objeto e a matéria-prima de um jogo mental incessante, como aqueles jogos domésticos de construção de que falei, mas ainda assim não há a menor perspectiva de reforma e muito menos de revolução na vida real. E, quando sugeri que essa paralisia da realidade pode, na verdade, ser a precondição da nova liberdade puramente intelectual e construtivista, o paradoxo deve ser explicado assim: quando se abordam períodos de genuína fermentação pré-revolucionária, quando o sistema parece de fato estar em vias de perder sua legitimidade, quando a elite governante está, de modo palpável, insegura de si e cheia de divisões e dúvidas, quando as exigências populares ficam mais audíveis e confiantes, então o que também acontece é que essas queixas e exigências tornam-se mais exatas em sua insistência e sua urgência. Concentremo-nos com mais força em erros bem específicos e o mau funcionamento do sistema passa a ser visível em pontos fundamentais de maneira bem mais tangível. Mas num momento assim o jogo da imaginação utópica não é mais livre; o pensamento e a inteligência políticos são treinados em questões concentradíssimas, têm conteúdo concreto, a situação nos reclama, em toda a sua unicidade histórica de configuração; e os amplos desvios e digressões da especulação política dão lugar a programas práticos (mesmo que estes últimos sejam impossíveis de realizar e "utópicos" no outro sentido, o ofensivo)[11].

---

[10] Assim, parece possível basear a conhecida descrição de Stephen Greenblatt do senso de irrealidade de Thomas Morus num tipo assim de isolamento ou "encriptação" do político. Ver *Renaissance self-fashioning* (Londres, 1980).

[11] Perry Anderson recorda-me que, na verdade, alguns utopismos mais extremados brotam do centro da própria convulsão revolucionária. Mas pode-se dizer que o ponto de vista de Winstanley (na Revolução Inglesa) configura as diretrizes ideológicas do que hoje se denomina "comunidade intencional"; enquanto "Français, encore un effort" ["Francês, mais um esforço"], de Sade (*A filosofia na alcova*, 1795), poderia ser descrito com mais exatidão como experiência de pensamento contracultural, e o programa de Babeuf era, como tal, um programa político.

Será que isso não passa de dizer que, para começar, quando se trata de política, o utopismo é totalmente impraticável? Mas também podemos emoldurar de forma positiva as condições de possibilidade de uma especulação tão pouco prática. Afinal de contas, a maior parte da história humana desenrolou-se em situações de incapacidade e impotência geral, quando este ou aquele sistema de poder estatal estava firme em seu lugar e nenhuma revolta parecia sequer concebível, quanto mais possível ou iminente. Esses pedaços da história humana passaram-se, na maior parte, em condições totalmente não-utópicas, em que nenhuma das imagens de futuro ou de diferença radical peculiares às utopias ao menos chegou à superfície.

PERIODIZAR A IMAGINAÇÃO

Precisamos, então, pressupor uma suspensão peculiar do político para descrever o momento utópico; é essa suspensão, essa separação entre o político – em toda a sua imobilidade imutável – e a vida cotidiana e até entre o mundo do vivido e do existencial, essa externalidade, que serve de calmaria depois da tempestade, de serenidade no olho do furacão; e isso nos permite tomar liberdades mentais até então inimagináveis com estruturas cuja modificação ou cuja abolição reais mal parecem previsíveis. Estou tentando caracterizar a situação de Thomas Morus às vésperas do capitalismo (na descrição de Louis Marin), ou das monarquias absolutas e do surgimento dos novos Estados-nações (na de Phillip Wegner)[12]; caracterizar o próprio século XVIII e as fantasias intermináveis de Rousseau sobre novas constituições – fantasias que parecem tê-lo absorvido tão completamente quanto as românticas e libidinosas que também associamos ao seu nome, mas que surgem numa situação em que a grande revolução, a poucos anos adiante, ainda é de todo inimaginável. Também penso na grande produção utópica da época populista e progressista dos Estados Unidos no final do século XIX e, por fim, no utopismo da década de 1960. São todos períodos de grande fermentação social, mas aparentemente sem leme, sem força motriz nem direção; a realidade parece maleável, mas não o sistema; e é essa própria distância entre o sistema imutável e a inquietude turbulenta do mundo real que parece criar um momento de jogo ideal, livre e criador de utopias na própria mente ou na imaginação política. Se isso transmite algum tipo de imagem plausível da situação histórica em que as utopias são possíveis, então só resta ponderar se isso também não corresponde à da nossa própria época.

---

[12] Louis Marin, *Utopiques* (Paris, 1973); Phillip Wegner, *Imaginary communities: utopia, the nation and the spatial histories of modernity* (Califórnia, 2002). Ver também a noção perturbadora mas sugestiva de J. C. Davis de que as utopias exprimem proleptically o futuro Estado do bem-estar social "total": *Utopia and the ideal society* (Cambridge, 1981).

Desse modo, o utopismo envolve uma certa distância das instituições políticas que encoraja um jogo interminável de fantasia em volta de suas possíveis reconstruções e reestruturações. Mas qual o conteúdo dessas fantasias? Como na análise dos sonhos de Freud, há a satisfação da elaboração secundária ou da sobredeterminação interminável; mas há também a pressão implacável do desejo inconsciente. Será que podemos negligenciar esse desejo sem deixar de ver tudo o que dá à utopia a sua vitalidade e sua pretensão libidinal e existencial sobre nós? É provável que não; portanto, espero dar a essa pergunta uma resposta simplíssima que não use as expressões "mais perfeito" nem "bem geral", felicidade, satisfação, realização nem nenhuma outra palavra de ordem convencional.

No entanto, é necessário antes explicar uma segunda posição complicada, que deixou perplexos os meus leitores e os do grande livro de Louis Marin sobre o assunto que inspirou muitos pensamentos meus. É que a utopia é um tanto negativa; e é mais autêntica quando não conseguimos imaginá-la. Sua função não é nos ajudar a imaginar um futuro melhor, mas demonstrar nossa total incapacidade de imaginar tal futuro – nossa prisão num presente não-utópico sem historicidade nem futuridade – para revelar o fechamento ideológico do sistema em que estamos, de algum modo, cercados e confinados. Com certeza essa é uma posição de peculiar derrotismo para que algum utopista de respeito e sangue quente a aceite e muito menos a defenda, e ficamos tentados a lembrar o niilismo ou a neurose; sem dúvida, seu espírito é bem antiamericano. Mas acho que posso defender sua essencial sensatez tratando-a sob dois títulos: ideologia e medo.

O PONTO DE VISTA DOS SONHOS

A questão da ideologia não é muito complicada: ela parte da convicção de que estamos todos ideologicamente situados, todos algemados a uma posição-tema ideológica e somos todos determinados pela classe e pela história da classe, ainda que tentemos resistir ou fugir a isso. E, para aqueles poucos familiarizados com esse perspectivismo ideológico ou com a teoria do ponto de vista de classe, talvez seja necessário acrescentar que isso serve para todo mundo, de esquerda ou direita, progressista ou reacionário, operário ou diretor, e para as subclasses, os marginais, as vítimas étnicas ou sexistas, tanto quanto para a linha principal de etnia, raça ou gênero sexual.

Essa situação tem uma conseqüência interessante no presente contexto: significa não só que todas as utopias nascem de uma posição de classe específica, como também que sua tematização fundamental – o diagnóstico da raiz de todo mal, com base no qual cada uma delas é configurada – refletirá ainda uma visão ou perspectiva histórico-classista específica. O utopista, com certeza, imagina que seu esforço eleva-se acima de todas as determinações imediatas nalguma solução de abrangência total para todos os males e sofrimentos imagináveis da decadência de nossa própria sociedade e realidade. Era assim, por exemplo, a imensa imaginação utópica de Charles Fourier, o Hegel da especulação sociopolítica e personagem cuja energia-fantasia buscava abranger todas as variantes caracterológicas possíveis em seu sistema extraordinário. Mas Fourier era pequeno-burguês; e até o mais distante *épicycle de Mercure*, até o mais capaz Espírito Absoluto continua a ser ideológico. Por mais abrangente e transclassista ou pós-ideológico que seja o rol de falhas e defeitos da realidade, a solução imaginada continua necessariamente vinculada a este ou àquele ponto de vista ideológico.

Isso explica muita coisa dos vários debates e diferenças que povoaram a história do pensamento utópico. Com bastante freqüência vêm em pares ou opostos, e eu gostaria de recapitular uns poucos – começando, talvez, com alguns exemplos já citados, como a minha própria fantasia sobre o emprego universal. Afinal, pode-se fazer uma defesa utópica igualmente forte da eliminação total do trabalho, de um "futuro sem emprego" no qual a ausência de trabalho seja alegremente utópica: o próprio genro de Marx não escreveu um livro chamado *The right to be lazy* [O direito ao ócio]? E uma das idéias centrais da década de 1960 (de Marcuse) não foi a possibilidade de uma tecnologia maravilhosa que eliminaria a mão-de-obra alienada do mundo todo[13]? Podemos ver a mesma oposição funcionando no próprio desdobramento dos termos "política" e "o político" em contexto utópico; afinal, não demonstramos que alguns utopistas sonham com o fim total de tudo o que é político, enquanto outros se comprazem na possibilidade de uma eternidade de lutas políticas, da discussão promovida a verdadeira essência da vida social coletiva?

CIDADE E CAMPO

Essas oposições devem ser tomadas como meras diferenças de opinião, como sintomas caracterológicos, ou elas traem alguma dinâmica mais fundamental do processo utópico? Há alguns anos – quando a natureza ainda existia e as nossas sociedades em desenvolvimento irregular ainda conheciam uma coisa chamada campo, e a vocação de fazendeiros e camponeses não era o mero trabalho prático e industrial no agronegócio –, uma das oposições mais constantes da projeção utópica (e nos textos de ficção científica) era entre o campo e a cidade. Será que suas fantasias giravam em torno do regresso ao campo e à comuna rural ou, pelo contrário, eram incorrigivelmente urbanas, relutantes e incapazes de passar sem a

---

[13] Ver *Eros and civilization* (Boston, 1974) [ed. bras.: *Eros e civilização: uma interpretação filosófica do pensamento de Freud*, 8. ed., Rio de Janeiro, LTC, 1999].

excitação da grande metrópole, com suas multidões e seus múltiplos oferecimentos, desde a sexualidade e os bens de consumo até a cultura? É uma oposição que se pode exemplificar com muitos nomes: Heidegger *versus* Sartre ou, na ficção científica, LeGuin *versus* Delany. Talvez sua forma mais contemporânea envolva, por um lado, uma relação com a tecnologia e uma saudade correspondentemente menor da natureza; ou, por outro, um compromisso ecológico apaixonado com a pré-história da Terra e um orgulho cada vez menor pelo triunfo de Prometeu sobre o que não é humano. Nesse ponto, os papéis sexuais também entram no quadro utópico, e vale notar a abundância de utopias feministas desde a segunda onda do feminismo na década de 1960; se as utopias de união masculina têm coisa tão rica a oferecer talvez não seja bem a pergunta certa, embora eu ache que a recrudescência da ficção científica militar e da satisfação hierárquica das comunidades de guerreiros possa ser um ponto a ser examinado.

Talvez a especificação mais importante dessa oposição entre o campo e a cidade – uma mudança para outro registro que não garante que os proponentes de cada termo permaneçam ideologicamente comprometidos com a mesma posição quando trocam de andar, por assim dizer – seja aquela entre planejamento e crescimento orgânico. É claro que essa é uma base antiga da discussão política e ideológica, que data pelo menos das *Reflexões sobre a Revolução em França*, de Edmund Burke; na verdade, desde a própria revolução, que pareceu, pela primeira vez na história, afirmar a primazia da vontade humana sobre as instituições sociais e o poder dos seres humanos – de um ser humano? ou de um partido? de uma classe? de uma vontade geral? – para reformar e reconfigurar a sociedade de acordo com um plano, uma idéia abstrata ou um ideal. A trovejante condenação que Burke faz dessa arrogância reafirma o poder do tempo, do crescimento lento, da cultura em seu sentido etimológico e, portanto, parece opor-se firmemente ao lado do campo. Mas hoje talvez as coisas estejam diferentes e sejam a cidade e o urbano que crescem selvagens como o estado da natureza (quando é que a palavra "selva" começou a ser aplicada a seus "mistérios"?); enquanto isso, foi a natureza que, no capitalismo tardio e na revolução verde – mas talvez já desde a própria revolução neolítica original –, foi submetida a um trabalho cuidadoso de planejamento e engenharia. De qualquer modo, a noção do mercado como uma brotação natural e irrestrita voltou com toda a força ao pensamento político, enquanto a ecologia de esquerda tenta, desesperada, avaliar as possibilidades de uma colaboração produtiva entre a ação política e a Terra. O tempo e o espaço estão igualmente em jogo aqui; afinal, o plano é também, predominantemente, uma organização daquele tempo que o conservador burkeano gostaria de abandonar a seus próprios ritmos e andamentos, deixando-o ser como é, como talvez dissesse Heidegger; enquanto sua máquina infernal – a temporalidade do mercado – devora sem parar o espaço que os planejadores ecológicos gostariam de isolar e liberar, por sua vez, à lógica de sua própria espacialidade. Como sabemos desde o clássico *A grande transformação*, de Polanyi, o estabelecimento da liberdade de mercado irrestrita exige enorme intervenção do governo; e o mesmo se pode afirmar, de forma mais óbvia e por reconhecimento próprio, de qualquer política ecológica.

A alternativa mais fraca, pelo menos em nosso tempo, é a palavra que representa a natureza, afirmada de forma inaceitável como natureza humana no idioma do livre mercado. A ecologia parece contribuir cada vez menos para seu poder, a menos que seja na forma do apocalíptico e da catástrofe, do aquecimento global ou do surgimento de novos vírus. Tudo o que hoje parece fora de moda nas utopias tradicionais busca reavaliar esse equilíbrio – fortalecer versões da Natureza que não são mais persuasivas, numa época em que gramados, paisagens e os outros arquétipos de beleza natural tornaram-se mercadorias sistemicamente fabricadas (e em que a antiga "natureza humana" mostrou-se igualmente maleável e intercambiável).

Duas oposições mais características dão forma ao pensamento utópico de hoje: uma é a fantasia inteligente do que podemos chamar de utopia franciscana, ou seja, uma utopia de escassez e pobreza, baseada no fato óbvio de que o planeta é cada vez menos capaz de sustentar a vida humana, quem dirá outras formas de vida; a outra é a convicção de que sociedades ricas como os Estados Unidos terão de converter-se a outro tipo de ética caso não se queira que o mundo acabe – como atualmente parece ser seu destino – no espetáculo de uma comunidade fechada de Primeiro Mundo cercada por um universo de inimigos sedentos. Na verdade, a própria avaliação volta a despertar a antiga antítese entre ascetismo e prazer, tão profundamente enraizada na tradição revolucionária e na utópica. Mas até essa oposição não deve ser compreendida de modo ético nem caracterológico. Minha proposta não envolverá uma opção entre esses extremos nem uma "síntese" deles, mas sim uma obstinada relação negativa com os dois, cujas bases lanço ao falar de ideologia.

Afinal, vai-se compreender que, tomadas individualmente, isoladas de seu oposto, cada uma dessas posições utópicas só pode ser profundamente ideológica. Tomadas uma a uma, cada palavra é substantiva; seu próprio conteúdo reflete uma posição de classe que é ideológica por definição. Ou, se preferirmos, cada uma se vê necessariamente transmitida e expressa pela experiência social do pensador utópico, a qual só pode ser uma experiência de classe e refletir o ponto de vista de uma classe específica sobre a sociedade como um todo. E esse inevitável ponto de vista de classe não implica, por si só, uma avaliação política: afinal, as fantasias utópicas dos pobres e desprivilegiados são tão ideológicas e carregadas de *ressentimento* quanto as dos senhores e privilegiados.

Mas o que essas oposições utópicas nos permitem fazer é, a partir da negação, perceber o momento de verdade de cada termo. Explicando de outra forma: o valor de cada termo é diferencial; não está em seu próprio conteúdo substantivo, mas na crítica ideológica de seu oposto. A verdade da visão da natureza está na maneira como revela a fatuidade da louvação urbana; mas o contrário também é verdade, e a visão da cidade expõe o que há de nostálgico e empobrecido no abraçar a natureza. Outro modo de pensar no assunto é o lembrete de que cada uma dessas utopias é uma fantasia e tem o valor exato de uma fantasia – coisa não-realizada e, na verdade, irrealizável daquela forma parcial. Mas a operação não obedece àquele estereótipo da dialética em que os dois opostos acabam se unindo nalguma síntese impossível (ou no que Greimas chama de "termo complexo"). Se é dialética, então trata-se de uma dialética negativa em que cada termo persiste em sua negação do outro; é em sua dupla negação que se encontrará o genuíno conteúdo político e filosófico. Mas os dois termos não se devem cancelar entre si; seu desaparecimento nos deixaria de volta naquele *status quo*, naquele terreno do ser atual cuja negação, a princípio, era função e valor da fantasia utópica; na verdade – como agora podemos então observar – uma dupla negação.

TERROR DA OBLITERAÇÃO

Isso quer dizer que não somos capazes de formar uma imagem categórica ou positiva da utopia a não ser abraçando todas as múltiplas imagens contraditórias que coexistem em nosso inconsciente social coletivo? Quero concluir examinando o medo da utopia, da ansiedade com que o impulso utópico nos defronta. Mas primeiro quero inserir a única resposta à pergunta categórica que me parece ser sóbria e ter a solenidade adequada e devida à incorporação do próprio problema dessa mesma questão impossível de responder: algo como um grau zero da formulação utópica. É previsível que essa resposta pensativa seja de Adorno e se formula assim:

> Quem pergunta qual é o objetivo de uma sociedade emancipada recebe respostas como a realização das possibilidades humanas ou a riqueza da vida. Assim como a pergunta inevitável é ilegítima, a certeza repelente da resposta é [tão] inevitável [quanto ideologicamente datada] [...] Só há gentileza na exigência mais grosseira: que ninguém passe mais fome. Todas as outras buscam aplicar-se a uma condição que deveria ser determinada por necessidades humanas, um modo de conduta humana adaptado à produção como um fim em si mesmo.[14]

Noutro lugar, Adorno esclarece filosoficamente o interesse próprio implícito nessa avaliação final ao sugerir que os preconceitos ideológicos e as deformações

---

[14] Theodor Adorno, *Minima moralia* (Londres, 1974), p. 155-6 [ed. bras.: *Minima moralia*, São Paulo, Ática, 1993].

caracterológicas da sociedade de classes são a marca do chamado instinto de autopreservação com o qual ela nos doutrina[15]. A utopia então irá se caracterizar ao distanciar-se daquele impulso imperioso para a autopreservação, agora tornado desnecessário.

Sem dúvida esse é um pensamento assustador, e não só por conta da vulnerabilidade e dos perigos mortais aos quais nos expõe. E é para esse medo que quero me voltar agora. É uma discussão que precisa ir bem além das lições introdutórias de análise ideológica, exigindo que confrontemos as ansiedades mais abrangentes que recebem ou superam necessariamente toda possibilidade de mudança sistêmica total. A imagem da ficção científica para essa mudança é a situação em que se avisa a um prisioneiro ou a alguma vítima a ser potencialmente resgatada que a salvação só será possível se ela permitir que toda a sua personalidade – o passado e suas lembranças, todas as múltiplas influências e os acontecimentos que se combinaram para formar essa personalidade no presente – seja apagada sem deixar vestígios; depois da operação, permanecerá apenas a consciência, mas com que esforço da razão e da imaginação ainda poderia ser chamada de "a mesma" consciência? O medo com que tal possibilidade nos inunda de imediato é então, para todos os propósitos e intenções, igual ao medo da morte, e não é por acaso que Adorno evocou a autopreservação.

PRAZERES E COMPULSÕES

Semelhante a isso é a ansiedade com que a utopia nos defronta, e não deixa de ser instrutivo acompanhar seus paradoxos por mais um instante. Não será possível que a realização da utopia apague todos os impulsos utópicos antes existentes? Afinal, vimos que são todos formados e determinados pelos traços e pelas ideologias impostos a nós por nossa condição atual e que, então, terão desaparecido sem deixar vestígios. Mas aquilo que chamamos de nossa personalidade é feito dessas mesmas coisas, tanto dos sofrimentos e das deformações quanto dos prazeres e das realizações. Temo que não sejamos capazes de imaginar o desaparecimento dos primeiros sem a total extinção também dos segundos, já que estão unidos de forma inextricável e causal. Nas questões de vivência existencial não há como escolher e selecionar, não há como separar o joio do trigo. Quero apresentar aqui mais dois exemplos figurados desse dilema: as lições do vício e da sexualidade.

Na verdade, nenhuma sociedade jamais foi tão viciada, tão inseparável da condição do vício quanto esta, que não inventou o jogo, é verdade, mas inventou o

---

[15] Theodor Adorno e Max Horkheimer, *Dialectic of enlightenment* (Stanford, 2002), p. 22-3 [ed. bras.: *Dialética do esclarecimento*, Rio de Janeiro, Jorge Zahar, 1985].

consumo compulsivo. O capitalismo pós-moderno ou tardio trouxe pelo menos o benefício epistemológico de revelar que a estrutura fundamental da mercadoria é o próprio vício (ou, se preferir, produziu o próprio conceito de vício em toda a sua riqueza metafísica). Como seria para o viciado desejar a cura? Com certeza só uma ou outra forma de má-fé ou de enganar a si mesmo – como aquele neurótico (acho que o exemplo é de Sartre) que só começa a análise para interrompê-la depois de algumas sessões, demonstrando assim, para sua satisfação, que é mesmo incurável.

Quanto à sexualidade, já que aparentemente é mais natural que o vício, podemos usar uma argumentação ainda mais dramática e citar aqueles comentaristas antropológicos que sugerem que, embora onipresente – provavelmente até graças à sua onipresença –, a sexualidade nas sociedades tribais não era uma questão muito importante, comparável, na verdade, àquele mesmo copo d'água com o qual o provérbio moderno cinicamente a compara. Em outras palavras, a sexualidade, em si mesma um fato biológico sem importância, era, em tais sociedades, muito menos investida de todos os significados simbólicos com os quais nós, gente moderna e sofisticada, a dotamos. Então o que significaria, em nossa própria existencialidade sexualizada, imaginar uma sexualidade humana que fosse assim tão desreprimida e ao mesmo tempo tão completamente despida das múltiplas satisfações do significado? LeGuin dramatiza de modo útil as conseqüências do outro lado por meio do planeta Inverno, habitado por uma população andrógina que só se diferencia sexualmente em períodos fixos de tempo (como animais que entram no cio). As reflexões do primeiro a visitar este nosso planeta são instrutivas:

> O Primeiro [Embaixador] Móvel, se mandarem algum, deve ser avisado de que, a menos que seja senil ou muito seguro de si, seu orgulho sofrerá. O homem quer sua virilidade respeitada, a mulher quer sua feminilidade apreciada, por mais que sejam indiretas e sutis as indicações de respeito e apreciação. Em Inverno isso não existe. Só se é respeitado e avaliado como ser humano. É uma experiência assustadora.[16]

Há que se dizer alguma coisa sobre a proposição de que o medo da utopia está intimamente ligado ao medo da afanise, ou perda do desejo: a falta de sexo dos utopistas é uma constante na tradição antiutópica, como testemunha o conhecido filme *Zardoz*, de John Boorman. Mas também há algo a dizer da idéia de que as características que mencionei, o vício e a sexualidade, sejam os próprios emblemas da cultura humana como tal, os próprios suplementos que nos definem como coisa diferente dos meros animais: competitividade e paixão ou frenesi – não é isso que, paradoxalmente, forma a mente ou o próprio espírito, ao contrário do que é meramente físico e material? Nesse sentido, é muito humanamente compreensível

---

[16] Ursula K. LeGuin, *The left hand of darkness* (Nova York, 1969), p. 95.

que nos afastemos daquela utopia que Adorno descreve como uma comunidade de "bons animais". No entanto, também parece possível que um confronto genuíno com a utopia exija exatamente essas ansiedades e que, sem elas, nossa visão de futuros alternativos e transformações utópicas permaneça política e existencialmente inoperante, meras experiências de pensamento e jogos mentais sem nenhum compromisso visceral.

Esperava transmitir uma coisa que ainda não disse, ou seja, que as utopias não são ficcionais, ainda que também sejam inexistentes. Na verdade, as utopias chegam até nós como mensagens pouco audíveis de um futuro que pode nunca acontecer. Deixo a articulação dessa mensagem com os utopistas de Mattapoisett, de Marge Piercy – viajantes do tempo de um futuro que, avisam-nos, talvez nunca venha a existir sem nós e sem o nosso presente:

> Vocês podem nos extinguir [...] Vocês, individualmente, podem deixar de nos entender ou de lutar em sua própria vida e em sua própria época. Vocês, do seu tempo, podem deixar totalmente de lutar [...] [Mas] nós temos de lutar para existir, para continuar existindo, para ser o futuro que vai acontecer. Foi por isso que viemos até vocês.[17]

---

[17] Marge Piercy, *Woman on the edge of time* (Nova York, 1976), p. 197-8.

SLAVOJ ŽIŽEK

A VISÃO EM PARALAXE

No inglês de hoje, *pig* refere-se aos animais que os fazendeiros criam, e *pork* à carne que consumimos. A dimensão de classe é clara aqui: *pig* é a antiga palavra saxã, já que os saxões eram os fazendeiros desprivilegiados, enquanto *pork* vem do francês *porc*, usado pelos privilegiados conquistadores normandos que em sua maioria consumiam os porcos criados pelos fazendeiros. Essa dualidade, que assinala a lacuna entre a produção e o consumo, é um exemplo do que Kojin Karatani, em seu formidável *Transcritique: on Kant and Marx* [Transcrítica: sobre Kant e Marx], chama de dimensão da "paralaxe"[1]. Conhecido como o mais notável crítico literário japonês de sua geração — o seu *Origins of Japanese literature* foi apresentado ao mundo anglófono por Fredric Jameson —, Karatani passou das reflexões subseqüentes de *Architecture as metaphor* [A arquitetura como metáfora] a uma das tentativas mais originais de remoldar a base filosófica e política de oposição ao império do capital no período atual[2]. Em sua ambição teórica heterodoxa e sua preocupação com tradições revolucionárias alternativas — no caso, principalmente anarquistas —, *Transcritique* pode ser comparada à trilogia *Política*, de Roberto Unger, obra brasileira. Mas o mundo de idéias de Karatani é mais próximo do de Marx e, por trás dele, da herança da filosofia clássica alemã.

Karatani começa com a pergunta: qual é a resposta adequada quando nos defrontamos com uma antinomia no exato sentido kantiano da palavra? Sua solução

---

[1] Ver Kojin Karatani, *Transcritique: on Kant and Marx* (Cambridge, Massachusetts, 2003). Daqui em diante, *TKM*.
[2] *Origins of modern Japanese literature* (Durham, Carolina do Norte, 1993); *Architecture as metaphor: language, number, money* (Cambridge, Massachusetts, 1995). Sobre a posição de Karatani no campo crítico japonês, ver Asada Akira, "A left within the place of nothingness", *New Left Review*, n. 5, setembro-outubro de 2000, p. 24, 35-6.

é que devemos renunciar a todas as tentativas de reduzir um de seus aspectos ao outro (ou, mais ainda, a encenar um tipo de "síntese dialética" dos opostos). Pelo contrário, é preciso afirmar a antinomia como irredutível e conceber a questão da crítica radical não como posição determinada e oposta a outra posição, mas como lacuna irredutível entre as posições – o interstício puramente estrutural entre elas. A postura de Kant, assim, é ver as coisas "nem de seu próprio ponto de vista, nem do ponto de vista dos outros, mas encarar a realidade que é exposta por meio da diferença (paralaxe)"[3]. Karatani lê a noção kantiana do *Ding an sich* (a coisa-em-si, para além dos fenômenos) não tanto como entidade transcendental além de nossa compreensão, mas como aquilo que só é discernível pelo caráter irredutivelmente antinômico de nossa vivência da realidade.

TEORIAS DO VALOR

Segundo Karatani, quando Marx defrontou-se com a oposição entre a economia política clássica (Ricardo e sua teoria trabalhista do valor – contrapartida do racionalismo filosófico) e a redução neoclássica do valor a uma entidade puramente relacional sem substância (Bailey – contrapartida do empirismo filosófico), sua "crítica da economia política" realizou exatamente o mesmo avanço rumo à visão em paralaxe. Marx tratou essa oposição como uma antinomia kantiana, ou seja, o valor tem de se originar tanto fora da circulação, na produção, quanto dentro da circulação. O "marxismo" depois de Marx, tanto na versão socialdemocrata quanto na comunista, perdeu a perspectiva da paralaxe e regrediu para uma promoção unilateral da produção como sede da verdade, como contrária às esferas "ilusórias" da troca e do consumo. Como enfatiza Karatani, até a teoria mais sofisticada da reificação, a do fetichismo da mercadoria, cai nessa armadilha, desde o jovem Lukács até Jameson, passando por Adorno. O modo como esses pensadores compensavam a falta de um movimento revolucionário era argumentar que a consciência dos trabalhadores estava ofuscada pela sedução da sociedade de consumo e/ou pela manipulação das forças ideológicas da hegemonia cultural. Daí a mudança do foco de sua obra crítica para a crítica cultural (a chamada "virada cultural"); em outros, para a revelação dos mecanismos ideológicos (ou libidinais: eis aqui o papel-chave da psicanálise no marxismo ocidental) que mantêm os trabalhadores sob o feitiço da ideologia burguesa. Numa leitura cuidadosa da análise de Marx da forma-mercadoria, Karatani baseia a persistência insuperável da lacuna paraláctica no salto mortal que o produto tem de dar para afirmar-se como mercadoria:

---

[3] *TKM*, p. 3.

O preço [do ferro expresso em ouro], se indica, de um lado, a quantidade de tempo de trabalho contido no ferro, ou seja, o seu valor, significa ao mesmo tempo o desejo bem-intencionado de converter o ferro em ouro, isto é, dar ao tempo de trabalho contido no ferro a forma de tempo de trabalho social universal. Se essa transformação não ocorre, a tonelada de ferro deixa de ser não só uma mercadoria como também um produto, já que só é uma mercadoria porque não é valor de uso para seu dono, ou seja, seu trabalho só é realmente trabalho se for trabalho útil para os outros e só é útil para ele se for trabalho geral abstrato. Portanto, é tarefa do ferro ou de seu dono encontrar aquele lugar no mundo das mercadorias onde ferro atrai ouro. Mas se a venda realmente acontece, como supomos nesta análise da circulação simples, então essa dificuldade, o salto mortal da mercadoria, é superada. Como resultado dessa alienação – ou seja, sua transferência da pessoa para quem não é um valor de uso para aquela para quem é um valor de uso –, a tonelada de ferro prova ser, na verdade, um valor de uso, e seu preço ao mesmo tempo se concretiza, e o ouro meramente imaginário converte-se em ouro real.[4]

Esse salto mediante o qual uma mercadoria é vendida e, assim, constituída efetivamente como mercadoria não é resultado de um autodesenvolvimento imanente do (conceito de) Valor, mas um salto mortal comparável a um salto de fé kierkegaardiano, uma "síntese" temporária e frágil entre valor de uso e valor de troca, comparável à síntese kantiana entre sensibilidade e entendimento; em ambos os casos, dois níveis irredutivelmente externos um ao outro são reunidos. Por essa exata razão, Marx abandonou seu projeto original (discernível nos manuscritos dos *Grundrisse*) de "deduzir", de modo hegeliano, a cisão entre valor de troca e valor de uso do próprio conceito de Valor. Em *O capital*, a cisão dessas duas dimensões, o "duplo caráter da mercadoria", é o ponto de partida. A síntese tem de basear-se num elemento irredutivelmente externo, como em Kant, para quem ser não é um predicado (isto é, não pode se reduzir ao predicado conceitual de uma entidade), ou como em *Naming and necessity* [Nome e necessidade], de Saul Kripke, em que a referência de um nome a um objeto não se baseia no conteúdo desse nome, nas propriedades que designa.

A própria tensão entre os processos de produção e circulação é, assim, mais uma vez, uma paralaxe. Sim, o valor é criado no processo de produção; no entanto, é criado ali, por assim dizer, apenas em potencial, já que só se *efetiva* como valor quando a mercadoria produzida é vendida e o ciclo D-M-D assim se completa.. A lacuna temporal entre a produção de valor e sua concretização é fundamental

---

[4] Karl Marx, "A contribution to the critique of political economy", em *Collected works* (Nova York, 1976), v. 29, p. 390 [ed. bras.: *Contribuição à crítica da economia política*, São Paulo, Martins Fontes, 2003].

aqui: embora o valor seja criado na produção, sem a conclusão bem-sucedida do processo de circulação não há, *stricto sensu*, valor – a temporalidade, no caso, é aquela do futuro do pretérito, ou seja, o valor não "é" de imediato, ele apenas "seria". É realizado retroativamente, encenado de modo performativo. Na produção, o valor é gerado "em si mesmo", enquanto somente pelo processo completo de circulação torna-se "por si mesmo". É assim que Karatani resolve a antinomia kantiana do valor que é *e não é* gerado no processo de produção. É em razão dessa lacuna entre em-si-mesmo e por-si-mesmo que o capitalismo precisa da igualdade e da democracia formais:

> O que distingue exatamente o capital da relação senhor–escravo é que o trabalhador enfrenta-o como consumidor e possuidor de valores de troca e que, na forma de possuidor de dinheiro, na forma de dinheiro torna-se um simples centro de circulação – um de seus infinitos centros, em que sua especificidade de trabalhador se extingue.[5]

Isso significa que, para completar o círculo de sua reprodução, o capital tem de passar por este ponto crítico no qual os papéis se invertem: "o valor da mais-valia, em princípio, só se efetiva quando os trabalhadores *em sua totalidade* compram de volta o que produzem"[6]. Esse ponto é fundamental para Karatani: constitui a alavanca essencial com a qual se opor ao domínio do capital hoje. Não é natural que os proletários concentrem seu ataque naquele ponto único em que abordam o capital na posição de compradores e no qual, conseqüentemente, o capital é obrigado a cortejá-los? "Se os trabalhadores podem de algum modo se tornar sujeitos, é somente como consumidores."[7] Talvez seja este o principal exemplo da situação de paralaxe: a posição de trabalhador-produtor e a de consumidor deveriam manter-se irredutíveis em sua divergência, sem privilegiar uma como a "verdade mais profunda" da outra. (A economia planejada do socialismo de Estado não pagou um preço terrível pelo privilégio que conferiu à produção em detrimento do consumo, e daí seu fracasso em fornecer aos consumidores os bens de que precisavam, em vez de produtos que ninguém queria?)

Este é um dos temas básicos de Karatani: sua rejeição da oposição – no mínimo protofascista – entre a especulação financeira e a economia "real" dos capitalistas envolvidos na atividade produtiva. Afinal, no capitalismo, o processo de produção é apenas um desvio do processo especulativo em que dinheiro gera mais dinheiro. A lógica do "escorchar" acaba sendo também a que sustenta o impulso incessante para revolucionar e expandir a produção:

---

[5] Karl Marx, *Grundrisse* (Harmondsworth, 1993), p. 420-1.
[6] *TKM*, p. 20.
[7] *TKM*, p. 290.

A maioria dos economistas alerta hoje que a especulação do capital financeiro global está isolada da economia "material". No entanto, o que deixam de ver é que a economia material como tal também é movida a ilusão e que é essa a natureza da economia capitalista.[8]

Há, conseqüentemente, quatro posições básicas *à propos* do dinheiro: (1) a crença mercantilista – um fetichismo ingenuamente direto – de que o dinheiro é uma "coisa especial"; (2) a "economia política burguesa clássica" representada por Ricardo, que desdenhava esse fetichismo, considerando-o mera ilusão, e percebia o dinheiro como nada além de um signo da quantidade de trabalho socialmente útil, concebendo o valor como algo inerente à mercadoria; (3) a escola "neoclássica", que rejeitava não só a teoria trabalhista do valor como também qualquer noção "material" de valor, sendo o preço da mercadoria resultado, simplesmente, da inter-relação entre sua oferta e a procura ou a utilidade de uma mercadoria para outras mercadorias. Karatani está certo ao enfatizar como, paradoxalmente, Marx rompeu os limites da teoria "clássica" ricardiana – do valor advindo do trabalho – a partir de sua leitura de Bailey, o primeiro economista "vulgar" a enfatizar a condição puramente *relacional* do valor – sua expressão de como essa mercadoria se relaciona com todas as outras mercadorias. Foi Bailey, assim, que abriu caminho para a abordagem formal de Marx, que insiste na lacuna entre o objeto e o lugar estrutural que ocupa; do mesmo modo que um rei não é rei por suas propriedades inerentes, mas porque todos o tratam como rei (exemplo do próprio Marx), a mercadoria é dinheiro porque ocupa o lugar formal do equivalente geral de todas as mercadorias e não porque, digamos, o ouro seja "naturalmente" dinheiro.

Mas é fundamental observar como os mercantilistas e seus críticos ricardianos continuam "materialistas". Sem dúvida Ricardo sabia que o objeto que serve de dinheiro não é dinheiro "naturalmente", e ria-se da superstição ingênua do dinheiro, desdenhando os mercantilistas, que considerava primitivos crentes em propriedades mágicas. Contudo, ao reduzir o dinheiro a um signo externo secundário do valor inerente da mercadoria, ainda assim voltou a naturalizar o valor, concebendo-o como propriedade "material" direta da mercadoria. Foi essa ilusão que gerou as engenhosas propostas socialistas primitivas e proudhonianas de superar o fetichismo do dinheiro com a criação de um "dinheiro-trabalho" direto, que designaria apenas o volume com que cada indivíduo contribuía para o trabalho social. E é por isso que, embora o *Darstellung* de Marx da automobilização do capital esteja cheio de citações hegelianas, o automovimento do capital está longe do automovimento circular da Noção (ou Espírito) de Hegel[9]. A questão de Marx é

---

[8] *TKM*, p. 241.

[9] Ver, entre outros, Helmut Reichelt, *Zur logischen Struktur des Kapitalbegriffs* (Frankfurt, 1969).

que esse movimento nunca alcança a si mesmo, nunca recupera seu crédito, porque sua resolução é adiada para sempre e a crise é seu constituinte mais íntimo (sinal de que o Todo do Capital é o não-verdadeiro, como diria Adorno). Em outras palavras, seu movimento é uma "infinidade má", reproduzindo-se para sempre.

> Apesar do estilo descritivo hegeliano [...] *O capital* distingue-se da filosofia de Hegel em sua motivação. O fim do *Capital* nunca é o "Espírito absoluto". *O capital* revela o fato de que o capital, embora organize o mundo, jamais irá além de seu próprio limite. É uma crítica kantiana do impulso incontido do capital/razão para efetivar-se além de seus limites.[10]

É interessante notar que Adorno, em *Três estudos sobre Hegel*, caracterizou criticamente o sistema de Hegel nos mesmos termos "financeiros" de um sistema que vive de um crédito que jamais poderá pagar. A mesma metáfora "financeira" costuma ser usada para a própria linguagem. Brian Rotman, entre outros, definiu o significado como aquilo que sempre "se toma emprestado ao futuro", confiando em seu pagamento ulterior e sempre adiado[11]. Afinal, como surgem os significados compartilhados? Por meio do que Alfred Schuetz chamou de "idealização mútua": o sujeito elimina o impasse da sondagem interminável da pergunta "dizemos todos a mesma coisa com a palavra 'pássaro'?" pressupondo e agindo simplesmente *como se* quiséssemos mesmo dizer a mesma coisa. Não há linguagem sem esse "salto de fé". Essa pressuposição, esse "salto de fé", não deveria ser concebida na linha habermasiana como normatividade embutida no funcionamento da linguagem, o ideal pelo qual todos os falantes lutam (ou deveriam lutar). Pelo contrário, longe de ser um ideal, é uma ficção que tem de ser solapada repetidamente caso se queira que o conhecimento progrida. Assim, no mínimo, esse "e se" pressuposto é profundamente antinormativo. É claro que um habermasiano responderia que o ideal, a norma inscrita na linguagem, é, apesar de tudo, o estado em que essa ficção não seria mais ficção, e sim comunicação direta em que os sujeitos chegariam a um acordo sem atrito. Mas tal defesa erra o alvo, que é, não só e simplesmente, que tal estado seja inacessível (e também indesejável), mas que o "salto de fé" não só não tem conteúdo normativo como pode até bloquear uma maior elaboração – por que lutar por uma coisa que supostamente já temos? Em outras palavras, o que a leitura desse "e se" como normatividade deixa de perceber é que o "salto de fé" é necessário e produtivo (permitindo a comunicação) exatamente na medida em que é uma ficção contrária aos fatos. Seu "efeito-verdade", seu papel positivo de permitir a comunicação, depende exatamente do fato de *não* ser verdade, de pular para a ficção; sua condição não

---

[10] *TKM*, p. 9.
[11] Ver Brian Rotman, *Signifying nothing: the semiotics of zero* (Londres, 1975).

é normativa porque impede o impasse debilitante da linguagem, sua falta básica de garantia, ao *apresentar como já realizado aquilo pelo que deveríamos lutar*.

A mesma lógica de viver de crédito tomado ao futuro também serve para o stalinismo. A versão evolucionária padrão é que, embora o socialismo stalinista tenha desempenhado certo papel ao permitir a industrialização rápida da Rússia, em meados da década de 1960 o sistema já esgotara seu potencial. No entanto, o que essa avaliação deixa de levar em conta é que todo o período de comunismo soviético, desde 1917 – ou, mais exatamente, a partir da proclamação por Stalin do objetivo de "construir o socialismo num só país", de 1924 em diante –, viveu com tempo emprestado, estava "endividado com seu próprio futuro", de modo que o fracasso final desqualificou retroativamente as próprias épocas anteriores.

ECONOMIA E POLÍTICA

No entanto, a principal paralaxe marxista não é aquela entre economia e política, entre a "crítica da economia política", com sua lógica de mercadorias, e a luta política, com sua lógica de antagonismos de classe? Ambas as lógicas são "transcendentais", não meramente onto-empíricas; e as duas são irredutíveis uma à outra. É claro que apontam entre si – a luta de classes está inserida no próprio coração da economia, mas tem de permanecer ausente, não-tematizada (basta lembrar de como o manuscrito do terceiro volume de *O capital* abandona de repente as classes). Mas esse mesmo envolvimento mútuo é distorcido, de modo que impede todo contato direto entre elas. Qualquer tradução direta da luta política em mero reflexo dos "interesses" econômicos está fadada a falhar, assim como qualquer redução da esfera econômica numa sedimentação "reificada" secundária de um processo político básico subjacente.

Nesse sentido, a "política pura" de Badiou, Rancière e Balibar, mais jacobina do que marxista, divide com seu grande adversário os Estudos Culturais anglo-saxões, a degradação da esfera da economia. Ou seja, o que pretendem todas as novas teorias francesas (ou de orientação francesa) da política, de Balibar a Laclau e Mouffe, passando por Rancière e Badiou, é – usando termos filosóficos tradicionais – a redução da esfera da economia (da produção material) a uma esfera "ôntica" privada de dignidade "ontológica". Dentro desse horizonte, simplesmente não há lugar para a "crítica da economia política" marxista: a estrutura do universo das mercadorias e do capital em *O capital*, de Marx, *não* é apenas aquela de uma esfera empírica limitada, e sim um tipo de sociotranscendental *a priori*, a matriz que gera a totalidade das relações sociais e políticas. A relação entre economia e política é, em última instância, aquela do conhecido paradoxo visual dos "dois rostos ou um vaso": ou se vêem os rostos ou o vaso, nunca as duas coisas ao mesmo tempo; é preciso optar. Do mesmo modo, podemos nos concentrar no político, reduzindo o domínio da economia ao "fornecimento de bens" empírico; ou no econômico, reduzindo a política a um teatro de aparências, um fenômeno passageiro que desaparecerá com a chegada de uma sociedade comunista (ou tecnocrática) desenvolvida, na qual, como explicaram Saint-Simon e Engels, o "governo do povo" dá lugar ao "governo das coisas".

A crítica "política" do marxismo – a alegação de que, quando se reduz a política a uma expressão "formal" de algum processo socioeconômico "objetivo" subjacente, perde-se a abertura e o constitutivo contingencial do próprio campo político – deveria ser, assim, complementada com seu anverso: o campo da economia é, *em sua própria forma*, irredutível à política. É essa realidade do econômico como forma determinante do social que os "pós-marxistas políticos" franceses deixam de ver quando reduzem a economia a uma das esferas sociais positivas.

A idéia básica da visão em paralaxe é, portanto, que o próprio isolamento produz seu objeto. A "democracia" como forma só surge quando se isola a textura das relações econômicas, assim como a lógica inerente do aparelho político de Estado – ambas têm de ser abstraídas para que as pessoas efetivamente incorporadas aos processos econômicos e sujeitas aos aparelhos de Estado sejam reduzidas a agentes eleitorais individuais. O mesmo também serve para a "lógica da dominação", da maneira como todos são controlados ou manipulados pelos aparelhos de sujeição: para discernir esses mecanismos de poder, é preciso abstrair-se não só do imaginário democrático (como faz Foucault em suas análises da microfísica do poder, e Lacan em sua análise do poder no "Seminário XVIII"), mas também do processo de (re)produção econômica. Finalmente, a esfera da (re)produção econômica também só surge quando se isola metodologicamente a existência concreta da ideologia política e do Estado; não surpreende que tantos críticos de Marx se queixem de que falta à sua "crítica da economia política" uma teoria do poder e do Estado. É claro que a armadilha a ser evitada aqui é a idéia ingênua de que se deva ter em vista a totalidade social, da qual a ideologia democrática, o exercício do poder e os processos da (re)produção econômica são meras partes. Quando se tenta manter tudo isso em vista ao mesmo tempo, acaba-se não vendo nada – seus contornos desaparecem. Esse isolamento não é um mero procedimento epistemológico; ele responde ao que Marx chamou de "abstração real" – uma abstração do poder e das relações econômicas que está inserida na própria realidade do processo democrático, e assim por diante.

FILOSOFIA E FALTA DE LAR

De maneira ainda mais radical, não deveríamos afirmar como tal a condição paraláctica da filosofia? Desde seu início, com os pré-socráticos jônicos, a filosofia surgiu nos interstícios das comunidades sociais materiais como pensamento daqueles que estavam presos numa posição de "paralaxe", incapazes de identificar-se por completo com alguma identidade social positiva. Eis o que falta na descrição de Heidegger: como, a partir de seus amados pré-socráticos, o filosofar envolveu uma posição "impossível" de afastamento de toda identidade comunal, seja na "economia", como organização do lar, ou na pólis. Assim como a troca, na visão de Marx, a filosofia surge nos interstícios *entre* comunidades diferentes, num espaço frágil de circulação a que falta toda identidade positiva. Isso não fica ainda mais claro no caso de Descartes? A experiência fundamental de seu manifesto de dúvida universal é, exatamente, a revelação "multicultural" de que nossa própria tradição não é melhor do que as tradições dos outros que nos parecem "excêntricas":

> Fui ensinado, ainda em meus tempos de escola, que não há nada imaginável tão estranho ou tão pouco crível que não tenha sido defendido por este ou aquele filósofo, e reconheci ainda mais, no decorrer das minhas viagens, que mesmo aqueles cujos sentimentos são tão contrários aos nossos não são necessariamente bárbaros ou selvagens, mas podem estar de posse da razão em grau tão grande quanto nós, e até mesmo em grau maior. Também refleti sobre como o mesmíssimo homem, idêntico em mente e espírito, pode tornar-se tão diferente, quer seja criado desde a infância entre os franceses ou os alemães, quer tenha passado toda a sua vida entre chineses ou canibais. Do mesmo modo, notei como até nas modas do vestir a mesma coisa que nos agradava há dez anos, e que talvez venha a nos agradar mais uma vez antes que se passem mais dez anos, parece, no momento atual, extravagante e ridículo. Assim, concluí que é muito mais o costume e o exemplo que nos convencem, mais do que algum conhecimento certo, mas que, apesar disso, a voz da maioria não constitui nenhuma prova do valor de verdades um pouco difíceis de descobrir, porque tais verdades têm muito mais probabilidade de terem sido descobertas por um só homem, e não por uma nação. No entanto, não consegui destacar ninguém cuja opinião parecesse preferível às dos outros e descobri que, por assim dizer, estava constrangido em realizar eu mesmo a condução de meu procedimento.[12]

Desse modo, Karatani tem razão ao enfatizar o caráter insubstancial do *cogito*: "Não se pode falar dele positivamente; assim que isso é feito, sua função se perde"[13]. O *cogito* não é uma entidade material, e sim uma função estrutural pura, um lugar vazio (Lacan: $) – que, como tal, só pode surgir nos interstícios de sistemas comunais materiais. Há, assim, um vínculo intrínseco entre o surgimento do *cogito* e a desintegração e a perda das identidades comunais materiais, o que

---

[12] *Discourse on method* (Indiana, Notre Dame, 1994), p. 33 [ed. bras.: *Discurso do método*, São Paulo, Martins Fontes, 1999].
[13] *TKM*, p. 134.

vale ainda mais para Spinoza do que para Descartes. Embora Spinoza criticasse o *cogito* cartesiano como entidade ontológica positiva, endossou-o implicitamente como "posição do enunciado", de uma dúvida radical de si mesmo, já que, mais ainda que Descartes, Spinoza falava a partir de um espaço social intersticial, nem como judeu nem como cristão.

Seria fácil retrucar que essa abertura e relativização multicultural cartesiana da própria posição de alguém é apenas o primeiro passo, o abandono das opiniões herdadas, no caminho para chegar ao conhecimento filosófico absolutamente certo – o abandono do lar falso e vacilante para atingir nosso verdadeiro lar. O próprio Hegel não compara a descoberta do *cogito* de Descartes a um marinheiro que, depois de muito vagar pelo oceano, vê finalmente a terra firme? A falta de lar cartesiana não seria, assim, apenas uma ação tática enganosa, uma precursora "negação da negação", a *Aufhebung* do falso lar tradicional no verdadeiro lar conceitual finalmente descoberto? Nesse sentido, Heidegger não teria razão ao aprovar a citação da definição de filosofia de Novalis como a saudade do verdadeiro lar perdido? Podemos nos permitir duvidar. Afinal de contas, o próprio Kant apresenta-se como testemunha de acusação; em sua filosofia transcendental, a falta de lar continua irredutível – estamos para sempre cindidos, condenados a uma posição frágil entre as duas dimensões e a um "salto de fé" sem nenhuma garantia. Mesmo com Hegel, as coisas são realmente tão claras? Será que, para Hegel, esse novo "lar" não seria, de certo modo, a própria falta de lar, o próprio movimento aberto da negatividade?

Ao longo dessas linhas da "falta de lar" constitutiva da filosofia, Karatani defende – em oposição a Hegel – a idéia de Kant de uma "sociedade civil mundial" cosmopolita (*Weltburgergesellschaft*), que não seria uma simples expansão da cidadania do Estado-nação para a cidadania num Estado multinacional global. Para Karatani, isso envolve a passagem da nossa identificação com a substância étnica "orgânica", concretizada numa tradição cultural específica, para um princípio de identificação radicalmente diferente – ele se refere à noção de Deleuze de uma "singularidade universal" oposta à tríade individualidade-particularidade-generalidade. Essa oposição é o contraste entre Kant e Hegel. Para Hegel, a "sociedade civil mundial" é uma noção abstrata sem conteúdo material, à qual falta a mediação do particular e, portanto, a força da realidade total. Afinal, a única maneira pela qual o indivíduo pode participar efetivamente de uma humanidade universal é pela identificação total com um Estado-nação específico – sou "humano" apenas como alemão, inglês, francês, e assim por diante.

Para Kant, pelo contrário, a "sociedade civil mundial" designa o paradoxo de uma singularidade universal, ou seja, de um objeto singular que, numa espécie de curto-circuito, passa por cima da mediação do particular para participar diretamente do universal. Essa identificação com o universal não é a identificação com uma substância global abrangente ("humanidade"), mas com um princípio ético-político universal – um coletivo religioso universal, um coletivo científico, uma organização revolucionária global, todos os quais, em princípio, acessíveis a todo mundo. É exatamente isso, como ressalta Karatani, que Kant queria dizer, num trecho famoso de "O que é Iluminismo?", com "público" em oposição a "privado". Para ele, o "privado" não era o indivíduo em oposição à comunidade, mas a própria ordem comunal-institucional da identificação específica de alguém, enquanto o "público" era a universalidade transnacional do exercício da própria razão. O paradoxo, assim, é que se participa da dimensão universal da esfera "pública" exatamente como indivíduo singular, extraído da identificação comunal substantiva ou até oposto a ela – só se é realmente universal quando se é radicalmente singular, nos interstícios das identidades comunais.

Isso, contudo, nos leva à nossa primeira observação crítica. Karatani realmente "dá uma chance a Hegel" ou o transforma num testa-de-ferro conveniente (como tantas vezes acontece com os críticos de Hegel)? Uma prova negativa dessa insuficiência é uma característica do livro de Karatani que salta aos olhos: a ausência de qualquer referência a Alfred Sohn-Rethel, que também desdobrou diretamente o paralelo entre a crítica transcendental de Kant e a crítica da economia política de Marx, mas no sentido crítico oposto (a estrutura do universo da mercadoria *é* aquela do espaço transcendental kantiano)[14]. Karatani só pode basear-se de forma acrítica em Kant caso ignore a demonstração de que a própria lógica de Kant já está "contaminada" pela estrutura do fetichismo da mercadoria e que apenas a dialética de Hegel fornece as ferramentas para romper as antinomias do universo das mercadorias.

LOTERIAS DE PODER

Além disso, alguns detalhes da leitura de Kant feita por Karatani são questionáveis. Quando Karatani propõe sua solução "transcendental" para a antinomia do dinheiro – precisamos de um x que será dinheiro e não-dinheiro – e depois reaplica sua solução ao poder – precisamos de algum poder centralizado mas não fetichizado numa substância que seja o poder "em si" –, ele evoca, de forma explícita, uma homologia estrutural com Duchamp, em que um objeto se torna arte não por causa de suas propriedades intrínsecas, mas simplesmente por ocupar um lugar determinado no sistema estético. Mas tudo isso não se combina exatamente com a teorização de Claude Lefort da democracia como ordem política na qual o lugar do poder está a princípio vazio e só é preenchido temporariamente por representantes

---

[14] Alfred Sohn-Rethel, *Intellectual and manual labour: a critique of epistemology* (Londres, 1978).

eleitos? Ao longo dessa linha, até a noção aparentemente excêntrica de Karatani de combinar eleições com loterias no procedimento de determinar quem nos governará é mais tradicional do que parece. Ele mesmo menciona exemplos da Grécia Antiga, mas sua proposta cumpre paradoxalmente a mesma tarefa da teoria da monarquia de Hegel.

Nessa conjuntura, Karatani assume o risco heróico de uma definição meio maluca da diferença entre ditadura da burguesia e ditadura do proletariado: "Se o sufrágio universal com voto secreto, ou seja, a democracia parlamentar, é a ditadura da burguesia, a criação de uma loteria poderia ser considerada a ditadura do proletariado"[15]. Desse modo, "*o centro existe e não existe ao mesmo tempo*"[16]: existe como lugar vazio, um *x* transcendental, e não existe como entidade positiva material. Mas isso seria mesmo suficiente para minar o "fetichismo do poder"? Um indivíduo ocasional pode ocupar temporariamente o lugar de poder e ter o carisma do poder a si conferido por algum tempo, seguindo a bem conhecida lógica do repúdio fetichista: "Sei muito bem que esta é uma pessoa comum como eu, mas *ainda assim* [...] (enquanto no poder, ele se torna o instrumento de uma força transcendente, o poder fala e age por meio dele)". Em conseqüência, a verdadeira tarefa não seria exatamente livrar-se da própria mística do *lugar* de poder, segundo a matriz geral das soluções de Kant, na qual as proposições metafísicas (Deus, imortalidade da alma etc.) são afirmadas "por apagamento", como postulados?

Por fim, a descrição que Karatani faz das noções de mais-valia e de exploração de Marx tem uma estranha lacuna: ignora por completo o elemento-chave de sua crítica da teoria padrão do valor advindo do trabalho. Para Marx, os trabalhadores não são explorados por lhes negarem o valor total de seu trabalho – os salários, em princípio, são "justos", pois eles recebem o valor integral da mercadoria que vendem: sua força de trabalho. Em vez disso, são explorados porque o valor de uso dessa mercadoria não tem igual, já que produz um novo valor maior do que seu

---

[15] *TKM*, p. 183. Karatani evoca a prática do sorteio na democracia ateniense. Mas a combinação de votação e sorteio que defende não se parece com o procedimento oligárquico para eleger o doge de Veneza, procedimento criado em 1268 depois que um ocupante tentou adquirir poderes monárquicos hereditários? Houve primeiro uma votação para escolher os 30 membros de um conselho, depois outra para selecionar 9 deles. Esses 9, então, indicaram 40 eleitores provisórios que, por sua vez, sortearam 12, que então elegeram 25. Estes foram reduzidos a 9, e cada um deles, então, indicou 5. Os 45 indicados foram reduzidos por sorteio a 11; eram necessários 9 dos 11 votos para escolher os 41 finais, que, reunidos em conclave, elegeriam o doge. A meta desse procedimento labiríntico era, naturalmente, impedir que algum grupo ou família exercesse influência indevida sobre o resultado. Além disso, para impedir que o próprio doge assumisse poder demasiado, havia uma lista de coisas que ele não poderia fazer (seus filhos e filhas não se podiam casar fora da República, ele só poderia abrir cartas oficiais na presença de outrem etc.).

[16] *TKM*, p. 183.

próprio valor, e é esse valor maior que é apropriado pelos capitalistas. Karatani, pelo contrário, reduz a exploração a apenas mais um caso de diferença de preço entre sistemas de valores: em função da incessante inovação tecnológica, os capitalistas conseguem ganhar com a venda dos produtos do trabalho mais do que têm de pagar aos trabalhadores. Aqui a exploração capitalista é apresentada como estruturalmente semelhante à atividade dos mercadores que compram e vendem em lugares diferentes, aproveitando o fato de que o mesmo produto é mais barato aqui (onde o compram) do que ali (onde o vendem):

> Só quando há uma diferença de preço entre sistemas de valor – A (quando vendem sua força de trabalho) e B (quando compram as mercadorias) – é que se concretiza a mais-valia. Essa é a chamada mais-valia relativa. E só é obtida pela inovação tecnológica incessante. Assim, descobre-se que o capital industrial também obtém mais-valia a partir do interstício entre dois sistemas diferentes.[17]

Karatani termina recomendando o experimento do LETS (Local Exchange Trading System, ou Sistema Comercial de Trocas Locais, com base em moeda não-comercializada) como modelo econômico da "oposição" ao capital. Mas é difícil ver como isso evita a mesma armadilha que Karatani também ressalta – a armadilha de um meio de troca que não seria mais um fetiche e serviria apenas como "dinheiro-trabalho", um instrumento transparente que designasse a contribuição de cada indivíduo para o produto social. Mas, embora possa parecer fraco nessas articulações, o livro de Karatani é fundamental para quem quiser romper o impasse da resistência "cultural" ao capitalismo e reafirmar a realidade da crítica da economia política de Marx. A ironia objetiva da teoria de Karatani é que ela também pode ser lida como alegoria da cisão paraláctica que determinou sua própria posição subjetiva: está geograficamente cindido entre Osaka e o mundo acadêmico da Costa Leste dos Estados Unidos, onde hoje trabalha; seus textos estão cindidos entre as análises literário-culturais e a obra sociopolítica engajada; sua própria obra é também mais uma vez cindida entre uma leitura "desconstrucionista" da economia política marxista e o envolvimento prático no Novo Movimento Associacionista do Japão. Longe de assinalar uma falha crítica, essa posição paraláctica de Karatani serve de índice da verdade: no universo globalizado de hoje, marcado por lacunas inconciliáveis entre níveis diferentes da nossa vida, a fidelidade a visões em paralaxe, a antagonismos não-resolvidos, é a única forma de abordar a totalidade da nossa experiência.

---

[17] *TKM*, p. 239.

MIKE DAVIS

PLANETA DE FAVELAS

A involução urbana e o proletariado informal

Em algum momento do ano que vem, uma mulher vai dar à luz na favela de Ajegunle, em Lagos; um rapaz fugirá de sua aldeia, no oeste de Java, para as luzes brilhantes de Jacarta; e um fazendeiro partirá com a família empobrecida para um dos inumeráveis *pueblos jovenes* de Lima. O evento exato não importa e passará sem sequer ser notado. Ainda assim, representará um divisor de águas na história humana. Pela primeira vez, a população urbana da Terra será mais numerosa que a rural. Na verdade, dada a imprecisão dos recenseamentos no Terceiro Mundo, essa transição sem paralelo pode já ter ocorrido.

A Terra urbanizou-se ainda mais depressa do que previra de início o Clube de Roma em seu relatório sabidamente malthusiano de 1972, *Limits of growth* [Limites do crescimento]. Em 1950, havia 86 cidades no mundo com mais de um milhão de habitantes; hoje, são 400 e, em 2015, serão pelo menos 550[1]. Na verdade, as cidades absorveram quase dois terços da explosão populacional global desde 1950 e crescem hoje no ritmo de um milhão de bebês e migrantes por semana[2]. A população urbana atual (3,2 bilhões de pessoas) é maior que a população total do planeta em 1960. Enquanto isso, no mundo todo o campo chegou a sua população máxima (3,2 bilhões de pessoas) e começará a encolher a partir de 2020. Como resultado, as cidades serão responsáveis por todo o crescimento populacional futuro da Terra – espera-se que seu ponto máximo, cerca de 10 bilhões de habitantes, seja atingido em 2050[3].

---

[1] UN Population Division, *World urbanization prospects, the 2001 revision* (Nova York, 2002).

[2] Population Information Program, *Population reports: meeting the urban challenge*, v. XXX, n. 4, outono [quarto trimestre] de 2002, p. 1.

[3] Wolfgang Lutz, Warren Sandeson e Sergei Scherbov, "Doubling of world population unlikely",

O CLIMATÉRIO URBANO

Onde estão os heróis, os colonizadores, as vítimas da Metrópole?
Brecht, registro no *Diário*, 1921

Desse aumento mundial, 95% ocorrerá nas áreas urbanas dos países em desenvolvimento, cuja população dobrará para quase 4 bilhões de pessoas na próxima geração[4]. (Na verdade, a população urbana combinada da China, da Índia e do Brasil já é mais ou menos igual à da Europa somada à da América do Norte.) O resultado mais notado será o desenvolvimento de novas megacidades com mais de 8 milhões de habitantes e, ainda mais espetaculares, hipercidades com mais de 20 milhões de habitantes (a população urbana mundial estimada na época da Revolução Francesa)[5]. Em 1995, só Tóquio atingira incontestavelmente esse patamar. Em 2025, segundo a *Far Eastern Economic Review*, a Ásia, sozinha, poderá ter dez ou onze conurbações desse tamanho, como Jacarta (24,9 milhões), Daca (25 milhões) e Karachi (26,5 milhões). Xangai, cujo crescimento foi congelado durante décadas pela política maoísta de suburbanização deliberada, poderia ter até 27 milhões de moradores em sua imensa região metropolitana estuarina[6]. Enquanto isso, prevê-se que Mumbai (Bombaim) atinja 33 milhões de habitantes, embora ninguém saiba se concentrações tão gigantescas de pobreza são sustentáveis em termos biológicos ou ecológicos[7].

Mas, se as megacidades são as estrelas mais brilhantes do firmamento urbano, três quartos do fardo do crescimento populacional será suportado por cidades pouco visíveis de segundo nível e por áreas urbanas menores – lugares onde, como enfatizam os pesquisadores da ONU, "há pouco ou nenhum planejamento para acomodar tais pessoas e prestar-lhes serviços"[8]. Na China (oficialmente 43% urbana

---

Nature, n. 387, 19/6/1997, p. 803-4. No entanto, a população da África subsaariana triplicará, e a da Índia dobrará.

[4] Global Urban Observatory, *Slums of the world: the face of urban poverty in the new millenium?* (Nova York, 2003), p. 10.

[5] Embora não se duvide da velocidade da urbanização global, a taxa de crescimento de cidades específicas pode frear-se repentinamente com o atrito do tamanho e da aglomeração. Um caso famoso de uma dessas "reversões de polarização" é a Cidade do México, que todos previam que atingiria 25 milhões de habitantes na década de 1990 (a população atual é, provavelmente, de 18 ou 19 milhões). Ver Yue-man Yeung, "Geography in an age of mega-cities", *International Social Sciences Journal*, n. 151, 1997, p. 93.

[6] Ver o ponto de vista de Yue-man Yeung, "Viewpoint: integration of the Pearl River delta", *International Development Planning Review*, v. 25, n. 3, 2003.

[7] *Far Eastern Economic Review*, *Asia 1998 Yearbook*, p. 63.

[8] UN-Habitat, *The challenge of the slums: global report on human settlements 2003* (Londres, 2003), p. 3.

em 1997), o número oficial de cidades disparou de 193 para 640 desde 1978. Mas as grandes metrópoles, apesar do crescimento extraordinário, na verdade reduziram sua participação relativa no total da população urbana. Pelo contrário, são as cidades pequenas e as vilas recentemente "promovidas" a cidades que absorveram a maior parte da força de trabalho rural tornada excedente pelas reformas do mercado depois de 1979[9]. Na África, do mesmo modo, o crescimento ao estilo supernova de algumas cidades gigantescas como Lagos (de 300 mil habitantes em 1950 para 10 milhões hoje) foi igualado pela transformação de várias dezenas de cidadezinhas e oásis como Uagadugu, Nuakchote, Duala, Antananarivo e Bamako em cidades maiores que São Francisco e Manchester. Na América Latina, onde as cidades principais monopolizaram por um bom tempo o crescimento, cidades secundárias como Tijuana, Curitiba, Temuco, Salvador e Belém estão hoje em expansão, "com o crescimento mais veloz acontecendo nas cidades que possuem entre 100 mil e 500 mil habitantes"[10].

Além disso, como insistiu Gregory Guldin, a urbanização precisa ser conceituada como transformação estrutural e intensificação da interação em todos os pontos de uma linha contínua urbano-rural. Em seu estudo do sul da China, o campo vem se urbanizando *in situ*, além de gerar migrações nunca vistas. "As aldeias tornam-se mais parecidas com as vilas *xiang* e os mercados e as cidadezinhas do interior ficam mais parecidas com cidades grandes." O resultado, na China e em boa parte do sudeste da Ásia, é uma paisagem híbrida, um campo parcialmente urbanizado que, defendem Guldin e outros, pode ser "um caminho novo e importante de povoação humana e desenvolvimento [...] uma forma nem rural nem urbana, mas uma mistura dos dois, na qual uma rede densa de transações liga grandes núcleos urbanos com suas regiões circundantes"[11]. Na Indonésia, onde um processo semelhante de hibridação rural/urbana está bem avançado em Jabotabek (a grande Jacarta), os pesquisadores chamam esses novos padrões de uso de terra de *desokotas* e discutem se são paisagens de transição ou uma espécie nova e dramática de urbanismo[12].

Os urbanistas também especulam sobre os processos que interligam as cidades do Terceiro Mundo em redes, corredores e hierarquias novos e extraordinários.

---

[9] Gregory Guldin, *What's a peasant to do: village becoming town in Southern China* (Boulder, Colorado, 2001), p. 13.

[10] Miguel Villa e Jorge Rodriguez, "Demographic trends in Latin America's metropolises, 1950-1990", em Alan Gilbert (org.), *The mega-city in Latin America* (Tóquio, 1996), p. 33-4.

[11] Guldin, *Peasant*, cit., p. 14, 17. Ver também Jing Neng Li, "Structural and spatial economic changes and their effects on recent urbanization in China", em Gavin Jones e Pravin Visaria (orgs.), *Urbanization in large developing countries* (Oxford, 1997), p. 44.

[12] Ver T. McGee, "The emergence of Desakota regions in Asia: expanding a hypothesis", em Northon Ginsburg, Bruce Koppell e T. McGee (orgs.), *The extended metropolis: settlement transition in Asia* (Honolulu, 1991).

Por exemplo, os deltas dos rios Pérola (Hong Kong–Guangju) e Yang-tsé (Xangai), juntamente com o corredor Beijing–Tianjin, estão se transformando rapidamente em megalópoles comparáveis a Tóquio–Osaka, ao baixo Reno ou a Nova York–Filadélfia. Mas esse pode ser apenas o primeiro estágio do surgimento de uma estrutura ainda maior: "um corredor urbano contínuo que se estende do Japão/Coréia do Norte até o oeste de Java"[13]. Xangai, quase com certeza, irá então se unir a Tóquio, Nova York e Londres como uma das "cidades mundiais" que controlam a rede global de fluxos de capital e informação. O preço dessa nova ordem urbana será a desigualdade cada vez maior em e entre cidades de diferentes tamanhos e especializações. Guldin, por exemplo, cita interessantes discussões chinesas sobre a possível substituição, hoje em dia, do antigo abismo de renda e desenvolvimento entre a cidade e o campo por uma lacuna igualmente básica entre as cidades pequenas e as gigantes litorâneas[14].

DE VOLTA A DICKENS

> *Vi hostes inumeráveis, condenadas à escuridão, à sujeira, à pestilência, à obscenidade, ao sofrimento e à morte precoce.*
>
> Dickens, "A December vision", 1850

A dinâmica da urbanização no Terceiro Mundo recapitula e confunde os precedentes da Europa e da América do Norte no século XIX e início do século XX. Na China, a maior revolução industrial da história é a alavanca de Arquimedes que desloca uma população do tamanho da européia das aldeias rurais para cidades cheias de fumaça e arranha-céus. Como resultado, "a China deixa[rá] de ser o país predominantemente rural que foi por milênios"[15]. Na verdade, o grande óculo do Centro Financeiro Mundial de Xangai pode, daqui a pouco, olhar para um vasto mundo urbano jamais imaginado por Mao, nem, aliás, por Le Corbusier. Mas, na maior parte do mundo em desenvolvimento, faltam ao crescimento das cidades o poderoso motor industrial-exportador da China e sua enorme importação de capital estrangeiro (hoje em dia, equivalente à metade do investimento estrangeiro total no mundo em desenvolvimento).

---

[13] Yue-man Yeung e Fu-chen Lo, "Global restructuring and emerging urban corridors in Pacific Asia", em Lo e Yeung (orgs.), *Emerging world cities in Pacific Asia* (Tóquio, 1996), p. 41.

[14] Guldin, *Peasant*, cit., p. 13.

[15] Wang Mengkui, assessor do Conselho de Estado, citado no *Financial Times*, 26 de novembro de 2003. Desde as reformas de mercado do final da década de 1970, estima-se que quase 300 milhões de chineses mudaram-se das áreas rurais para as cidades. Espera-se que mais 250 ou 300 milhões os sigam nas próximas décadas (*Financial Times*, 16/12/2003).

Em conseqüência, a urbanização em outros lugares foi radicalmente desligada da industrialização e até do desenvolvimento propriamente dito. Alguns argumentariam que esta é a expressão de um pendor inexorável: a tendência intrínseca do capitalismo informatizado de desvincular o crescimento da produção do crescimento do nível de emprego. Mas, na África subsaariana, na América Latina, no Oriente Médio e em partes da Ásia, a urbanização sem crescimento é mais claramente herança de uma conjuntura política global – a crise da dívida externa do final da década de 1970 e a subseqüente reestruturação das economias do Terceiro Mundo pelo FMI nos anos 1980 – do que lei férrea do avanço da tecnologia. Além disso, a urbanização do Terceiro Mundo continuou em seu ritmo velocíssimo (3,8% ao ano entre 1960 e 1993) durante os anos difíceis da década de 1980 e do início da de 1990, apesar da queda do salário real, da alta dos preços e da disparada do desemprego urbano[16].

Essa expansão urbana "perversa" contradisse os modelos econômicos ortodoxos, que previam que o *feedback* negativo da recessão urbana retardaria ou até reverteria a migração do campo. O caso africano foi especialmente paradoxal. Como as cidades da Costa do Marfim, da Tanzânia, do Gabão e de outros países cuja economia se contraía 2% a 5% ao ano conseguiram ainda manter um crescimento populacional anual de 5% a 8%[17]? Obviamente, parte do segredo é que as políticas de desregulamentação agrícola e "descampesinação" impostas pelo FMI (e hoje pela OMC) aceleraram o êxodo da mão-de-obra rural excedente para as favelas urbanas, ainda que as cidades deixassem de ser máquinas de empregos. O crescimento da população urbana, apesar do crescimento econômico urbano zerado ou negativo, é a face extrema do que alguns pesquisadores rotularam de "superurbanização"[18]. É apenas uma das várias ladeiras inesperadas para as quais a ordem mundial neoliberal empurrou a urbanização do milênio.

É claro que a teoria social clássica, de Marx a Weber, acreditava que as grandes cidades do futuro seguiriam os passos industrializantes de Manchester, Berlim e Chicago. Na verdade, Los Angeles, São Paulo, Pusan e, hoje, Ciudad Juárez, Bangalore

---

[16] Josef Gugler, "Introduction – II. Rural-urban migration", em Gugler (org.), *Cities in the developing world: issues, theory and policy* (Oxford, 1997), p. 43. Para uma visão contrária, que contesta os dados geralmente aceitos do Banco Mundial e da ONU sobre as taxas de urbanização elevadas e contínuas da década de 1980, ver Deborah Potts, "Urban lives: adopting new strategies and adapting rural links", em Carole Rakodi (org.), *The urban challenge in Africa: growth and management of its large cities* (Tóquio, 1997), p. 463-73.

[17] David Simon, "Urbanization, globalization and economic crisis in Africa", em Rakodi, *Urban challenge*, cit., p. 95.

[18] Ver Josef Gugler, "Overurbanization reconsidered", em Gugler, *Cities in the developing world*, cit., p. 114-23. Em contraste, a economia anterior dominante na União Soviética e na China maoísta restringia a migração interna para as cidades e, assim, tendia à "suburbanização".

e Guangju seguiram mais ou menos essa trajetória clássica. Mas a maioria das cidades do hemisfério sul é mais parecida com a Dublin vitoriana, que, como enfatizou Emmet Larkin, não teve igual dentre "todos os montes de cortiços produzidos no mundo ocidental no século XIX [...] [porque] seus cortiços não foram resultado da revolução industrial. Dublin, na verdade, sofreu mais com os problemas da desindustrialização do que com a industrialização entre 1800 e 1850"[19].

Do mesmo modo, Kinshasa, Cartum, Dar-es-Salaam, Daca e Lima cresceram de modo prodigioso, apesar da ruína da indústria de substituição de importações, do encolhimento do setor público e da decadência da classe média. As forças globais que "empurram" as pessoas para fora do campo – a mecanização em Java e na Índia, a importação de alimentos no México, no Haiti e no Quênia, a guerra civil e a seca de modo generalizado na África e, por toda parte, a consolidação de pequenas propriedades em grandes e a competição do agronegócio em escala industrial – parecem manter a urbanização mesmo quando a "atração" da cidade é enfraquecida drasticamente pelo endividamento e pela depressão[20]. Ao mesmo tempo, o rápido crescimento urbano no contexto do ajuste estrutural, da desvalorização da moeda e da redução do Estado foi a receita inevitável da produção em massa de favelas[21]. Assim, boa parte do mundo urbano corre de volta para a época de Dickens.

A predominância espantosa das favelas é o principal tema do relatório histórico e sombrio publicado em outubro passado pelo Programa de Assentamentos Humanos das Nações Unidas (UN-Habitat)[22]. *The challenge of the slums* [O desafio das favelas] (daqui em diante apenas *Slums*) é a primeira auditoria verdadeiramente global acerca da pobreza urbana. Integra com competência diversos estudos de casos urbanos, de Abidjan a Sydney, com dados globais sobre as famílias, incluindo, pela primeira vez, a China e o antigo bloco soviético. (Os autores da ONU registram sua dívida especial a Branko Milanovic, economista do Banco Mundial que foi o pioneiro do uso de micropesquisas como uma lente poderosa para estudar a crescente desigualdade global. Num de seus artigos, Milanovic explica: "Pela primeira vez na história humana, os pesquisadores têm dados razoavelmente exatos

---

[19] Prefácio de Jacinta Prunty, *Dublin slums 1800-1925: a study in Urban Geography* (Dublin, 1998), p. IX.

[20] "Assim, parece que, nos países de baixa renda, uma queda significativa da renda urbana talvez não produza necessariamente, a curto prazo, o declínio da migração rural-urbana" (Nigel Harris, "Urbanization, economic development and policy in developing countries", *Habitat International*, v. 14, n. 4, 1990, p. 21-2).

[21] Sobre a urbanização no Terceiro Mundo e a crise global da dívida externa, ver York Bradshaw e Rita Noonan, "Urbanization, economic growth, and women's labour-force participation", em Gugler, *Cities in the developing world*, cit., p. 9-10.

[22] *Slums*, cit.

sobre a distribuição de renda ou bem-estar [despesas ou consumo] em mais de 90% da população do mundo"[23].)

Slums também é incomum em sua honestidade intelectual. Um dos pesquisadores ligados ao relatório contou-me que "os tipos de 'Consenso de Washington' (Banco Mundial, FMI etc.) sempre insistiram em definir os problemas das favelas globais não como resultado da globalização e da desigualdade, mas como resultado do 'mau governo' ". No entanto, o novo relatório rompe a seriedade e a autocensura tradicionais da ONU para condenar abertamente o neoliberalismo, em especial os programas de ajuste estrutural do FMI[24].

> A direção principal das intervenções nacionais e internacionais durante os últimos vinte anos na verdade aumentou a pobreza urbana e as favelas, elevou a exclusão e a desigualdade e enfraqueceu a elite urbana em seu esforço de usar as cidades como motores do crescimento.[25]

Slums, é verdade, negligencia (ou guarda para outros relatórios do UN-Habitat) algumas das questões mais importantes sobre o uso da terra causadas pela superurbanização e pelo assentamento informal, como o espalhamento, a degradação ambiental e os perigos urbanos. Também deixa de lançar luz sobre os processos que expulsam a mão-de-obra do campo e de incorporar uma literatura volumosa e de crescimento rápido sobre a dimensão sexuada da pobreza urbana e do emprego informal. Mas, afora essas pequenas objeções, *Slums* é um documento valiosíssimo que dá destaque às descobertas insistentes da pesquisa diante das autoridades institucionais das Nações Unidas. Se os relatórios do Painel Intergovernamental sobre a Mudança Climática constituem um consenso científico sem precedentes sobre os perigos do aquecimento global, *Slums* parece ser um alerta igualmente enfático sobre a catástrofe global da pobreza urbana. (Algum dia um terceiro relatório talvez examine o terreno sinistro da interação dos dois[26].) E, para os propósitos desta resenha, constitui um arcabouço excelente para o exame inicial dos debates contemporâneos sobre urbanização, economia informal, solidariedade humana e ação histórica.

---

[23] Branko Milanovic, *True world income distribution 1988 and 1993*, Banco Mundial (Nova York, 1999). Milanovic e seu colega Schlomo Yitzhaki foram os primeiros a calcular a distribuição de renda mundial com base em dados de pesquisas com famílias de cada país.

[24] O Unicef, para ser justo, criticou durante anos o FMI, destacando que "centenas de milhares de crianças do mundo em desenvolvimento deram a vida para pagar a dívida de seus países". Ver *The state of the world's children* (Oxford, 1989), p. 30.

[25] *Slums*, cit., p. 6.

[26] Supõe-se que um estudo assim examinaria, de um lado, os riscos urbanos e o colapso da infra-estrutura e, de outro, o impacto da mudança climática sobre a agricultura e a migração.

A URBANIZAÇÃO DA POBREZA

> *A montanha de lixo parecia estender-se até muito longee então, aos poucos, sem demarcação nem fronteira visível, virava outra coisa. Mas o quê? Uma coleção de estruturas, confusa e sem caminhos. Caixas de papelão, compensado e tábuas podres, carcaças de carros enferrujadas e sem vidros tinham sido amontoados para formar habitações.*
>
> Michael Thelwell, *The harder they come*, 1980

A primeira definição conhecida e publicada da palavra inglesa *slum** surgiu no *Vocabulary of the flash language* [Vocabulário da linguagem vulgar], em que é sinônimo de *racket* ou "comércio criminoso"[27]. No entanto, nos anos da cólera nas décadas de 1830 e 1840, os pobres moravam em *slums*, em vez de praticá-los. Uma geração depois, identificaram-se *slums* na América e na Índia, em geral reconhecidos como fenômeno internacional. O "*slum* clássico" era um lugar pitoresco e sabidamente provinciano, mas em geral os reformadores concordavam com Charles Booth que todos se caracterizavam por um amálgama de habitações dilapidadas, excesso de população, pobreza e vício. É claro que, para os liberais do século XIX, a dimensão moral era fundamental, e a favela era considerada, acima de tudo, um lugar onde o "resíduo" social apodrecia num esplendor imoral e quase sempre turbulento. Os autores de *Slums* descartam as calúnias vitorianas, mas fora isso conservam a definição clássica: excesso de população, habitações pobres ou informais, acesso inadequado a água potável e esgoto sanitário e insegurança da posse da terra[28].

Essa definição multidimensional é, na verdade, um padrão bem conservador do que qualifica uma favela; muitos leitores ficarão surpresos pela conclusão da ONU, contrariando o que se vê, de que somente 19,6% dos mexicanos urbanos moram em favelas. Mas, mesmo com essa definição restritiva, *Slums* estima que, em 2001, havia pelo menos 921 milhões de moradores de favelas: população quase igual à do mundo todo quando o jovem Engels aventurou-se pela primeira vez pelas ruas miseráveis de Manchester. Na verdade, o capitalismo neoliberal multiplicou exponencialmente o famoso *slum* Tom-All-Alone de Dickens em *A casa soturna*. Os moradores de favela constituem espantosos 78,2% da população urbana dos países menos desenvolvidos e o total de um terço da população urbana global[29]. Extrapolando a estrutura etária da maioria das cidades do Terceiro Mundo, pelo menos metade da população favelada tem menos de vinte anos[30].

---

* No português atual, pode ser traduzida por "favela", "cortiço", "área residencial miserável". (N. T.)
[27] Prunty, *Dublin slums*, cit., p. 2.
[28] *Slums*, cit., p. 12.
[29] *Slums*, cit., p. 2-3.
[30] Ver A. Oberai, *Population growth, employment and poverty in Third World mega-cities* (Nova York,

Os maiores percentuais de moradores de favelas do mundo são da Etiópia (espantosos 99,4% da população urbana), Tchade (também 99,4%), Afeganistão (98,5%) e Nepal (92%)[31]. No entanto, é provável que a população urbana mais pobre esteja em Maputo e Kinshasa, onde (segundo outras fontes) dois terços dos moradores ganha menos do que o custo da nutrição diária mínima necessária[32]. Em Délhi, os planejadores queixam-se amargamente das "favelas dentro das favelas", em que as pessoas ocupam os pequenos espaços abertos das colônias de reassentamento na periferia para onde os antigos pobres urbanos foram violentamente removidos em meados da década de 1970[33]. No Cairo e em Phnom Penh, os recém-chegados à cidade ocupam ou alugam espaço nos telhados, criando favelas no ar.

Muitas vezes a população das favelas é deliberadamente – e às vezes maciçamente – subcalculada. No final dos anos 1990, por exemplo, Bangcoc tinha uma taxa de pobreza "oficial" de apenas 5%, mas as pesquisas encontraram quase um quarto da população (1,16 milhão) morando em favelas e acampamentos de ocupação[34]. Do mesmo modo, a ONU descobriu recentemente que estava, sem querer, deixando de contar por uma grande margem a pobreza urbana na África. Por exemplo, é provável que os moradores de favelas de Angola sejam duas vezes mais numerosos do que se pensava a princípio. Do mesmo modo, a organização subestimou o número de habitantes urbanos pobres da Libéria, o que não surpreende, já que a população de Monróvia triplicou num só ano (1989-90) quando, apavorados, moradores do interior fugiram de uma violenta guerra civil[35].

Pode haver mais de 250 mil favelas na Terra. Sozinhas, as cinco maiores metrópoles do sul da Ásia (Karachi, Mumbai, Délhi, Kolkata e Daca) somam cerca de 15 mil comunidades faveladas diferentes com um total de mais de 20 milhões de habitantes. Uma população favelada ainda maior cobre o litoral em urbanização da África ocidental, enquanto outras conurbações imensas de pobreza espalham-se pela Anatólia e pelas terras altas da Etiópia; abraçam a base dos Andes e do Himalaia; explodem para longe dos núcleos de arranha-céus da Cidade do México, de Jo-burg, Manila e São Paulo; e, claro, ladeiam as margens dos rios Amazonas, Níger, Congo, Nilo, Tigre, Ganges, Irrawaddy e Mekong. É paradoxal que os tijolos

---

1993), p. 28. Em 1980, a coorte 0-19 das grandes cidades da OCDE era de 19% a 28% da população; nas megacidades do Terceiro Mundo, de 40% a 53%.

[31] *Slums of the world*, cit., p. 33-4.

[32] Simon, "Urbanization in Africa", cit., p. 103; e Jean-Luc Piermay, "Kinshasa: a reprieved megacity?", em Rakodi, *Urban challenge*, cit., p. 236.

[33] Sabir Ali, "Squatters: slums within slums", em Prodipto Roy e Shangon Das Gupta (orgs.), *Urbanization and slums* (Délhi, 1995), p. 55-9.

[34] Jonathan Rigg, *Southeast Asia: a region in transition* (Londres, 1991), p. 143.

[35] *Slums of the world*, cit., p. 34.

desse planeta-favela sejam ao mesmo tempo totalmente intercambiáveis e espontaneamente únicos, como os *bustees* de Kolkata, os *chawls* e *zopadpattis* de Mumbai, os *katchi abadis* de Karachi, os *kampungs* de Jacarta, os *iskwaters* de Manila, as *shammasas* de Cartum, os *umjondolos* de Durban, os *intra-murios* de Rabat, as *bidonvilles* de Abidjan, os *baladis* do Cairo, os *gecekondus* de Ancara, os *conventillos* de Quito, as *favelas* do Brasil, as *villas miseria* de Buenos Aires e as *colonias populares* da Cidade do México. São os antípodas tenazes das paisagens genéricas de fantasia e dos parques temáticos residenciais – os burgueses "Offworlds" [mundos de fora], de Philip K. Dick – nos quais a classe média global cada vez mais prefere se enclausurar.

Enquanto, por um lado, o modelo clássico do *slum* era o cortiço decadente do centro da cidade, as novas favelas, por sua vez, localizam-se, em geral, na orla das explosões espaciais urbanas. É claro que o crescimento horizontal de cidades como México, Lagos ou Jacarta foi extraordinário e que o "alastramento das favelas" é um problema tão grande no mundo em desenvolvimento quanto o alastramento dos subúrbios de classe média nos países ricos. A área construída de Lagos, por exemplo, dobrou numa só década, entre 1985 e 1994[36]. O governador do estado de Lagos disse a jornalistas, no ano passado, que "cerca de dois terços dos 3577 km² da superfície terrestre total do estado podia ser classificada como barracos ou favelas"[37]. Realmente, como escreve um correspondente da ONU,

> boa parte da cidade é um mistério [...] auto-estradas sem iluminação passam por desfiladeiros de lixo fumegante antes de dar lugar a ruas de terra que volteiam entre duzentas favelas, os esgotos correndo com dejetos não-tratados [...] Ninguém sequer sabe com certeza o tamanho da população – oficialmente são seis milhões, mas a maioria dos especialistas estima-a em dez milhões – e, menos ainda, o número de assassinatos a cada ano [ou] a taxa de infecção pelo HIV.[38]

Além disso, Lagos é, simplesmente, o maior entroncamento do corredor de 70 milhões de favelados que se estende de Abidjan a Ibadan – provavelmente a maior área de solo coberta de pobreza urbana em nosso planeta[39].

---

[36] Salah El-Shakhs, "Toward appropriate urban development policy in emerging mega-cities in Africa", em Rakodi, *Urban challenge*, cit., p. 516.

[37] *Daily Times of Nigeria*, 20/10/2003. Lagos cresceu de forma mais explosiva que todas as outras grandes cidades do Terceiro Mundo, com exceção de Daca. Em 1950, tinha apenas 300 mil habitantes, mas depois cresceu quase 10% ao ano até 1980, quando reduziu o ritmo para cerca de 6% – ainda bem veloz – durante os anos de reajuste estrutural.

[38] Amy Otchet, "Lagos: the survival of the determined", *Unesco Courier*, junho de 1999.

[39] *Slums*, cit., p. 50.

É claro que a ecologia da favela gira em torno da oferta de espaço para assentamento. Winter King, num estudo recente publicado na *Harvard Law Review*, afirma que 85% dos moradores urbanos do mundo desenvolvido "ocupam propriedades ilegalmente"[40]. Em última instância, a indeterminação da propriedade da terra e/ou a propriedade frouxa do Estado foram as brechas pelas quais uma vasta porção da humanidade despejou-se nas cidades. Os modos de assentamento das favelas variam num grande espectro, das invasões de terra disciplinadíssimas da Cidade do México e de Lima aos mercados de aluguel de organização complexa (mas muitas vezes ilegal) nos arredores de Beijing, Karachi e Nairóbi. Até em cidades como Karachi, onde a periferia urbana pertence formalmente ao governo, "lucros imensos oriundos da especulação imobiliária [...] continuam a se acumular no setor privado à custa das famílias de baixa renda"[41]. Na verdade, a máquina política nacional e local costuma aceitar o assentamento informal (e a especulação privada ilegal) enquanto conseguir controlar a compleição política das favelas e receber um fluxo regular de propinas ou aluguéis. Sem títulos formais de propriedade da terra ou da casa própria, impõe-se aos moradores das favelas uma dependência quase feudal de autoridades e líderes partidários locais. A deslealdade pode significar expulsão ou até o arrasamento de um bairro inteiro.

Enquanto isso, o fornecimento da infra-estrutura de sobrevivência arrasta-se bem atrás do ritmo da urbanização, e, muitas vezes, as áreas de favela periurbanas não oferecem nenhum serviço público nem saneamento básico[42]. Em geral, as áreas pobres das cidades latino-americanas têm melhor prestação de serviços básicos que as do sul da Ásia, que, por sua vez, costumam ter serviços urbanos mínimos, como fornecimento de água e eletricidade, que faltam a muitas favelas africanas. Como em Londres no início da época vitoriana, a contaminação da água por dejetos humanos e animais é a causa das doenças diarréicas crônicas que matam pelo menos dois milhões de crianças urbanas todos os anos[43]. Estimados 57% dos africanos urbanos não têm acesso a saneamento básico, e, em cidades como Nairóbi, os pobres precisam usar "banheiros voadores" (defecar num saco plástico)[44]. Em Mumbai o problema do saneamento é definido pela proporção de um

---

[40] Winter King, "Illegal settlements and the impact of titling programmes", *Harvard Law Review*, v. 44, n. 2, setembro de 2003, p. 471.

[41] Nações Unidas, *Karachi*, série "Population growth and policies in megacities" (Nova York, 1988), p. 19.

[42] A ausência de infra-estrutura, no entanto, cria incontáveis nichos para trabalhadores informais: vender água, transportar excrementos, reciclar lixo, fornecer gás de cozinha, e assim por diante.

[43] World Resources Institute, *World resources: 1996-97* (Oxford, 1996), p. 21.

[44] *Slums of the world*, cit., p. 25.

assento sanitário para quinhentos habitantes nos bairros mais pobres. Somente 11% dos bairros pobres de Manila e 18% de Daca têm meios formais de dispor do esgoto[45]. Sem contar a incidência da epidemia de HIV/Aids, a ONU considera que dois em cada cinco moradores de favelas africanas vivem num nível de pobreza que é, literalmente, uma "ameaça à vida"[46].

Paralelamente, por toda parte os pobres urbanos são forçados a habitar terrenos perigosos e nada apropriados para a construção – encostas muito íngremes, margens de rios e alagados. Do mesmo modo, instalam-se à sombra mortal de refinarias, indústrias químicas, depósitos de lixo tóxico ou à margem de ferrovias e auto-estradas. Em conseqüência, a pobreza "construiu" um problema de desastre urbano de freqüência e alcance sem precedentes, como exemplificam as inundações crônicas em Manila, Daca e Rio de Janeiro; as explosões de dutos na Cidade do México e em Cubatão (no Brasil); a catástrofe de Bhopal, na Índia; a explosão de uma fábrica de munição em Lagos e os deslizamentos fatais em Caracas, La Paz e Tegucigalpa[47]. Além disso, as comunidades de pobres urbanos sem direito de voto são vulneráveis às explosões súbitas de violência estatal, como na famosa destruição, em 1990, da favela praiana de Maroko, em Lagos ("uma agressão à paisagem para a comunidade vizinha de Victoria Island, fortaleza dos ricos"), ou a demolição, em 1995, sob clima congelante, da grande cidade de ocupantes ilegais de Zhejiangcun, nos arredores de Beijing[48].

Mas as favelas, apesar de mortais e inseguras, têm um futuro brilhante. Por um curto período o campo ainda conterá a maioria dos pobres do mundo, mas esse título de reputação duvidosa passará para as favelas urbanas por volta de 2035[49]. Pelo menos metade da próxima explosão populacional urbana do Terceiro Mundo será creditada às comunidades informais. Dois bilhões de favelados em 2030 ou 2040 é uma possibilidade monstruosa, quase incompreensível, mas a pobreza humana por si só superpõe-se às favelas e excede-as. Na verdade, *Slums* ressalta que, em algumas cidades, a maioria dos pobres mora, na verdade, fora da favela propriamente dita[50]. Além disso, os pesquisadores do "Observatório Urbano" da

---

[45] *Slums*, cit., p. 99.

[46] *Slums of the world*, cit., p. 12.

[47] Encontra-se um exemplar estudo de caso em Greg Bankoff, "Constructing vulnerability: the historical, natural and social generation of flooding in Metropolitan Manila", *Disasters*, v. 27, n. 3, 2003, p. 224-38.

[48] Otchet, "Lagos"; e Li Zhang, *Strangers in the city: reconfigurations of space, power and social networks within China's floating population* (Stanford, 2001); Alan Gilbert, *The Latin American city* (Nova York, 1998), p. 16.

[49] Martin Ravallion, *On the urbanization of poverty*, artigo do Banco Mundial, 2001.

[50] *Slums*, cit., p. 28.

ONU alertam que, em 2020, "a pobreza urbana no mundo chegará a 45% a 50% do total de moradores de cidades"[51].

O "BIG BANG" DA POBREZA URBANA

> *Depois de sua risada misteriosa, mudaram rapidamente de assunto para outras coisas. Como as pessoas lá em casa vinham sobrevivendo ao PAE?*
> Fidelis Balogun, Adjusted lives, 1995

A evolução da nova pobreza urbana foi um processo histórico não-linear. O acréscimo lento de cortiços e barracos ao invólucro da cidade é marcado por tempestades de pobreza e explosões de construção de favelas. Em sua coletânea de histórias *Adjusted lives* [Vidas ajustadas], o escritor nigeriano Fidelis Balogun descreve a chegada do Programa de Ajuste Estrutural (PAE) do FMI, em meados da década de 1980, como equivalente a uma grande catástrofe natural, destruindo para sempre a antiga alma de Lagos e "reescravizando" os nigerianos urbanos.

> Parecia que a lógica esquisita desse programa econômico era que, para devolver a vida à economia moribunda, todo o suco tinha antes de ser esPAEmido da maioria desprivilegiada dos cidadãos. A classe média logo desapareceu, e os montes de lixo dos poucos cada vez mais ricos tornaram-se a mesa da multiplicada população dos abjetamente pobres. O escoamento dos cérebros para os países árabes ricos em petróleo e para o mundo ocidental transformou-se numa torrente.[52]

O lamento de Balogun sobre "privatizar a todo vapor e ficar mais faminto a cada dia" e sua enumeração das conseqüências malévolas do PAE soariam instantaneamente familiares aos sobreviventes não só dos outros trinta PAEs africanos como também de centenas de milhões de asiáticos e latino-americanos. Os anos 1980 – quando o FMI e o Banco Mundial usaram a alavancagem da dívida para reestruturar a economia da maior parte do Terceiro Mundo – foram a época em que as favelas tornaram-se um futuro implacável não só para os migrantes rurais pobres como também para milhões de habitantes urbanos tradicionais, desalojados ou jogados na miséria pela violência do "ajuste".

Como enfatiza *Slums*, os PAEs foram "de natureza deliberadamente antiurbana" e projetados para reverter qualquer "viés urbano" que existisse nas políticas de bem-estar social, na estrutura fiscal ou nos investimentos governamentais[53].

---

[51] *Slums of the world*, cit., p. 12.
[52] Fidelis Odun Balogun, *Adjusted lives: stories of structural adjustment* (Trenton, New Jersey, 1995), p. 80.
[53] *The challenge of slums*, cit., p. 30. Os teóricos do "viés urbano", como Michael Lipton, que inventou

Em toda parte o FMI, agindo como delegado dos grandes bancos e apoiado pelos governos Reagan e Bush, ofereceu aos países pobres o mesmo cálice envenenado de desvalorização, privatização, remoção dos controles da importação e dos subsídios aos alimentos, redução forçada dos custos com saúde e educação e enxugamento impiedoso do setor público. (Um famoso telegrama de 1985 de George Shultz, Secretário do Tesouro dos Estados Unidos, a oficiais do USAID no exterior ordenava: "Na maioria dos casos, as empresas do setor público têm de ser privatizadas"[54].)

Ao mesmo tempo, os PAEs devastaram os pequenos proprietários rurais ao eliminar subsídios e expulsá-los, no esquema "ou vai ou racha", para o mercado global de *commodities* dominado pelo agronegócio do Primeiro Mundo[55].

Como ressalta Ha-Joon Chang, os PAEs, de maneira hipócrita, "chutaram a escada" (ou seja, as tarifas e os subsídios protecionistas) que as nações da OCDE empregaram historicamente em sua própria subida da agricultura para os bens e serviços urbanos de alto valor agregado[56]. *Slums* afirma a mesma coisa quando argumenta que "a principal causa isolada do aumento da pobreza e da desigualdade nas décadas de 1980 e 1990 foi o recuo do Estado". Além das reduções diretas impostas pelos PAEs aos gastos e à propriedade do setor público, os autores da ONU destacam a diminuição mais sutil da capacidade do Estado que resultou da "subsidiaridade": a descentralização do poder entre os escalões mais baixos do governo e, em especial, as ONGs ligadas diretamente às principais entidades de auxílio internacional.

> Toda a estrutura aparentemente descentralizada é estranha à noção de governo representativo nacional que tão bem serviu ao mundo desenvolvido e, ao mesmo

---

a expressão em 1977, argumentam que a agricultura tende a ser subcapitalizada nos países em desenvolvimento, e as cidades, relativamente "sobre-urbanizadas", porque as políticas fiscais e financeiras favorecem a elite urbana e distorcem o fluxo dos investimentos. No limite, as cidades seriam vampiros do campo. Ver Lipton, *Why poor people stay poor: a study of urban bias in world development* (Cambridge, 1977).

[54] Citado em Tony Killick, "Twenty-five years in development: the rise and impending decline of market solutions", *Development Policy Review*, v. 4, 1986, p. 101.

[55] Deborah Bryceson, "Disappearing peasantries? Rural labour redundancy in the neoliberal era and beyond", em Bryceson, Cristóbal Kay e Jos Mooij (orgs.), *Disappearing peasantries?: rural labour in Africa, Asia and Latin America* (Londres, 2000), p. 304-5.

[56] Ha-Joon Chang, "Kicking away the ladder. Infant industry promotion in historical perspective", *Oxford Development Studies*, v. 31, n. 1, 2003, p. 21. "A renda per capita dos países em desenvolvimento cresceu 3% ao ano entre 1960 e 1980, mas somente cerca de 1,5% entre 1980 e 2000 [...] Os economistas neoliberais, portanto, defrontam-se aqui com um paradoxo. Os países em desenvolvimento cresceram muito mais depressa quando usaram 'más' políticas durante 1960-90 do que quando usaram políticas 'boas' (ou pelo menos 'melhores') nas duas décadas seguintes" (p. 28).

tempo, bastante submissa ao funcionamento de uma hegemonia global. O ponto de vista internacional dominante [ou seja, o de Washington] torna-se o paradigma de fato do desenvolvimento, de modo a unificar rapidamente o mundo todo no sentido geral daquilo que os financiadores e as organizações internacionais apóiam.[57]

A África e a América Latina urbanas foram as mais atingidas pela depressão artificial arquitetada pelo FMI e pela Casa Branca. Com efeito, em muitos países o impacto econômico dos PAEs durante os anos 1980, em conjunto com as secas prolongadas, o aumento do preço do petróleo, a disparada dos juros e a queda do preço das *commodities*, foi mais grave e duradouro que a Grande Depressão.

O balanço do ajuste estrutural na África examinado por Carole Rakodi inclui fuga de capitais, colapso da indústria, aumento marginal ou negativo da receita de exportação, cortes drásticos nos serviços públicos urbanos, disparada de preços e declínio acentuado do salário real[58]. Em Kinshasa ("uma aberração ou um sinal do que está para acontecer?"), o *assainissement* varreu a classe média de funcionários públicos e produziu um "declínio inacreditável do salário real", que, por sua vez, patrocinou o pesadelo do aumento da criminalidade e das gangues predatórias[59]. Em Dar-es-Salaam, as despesas com serviços públicos caíram 10% por pessoa ao ano durante a década de 1980 – na prática, uma demolição do Estado local[60]. Em Cartum, a liberalização e o ajuste estrutural, de acordo com pesquisadores locais, fabricaram 1,1 milhão de "novos pobres", "saídos em sua maioria dos grupos assalariados ou dos funcionários do setor público"[61]. Em Abidjan, uma das poucas cidades tropicais africanas com um setor fabril importante e serviços urbanos modernos, a submissão ao regime do PAE levou, aqui e ali, à desindustrialização, ao colapso da construção civil e a uma rápida deterioração do transporte público e do saneamento básico[62]. Na Nigéria de Balogun, a extrema pobreza, cada vez mais urbanizada em Lagos, Ibadan e outras cidades, entrou em metástase e passou de 28% em 1980 para 66% em 1996. "O PNB per capita, hoje de cerca de 260 dólares", relata o Banco Mundial, "está abaixo do nível da época da independência, há quarenta anos, e abaixo do nível de 370 dólares atingido em 1985."[63]

---

[57] *Slums*, cit., p. 48.
[58] Carole Rakodi, "Global forces, urban change, and urban management in Africa", em Rakodi, *Urban challenge*, cit., p. 50, 60-1.
[59] Piermay, "Kinshasa", cit., p. 235-6; "Megacities", *Time*, 11/1/1993, p. 26.
[60] Michael Mattingly, "The role of the government of urban areas in the creation of urban poverty", em Sue Jones e Nici Nelson (orgs.), *Urban poverty in Africa* (Londres, 1999), p. 21.
[61] Adil Ahmad e Ata El-Batthani, "Poverty in Khartoum", *Environment and Urbanization*, v. 7, n. 2, outubro de 1995, p. 205.
[62] Alain Dubresson, "Abidjan", em Rakodi, *Urban challenge*, cit., p. 261-3.
[63] Banco Mundial, *Nigeria: country brief*, setembro de 2003.

Na América Latina, os PAEs (muitas vezes implementados por ditaduras militares) desestabilizaram a economia rural e arrasaram o emprego e a habitação urbanos. Em 1970, as teorias "foquistas" guevaristas de rebelião rural ainda se adequavam a uma realidade continental em que a pobreza do campo (75 milhões de pobres) ofuscava a das cidades (44 milhões). No entanto, no final da década de 1980, a imensa maioria dos pobres (115 milhões em 1990) morava em *colonias* e *villas miseria* urbanas, em vez de fazendas ou aldeias (80 milhões)[64].

Enquanto isso, a desigualdade urbana explodia. Em Santiago, a ditadura de Pinochet arrasou favelas e expulsou antigos ocupantes radicais, obrigando as famílias pobres a se tornarem *allegadas*, amontoando-se – às vezes duas ou três famílias – na mesma moradia alugada. Em Buenos Aires, a participação do decil mais rico na renda total, que era de dez vezes a do decil mais pobre em 1984, aumentou para 23 vezes em 1989[65]. Em Lima, onde o valor do salário mínimo caiu 83% durante a recessão do FMI, o percentual de famílias abaixo da linha de pobreza aumentou de 17% em 1985 para 44% em 1990[66]. No Rio de Janeiro, a desigualdade, medida pelos coeficientes Gini clássicos, disparou de 0,58 em 1981 para 0,67 em 1989[67]. Na verdade, em toda a América Latina a década de 1980 aprofundou os vales e elevou os picos da topografia social mais contrastada do mundo. (Segundo um relatório de 2003 do Banco Mundial, os coeficientes Gini são 10 pontos mais altos na América Latina que na Ásia; 17,5 pontos mais altos que na OCDE; e 20,4 pontos mais altos que na Europa oriental[68].)

Em todo o Terceiro Mundo, os choques econômicos dos anos 1980 obrigaram os indivíduos a reagrupar-se em volta dos recursos somados da família e, principalmente, da capacidade de sobrevivência e da engenhosidade desesperada das mulheres. Na China e nas cidades em industrialização do sudeste da Ásia, milhões de moças escravizaram-se às linhas de montagem e à miséria fabril. Na África e na maior parte da América Latina (com exceção das cidades da fronteira norte do México), essa opção não existiu. Em vez disso, a desindustrialização e a dizimação dos empregos masculinos no setor formal obrigaram as mulheres a improvisar novos meios de vida como montadoras pagas por peça, vendedoras de bebidas, camelôs, faxineiras, lavadeiras, catadoras, babás e prostitutas. Na

---

[64] ONU, *World urbanization prospects*, p. 12.

[65] Luis Ainstein, "Buenos Aires: a case of deepening social polarization", em Gilbert, *Mega-city in Latin America*, cit., p. 139.

[66] Gustavo Riofrio, "Lima: mega-city and mega-problem", em Gilbert, *Mega-city in Latin America*, cit., p. 159; e Gilbert, *Latin American city*, cit., p. 73.

[67] Hamilton Tolosa, "Rio de Janeiro: urban expansion and structural change", em Gilbert, *Mega-city in Latin America*, cit., p. 211.

[68] Banco Mundial, *Inequality in Latin America and the Caribbean* (Nova York, 2003).

América Latina, onde a participação das mulheres urbanas na força de trabalho sempre foi menor que em outros continentes, o surto de mulheres nas atividades informais terciárias durante a década de 1980 foi especialmente dramático[69]. Em relação à África, onde o símbolo do setor informal são as mulheres que abrem biroscas e vendem produtos agrícolas nas ruas, Christian Rogerson nos recorda que a maioria dessas trabalhadoras informais não é autônoma nem economicamente independente, mas trabalha para outras pessoas[70]. (Essas redes onipresentes e cruéis de microexploração, com pobres explorando os muito pobres, costumam ficar ocultas nas descrições do setor informal.)

A pobreza urbana também foi maciçamente feminilizada nos países do antigo Comecon depois da "liberação" capitalista em 1989. No início da década de 1990, a extrema pobreza dos antigos "países de transição" (como a ONU os chama) disparou de 14 milhões de pessoas para 168 milhões: uma pauperização em massa quase sem precedentes na história[71]. Se, no balanço global, essa catástrofe econômica foi em parte compensada pelo mui louvado sucesso da China na elevação da renda de suas cidades litorâneas, o "milagre" do mercado chinês foi comprado com "um aumento enorme da desigualdade salarial entre os trabalhadores urbanos [...] no período entre 1988 e 1999". As mulheres e as minorias ficaram particularmente em desvantagem[72].

É claro que, em teoria, a década de 1990 deveria ter corrigido os erros dos anos 1980 e permitido às cidades do Terceiro Mundo recuperar o terreno perdido e fechar os abismos de desigualdade criados pelos PAEs. A dor do ajuste seria seguida pelo analgésico da globalização. Com efeito, a década de 1990, como *Slums* observa ironicamente, foi a primeira em que o desenvolvimento urbano global aconteceu segundo parâmetros quase utópicos de liberdade de mercado neoclássica.

> Durante a década de 1990, o comércio continuou a se expandir num ritmo quase sem precedentes; áreas antes vedadas se abriram e as despesas militares diminuíram. [...] Todos os insumos básicos da produção ficaram mais baratos com a queda rápida dos juros, juntamente com o preço das *commodities* básicas. Os fluxos de capital foram

---

[69] Orlandina de Oliveira e Bryan Roberts, "The many roles of the informal sector in development", em Cathy Rakowski (org.), *Contrapunto: the informal sector debate in Latin America* (Albany, 1994), p. 64-8.

[70] Christian Rogerson, "Globalization or informalization? African urban economics in the 1990s", em Rakodi, *Urban challenge*, cit., p. 348.

[71] *Slums*, cit., p. 2.

[72] Albert Park et al., "The growth of wage inequality in urban China, 1988 to 1999", documento estimativo do Banco Mundial, fevereiro de 2003, p. 27 (citação); e John Knight e Linda Song, "Increasing urban wage inequality in China", *Economics of Transition*, v. II, n. 4, 2003, p. 616 (discriminação).

cada vez menos atrapalhados por controles nacionais e puderam encaminhar-se velozmente para as áreas mais produtivas. Sob condições econômicas quase perfeitas, de acordo com a doutrina econômica neoliberal dominante, seria possível imaginar que a década teria prosperidade e justiça social inigualáveis.[73]

No caso, contudo, a pobreza urbana continuou seu acúmulo incessante, e "a lacuna entre países pobres e ricos aumentou, como acontecera nos vinte anos anteriores, e, na maioria dos países, a desigualdade de renda cresceu ou, no máximo, estabilizou-se". A desigualdade global, medida pelos economistas do Banco Mundial, atingiu um coeficiente Gini inacreditável de 0,67 no final do século. Matematicamente, era uma situação equivalente àquela em que os dois terços mais pobres do mundo recebessem renda zero, e o terço mais rico, tudo[74].

UM EXCEDENTE DE HUMANIDADE?

Limpamos nosso caminho perto da cidade,
mantendo-nos nele por suas mil brechas de sobrevivência [...]
Patrick Chamoiseau, Texaco (1997)

O tectonismo violento da globalização neoliberal desde 1978 é análogo aos processos catastróficos que, a princípio, deram forma ao "Terceiro Mundo" durante a época do imperialismo vitoriano tardio (1870-1900). Neste último caso, a incorporação forçada ao mercado mundial dos grandes campesinatos de subsistência da Ásia e da África provocou a morte de milhões pela fome e o desenraizamento de outras dezenas de milhões de suas posses tradicionais. O resultado final, também na América Latina, foi uma "semiproletarização" rural: a criação de uma classe enorme de semicamponeses e trabalhadores agrícolas miseráveis sem a segurança existencial da subsistência[75]. (Em conseqüência, o século XX não se tornou uma época de revoluções urbanas, como imaginava o marxismo clássico, mas de levantes rurais e guerras camponesas de libertação nacional inéditos.) Parece que o recente ajuste estrutural provocou uma reconfiguração igualmente fundamental do futuro humano. Como concluem os autores de *Slums*: "Em vez de serem um foco de crescimento e prosperidade, as cidades tornaram-se o depósito de lixo de um excedente de população que trabalha nos setores informais de comércio e serviços, sem especialização,

---

[73] *Slums*, cit., p. 34.
[74] Shaohua Chen e Martin Ravallion, *How did the world's poorest fare in the 1990s?*, documento do Banco Mundial, 2000.
[75] Ver meu *Late Victorian holocausts: El Niño famines and the making of the Third World* (Londres, 2001), principalmente as páginas 206-9.

desprotegido e com baixos salários". "O crescimento d[este] setor informal", declaram sem rodeios, "é [...] resultado direto da liberalização."[76]

Na verdade, a classe trabalhadora informal global (que se sobrepõe mas não é idêntica à população favelada) tem quase um bilhão de pessoas, constituindo a classe social de crescimento mais rápido e mais sem precedentes da Terra. Desde que o antropólogo Keith Hart, que trabalhava em Accra, criou o conceito de "setor informal" em 1973, uma imensa literatura (que, em sua maior parte, não distingue microacumulação de sub-subsistência) enfrentou os formidáveis problemas teóricos e empíricos envolvidos no estudo das estratégias de sobrevivência dos pobres urbanos[77]. Há, no entanto, o consenso básico de que a crise da década de 1980 inverteu as posições estruturais relativas dos setores formal e informal, promovendo a busca informal da sobrevivência como novo meio de vida principal da maioria das cidades do Terceiro Mundo.

Alejandro Portes e Kelly Hoffman avaliaram recentemente o impacto geral dos PAEs e da liberalização sobre a estrutura de classes urbana e latino-americana a partir da década de 1970. De modo coerente com as conclusões da ONU, verificaram que, desde então, tanto os funcionários públicos quanto o proletariado formal se reduziram em todos os países da região. Em contraste, o setor informal da economia, junto com a desigualdade social geral, expandiu-se de forma dramática. Diversamente de alguns pesquisadores, eles fazem uma distinção fundamental entre a pequena burguesia informal ("a soma dos donos de microempresas informais, que empregam menos de cinco trabalhadores, mais os profissionais e técnicos que trabalham por conta própria") e o proletariado informal ("a soma dos trabalhadores autônomos, menos profissionais liberais e técnicos, com empregados domésticos e trabalhadores pagos e não-pagos de microempresas informais"). Demonstram que esse primeiro estrato, os "microempresários" tão louvados nas escolas de administração norte-americanas, costumam ser profissionais desalojados do setor público e trabalhadores especializados demitidos. Desde a década de 1980, cresceram de 5% para 10% da população urbana economicamente ativa, tendência que reflete "o empreendedorismo forçado imposto aos ex-assalariados pelo declínio do emprego no setor formal"[78].

No geral, de acordo com *Slums*, os trabalhadores informais são cerca de dois quintos da população economicamente ativa do mundo em desenvolvimento[79].

---

[76] *Slums*, cit., p. 40, 46.

[77] Keith Hart, "Informal income opportunities and urban employment in Ghana", *Journal of Modern African Studies*, v. II, 1973, p. 61-89.

[78] Alejandro Portes e Kelly Hoffman, "Latin American class structures: their composition and change during the neoliberal era", *Latin American Research Review*, v. 38, n. 1, 2003, p. 55.

[79] *Slums*, cit., p. 60.

Segundo os pesquisadores do Banco Interamericano de Desenvolvimento, a economia informal emprega atualmente 57% da força de trabalho latino-americana e oferece quatro de cada cinco novos "empregos"[80]. Outras fontes afirmam que mais da metade dos indonésios urbanos e 65% dos moradores de Daca subsistem no setor informal[81]. Do mesmo modo, *Slums* cita pesquisas que comprovam que a atividade econômica informal responde por 33% a 40% do emprego urbano na Ásia, 60% a 75% na América Central e 60% na África[82]. Com efeito, nas cidades subsaarianas a criação de "empregos formais" praticamente deixou de existir. Um estudo da OIT sobre o mercado de trabalho urbano do Zimbábue durante o ajuste estrutural "estagflacionário" do início dos anos 1990 descobriu que o setor formal só criava 10 mil empregos por ano, em contrapartida a uma força de trabalho urbana que crescia em mais de 300 mil indivíduos por ano[83]. *Slums* estima, ainda, que um total de 90% das novas vagas urbanas da África na próxima década virão, de algum modo, do setor informal[84].

Os gurus do moto perpétuo do capitalismo, como o incontrolável Hernando de Soto, podem ver essa população enorme de trabalhadores marginalizados, funcionários públicos demitidos e ex-camponeses como, na verdade, uma colméia frenética de ambiciosos empreendedores desejosos de direitos formais de propriedade e espaço competitivo não-regulamentado, mas faz bem mais sentido tomar a maioria dos trabalhadores informais como desempregados "ativos", que não têm escolha senão subsistir de algum jeito para não passar fome[85]. É pouco provável que os estimados 100 milhões de crianças de rua – que nos desculpe o *señor* De Soto – comecem a emitir ações e negociar obrigações futuras sobre a venda de chicletes[86]. E a maior parte dos 70 milhões de "trabalhadores flutuantes"

---

[80] Citado em *Economist*, 21/3/1998, p. 37.

[81] Dennis Rondinelli e John Kasarda, "Job creation needs in Third World cities", em Kasarda e Allan Parnell (orgs.), *Third World cities: problems, policies and prospects* (Newbury Park, Califórnia, 1993), p. 106-7.

[82] *Slums*, cit., p. 103.

[83] Guy Mhone, "The impact of structural adjustment on the urban informal sector in Zimbabwe", *Issues in development*, documento para discussão n. 2, Organização Internacional do Trabalho (Genebra, sem data), p. 19.

[84] *Slums*, cit., p. 104.

[85] Orlandina de Oliveira e Bryan Roberts enfatizam corretamente que os estratos inferiores da força de trabalho urbana deveriam ser identificados "não só pelo título de suas ocupações ou pelo emprego formal ou informal, mas pela estratégia da família para obter renda". A massa de pobres urbanos só consegue existir mediante a "soma dos rendimentos, a divisão da moradia, da alimentação e de outros recursos" com familiares ou conterrâneos ("Urban development and social inequality in Latin America", em Gugler, *Cities in the developing world*, cit., p. 290).

[86] Estatística sobre crianças de rua: *Natural History*, julho de 1997, p. 4.

da China, que vivem furtivamente na periferia urbana, não vai acabar se capitalizando como pequenos empreiteiros nem se integrará à classe trabalhadora urbana formal. E a classe trabalhadora informal, submetida por toda parte à micro e à macroexploração, está, quase universalmente, privada da proteção das leis e dos padrões trabalhistas.

Além disso, como defende Alain Dubresson no caso de Abidjan, "o dinamismo dos ofícios braçais e do pequeno comércio depende em boa medida da demanda do setor assalariado". Ele lança um alerta contra a "ilusão" cultivada pela OIT e pelo Banco Mundial de que "o setor informal pode substituir com eficiência o setor formal e promover um processo de acumulação suficiente para uma cidade com mais de 2,5 milhões de habitantes"[87]. Seu aviso é repetido por Christian Rogerson, que, distinguindo (como Portes e Hoffman) microempresas "de sobrevivência" e "de crescimento", escreve sobre as primeiras: "Em termos gerais, a renda gerada por essas empresas, cuja maioria tende a ser administrada por mulheres, costuma ficar abaixo até do padrão de vida mínimo e envolve pouco investimento de capital, praticamente nenhuma habilidade especializada e oportunidades apenas restritas de crescer e se transformar num negócio viável". Com até os salários urbanos do setor formal da África baixos a ponto de os economistas não conseguirem imaginar como os trabalhadores sobrevivem (o chamado "enigma salarial"), o setor terciário informal tornou-se uma arena de extrema competição darwinista entre os pobres. Rogerson cita os exemplos do Zimbábue e da África do Sul, onde os nichos informais controlados por mulheres – *spazas* (lojinhas informais que vendem de tudo) e biroscas – estão hoje apinhados e sofrem de queda de lucratividade[88].

Em outras palavras, a tendência macroeconômica real do trabalho informal é a reprodução da pobreza absoluta. Mas, se o proletariado informal não é a menorzinha das pequenas burguesias, também não é um "exército de reserva de mão-de-obra" nem um "lumpemproletariado", em nenhum dos sentidos obsoletos do século XIX. Parte dele, é verdade, é uma força de trabalho invisível da economia formal, e numerosos estudos já mostraram como as redes de terceirização da Wal-Mart e de outras megaempresas penetram profundamente na miséria das *colonias* e *chawls*. Mas no fim das contas a maior parte dos favelados urbanos, radical e verdadeiramente, não encontra lar na economia internacional contemporânea.

É claro que as favelas se originam no campo global onde, como nos recorda Deborah Bryceson, a competição desigual com a grande escala da agroindústria vem "arrebentando as costuras" da sociedade rural tradicional[89]. Conforme as áreas rurais perdem sua "capacidade de armazenamento", as favelas tomam

---

[87] Dubresson, "Abidjan", cit., p. 263.
[88] Rogerson, "Globalization or informalization?", cit., p. 347-51.
[89] Bryceson, "Disappearing peasantries", cit., p. 307-8.

seu lugar, e a "involução" urbana substitui a involução rural como ralo da mão-de-obra excedente, que só consegue acompanhar a subsistência com façanhas cada vez mais heróicas de auto-exploração e uma subdivisão competitiva ainda maior dos nichos de sobrevivência já densamente povoados[90]. A "Modernização", o "Desenvolvimento" e, agora, o "Mercado" irrestrito já tiveram seus bons dias. A força de trabalho de um bilhão de pessoas foi expelida do sistema mundial, e quem consegue imaginar algum cenário plausível, sob os auspícios neoliberais, que a reintegre como trabalhadores produtivos ou consumidores em massa?

MARX E O ESPÍRITO SANTO

> *[Diz o Senhor:] Virá o tempo em que o pobre dirá que nada tem para comer e o trabalho desaparecerá [...] Isso fará o pobre partir para esses lugares e invadir para ter comida. Isso fará o rico sair com sua arma e declarar guerra ao homem que trabalha [...] haverá sangue nas ruas como uma chuva que se despeja dos céus.*
> Profecia do "Avivamento da rua Azusa", de 1906

Portanto, a recente triagem capitalista da humanidade já aconteceu. Além disso, o crescimento global de um vasto proletariado informal é uma evolução estrutural totalmente original, não prevista pelo marxismo clássico nem pelos gurus da modernização. Na verdade a favela desafia a teoria social a perceber a novidade de um verdadeiro resíduo global sem o poder econômico estratégico da mão-de-obra socializada, mas maciçamente concentrado num mundo de barracos em torno dos enclaves fortificados dos ricos urbanos.

É claro que a tendência à involução urbana já existia durante o século XIX. As revoluções industriais européias foram incapazes de absorver toda a oferta de mão-de-obra rural desalojada, sobretudo depois que a agricultura continental sofreu a competição devastadora das pradarias norte-americanas a partir da década de 1870. Mas a migração em massa para as sociedades coloniais das Américas e da Oceania, assim como para a Sibéria, constituiu uma válvula de segurança dinâmica que impediu tanto o surgimento de mega-Dublins quanto a disseminação do tipo de anarquismo da classe baixa que se enraizara nas partes mais empobrecidas do sul da Europa. Hoje, pelo contrário, o excesso de mão-de-obra enfrenta

---

[90] Na definição original e inimitável de Clifford Geertzs, "involução" é "a ultrapassagem de uma forma estabelecida, de modo a torná-la rígida mediante a superelaboração interna dos detalhes". *Agricultural involution: social development and economic change in two Indonesian towns* (Chicago, 1963), p. 82. De forma mais prosaica, a "involução" agrícola ou urbana pode ser descrita como o aumento incessante da auto-exploração da mão-de-obra (mantendo fixos os outros fatores), que continua, apesar da redução do rendimento, enquanto produzir algum retorno ou incremento.

barreiras sem precedentes – uma "grande muralha" literal da imposição de uma fronteira de alta tecnologia – que bloqueiam a migração em grande escala para os países ricos. Do mesmo modo, os controvertidos programas de reassentamento populacional em regiões de "fronteira" como Amazônia, Tibete, Kalimantan e Irian Jaya produzem devastação ambiental e conflitos étnicos sem reduzir de forma substancial a pobreza urbana no Brasil, na China e na Indonésia.

Assim, só resta a favela como solução totalmente franqueada ao problema de armazenar o excedente de humanidade do século XXI. Mas não são as grandes favelas – como já imaginara a burguesia vitoriana apavorada – vulcões esperando para entrar em erupção? Ou será que a impiedosa competição darwinista, em que um número cada vez maior de pobres compete pelos mesmos restos informais, ainda garante a violência comunitária que consome a si mesma como forma mais elevada de involução urbana? Até que ponto o proletariado informal possui o talismã marxista mais poderoso, a "atuação histórica"? Pode a mão-de-obra desincorporada ser reincorporada a um projeto emancipador global? Ou a sociologia do protesto na megacidade empobrecida é uma regressão à multidão urbana pré-industrial, que explodia de quando em quando nas crises de consumo mas, fora isso, era fácil de manobrar com o clientelismo, o espetáculo populista e os apelos à unidade étnica? Ou há algum novo tema histórico inesperado, à moda de Hardt e Negri, arrastando-se rumo à supercidade?

Na verdade, a literatura atual sobre a pobreza e o protesto urbano oferece poucas respostas a perguntas de tamanho alcance. Alguns pesquisadores, por exemplo, questionariam se os favelados etnicamente diferentes ou os trabalhadores informais economicamente heterogêneos chegam a constituir uma verdadeira "classe em si mesma", quanto mais uma "classe em si mesma" potencialmente ativista. Com certeza, o proletariado informal traz "ligações radicais", no sentido marxista de ter pouco ou nenhum interesse oculto na preservação do modo de produção existente. Mas os migrantes rurais desenraizados e os trabalhadores informais, tendo sido em grande parte desapossados da força de trabalho fungível ou reduzidos ao serviço doméstico na casa dos ricos, têm pouco acesso à cultura do trabalho coletivo ou da luta de classes em grande escala. Seu estágio social, necessariamente, tem de ser o da favela ou da feira, não o da fábrica ou da linha de montagem internacional.

As lutas dos trabalhadores informais – como enfatiza John Walton numa resenha recente da pesquisa sobre movimentos sociais em cidades pobres – tenderam, acima de tudo, a ser episódicas e descontínuas. Também costumam concentrar-se em questões imediatas de consumo: invasões de terra em busca de moradia acessível e revoltas contra o aumento dos preços dos alimentos ou dos serviços públicos. No passado, pelo menos, "os problemas urbanos das sociedades em desenvolvimento foram mais comumente mediados pelas relações clientelistas do que pelo ativismo popular"[91]. Desde a crise da dívida externa na década de 1980, os líderes neopopulistas da América Latina obtiveram marcante sucesso na exploração do desejo desesperado dos pobres urbanos de ter estruturas de vida cotidiana mais estáveis e previsíveis. Embora Walton não afirme de modo explícito, o setor informal urbano foi ideologicamente promíscuo no apoio a salvadores populistas: uniu-se a Fujimori no Peru, mas na Venezuela abraçou Chávez[92]. Na África e no sul da Ásia, por outro lado, o clientelismo urbano iguala-se, com demasiada freqüência, ao domínio de fanáticos étnico-religiosos e ao pesadelo de suas ambições de limpeza étnica. Os exemplos mais famosos são as milícias antimuçulmanas do Congresso do Povo Oodua, em Lagos, e o movimento semifascista Shiv Sena, em Bombaim[93].

Essas sociologias de protesto do século XVIII persistirão até meados do XXI? É provável que o passado seja um mau guia para o futuro. A história não é uniformitarista. O novo mundo urbano vem evoluindo com rapidez extraordinária e muitas vezes em direções imprevistas. Por toda parte a acumulação contínua de pobreza solapa a segurança da vida e impõe desafios ainda mais extraordinários à engenhosidade econômica dos pobres. Talvez haja um ponto de virada no qual a poluição, a aglomeração, a ganância e a violência da vida urbana cotidiana vençam afinal a civilidade específica e as redes de sobrevivência da favela. Com certeza, no antigo mundo rural havia patamares, muitas vezes calibrados pela fome, que levavam diretamente à erupção social. Mas ninguém sabe ainda em que temperatura social as novas cidades da pobreza entram em combustão espontânea.

Na verdade, pelo menos por enquanto, Marx cedeu o palco histórico a Maomé e ao Espírito Santo. Se Deus morreu nas cidades da Revolução Industrial, surgiu de novo nas cidades pós-industriais do mundo em desenvolvimento. O contraste entre as culturas da pobreza urbana nas duas épocas é extraordinário. Como demonstrou Hugh McLeod em seu estudo magistral sobre a religião da classe operária vitoriana, Marx e Engels acertaram bastante em sua crença de que a urbanização estava secularizando a classe trabalhadora. Embora Glasgow e Nova York fossem, em parte, exceções, "a linha de interpretação que associa o afastamento da igreja da classe trabalhadora com o aumento da consciência de classe é, em

---

[91] John Walton, "Urban conflict and social movements in poor countries: theory and evidence of collective action", trabalho apresentado na "Cities in Transition Conference", Humboldt University, Berlim, julho de 1987.

[92] Kurt Weyland, "Neopopulism and neoliberalism in Latin America: how much affinity?", *Third World Quarterly*, v. 24, n. 6, 2003, p. 1095-115.

[93] Para uma descrição fascinante, mas assustadora, da ascensão do Shiv Sena em Bombaim à custa das antigas políticas comunistas e sindicalistas, ver Thomas Hansen, *Wages of violence: naming and identity in postcolonial Bombay* (Princeton, 2001). Ver também Veena Das (org.), *Mirrors of violence: communities, riots and survivors in South Asia* (Nova York, 1990).

certo sentido, incontestável". Conquanto as pequenas igrejas e as seitas dissidentes prosperassem nas favelas, a principal corrente era a descrença ativa ou passiva. Já na década de 1880, Berlim escandalizava os estrangeiros como "a cidade menos religiosa do mundo", e, em Londres, o comparecimento médio dos adultos às igrejas do East End proletário e das Docklands, em 1902, era de meros 12% (e, ainda assim, na maioria de católicos)[94]. Em Barcelona, claro, a classe operária anarquista saqueou as igrejas durante a Semana Trágica, enquanto nas favelas de São Petersburgo, Buenos Aires e até em Tóquio os trabalhadores militantes abraçaram avidamente as novas fés de Darwin, Kropotkin e Marx.

Hoje, pelo contrário, o islamismo populista e o cristianismo pentecostal (e, em Bombaim, o culto de Shivaji) ocupam um espaço social análogo àquele do socialismo e do anarquismo no início do século XX. No Marrocos, por exemplo, onde todo ano um contingente de meio milhão de emigrantes rurais é absorvido pelas cidades apinhadas e onde metade da população tem menos de 25 anos, movimentos islamistas como o "Justiça e Bem-Estar", fundado pelo xeque Abdessalam Yassin, tornaram-se o verdadeiro governo das favelas, organizando escolas noturnas, fornecendo apoio legal às vítimas de agressões do Estado, comprando remédios para os doentes, subsidiando peregrinações e pagando funerais. Como admitiu recentemente o primeiro-ministro Abderrahman Yussufi – líder socialista que já foi exilado pela monarquia – a Ignacio Ramonet: "Nós [a esquerda] nos aburguesamos. Isolamo-nos do povo. Precisamos reconquistar os bairros populares. Os islamistas seduziram o nosso eleitorado natural. Prometem-lhes o paraíso na Terra". Por outro lado, um líder islamista disse a Ramonet: "Diante da negligência do Estado e em face da brutalidade da vida cotidiana, as pessoas descobrem, graças a nós, a solidariedade, a auto-ajuda, a fraternidade. Entendem que islamismo é humanismo"[95].

A contrapartida do islamismo populista nas favelas da América Latina e em boa parte da África subsaariana é o pentecostalismo. É claro que hoje o cristianismo, em sua maioria, é uma religião não-ocidental (dois terços de seus seguidores vivem fora da Europa e da América do Norte), e o pentecostalismo é seu missionário mais dinâmico nas cidades da pobreza. Na verdade, a especificidade do pentecostalismo é tal que é a primeira grande religião mundial a ter crescido quase inteiramente no solo da favela urbana moderna. Com raízes no antigo

---

[94] Hugh McLeod, *Piety and poverty: working-class religion in Berlin, London and New York, 1870-1914* (Nova York, 1996), p. XXV, 6, 32.
[95] Ignacio Ramonet, "Le Maroc indécis", *Le Monde Diplomatique*, julho de 2000, p. 12-3. Outro ex-esquerdista disse a Ramonet: "Quase 65% da população vive abaixo da linha da pobreza. As pessoas das *bidonvilles* estão inteiramente isoladas das elites. Vêem as elites da maneira como costumavam ver os franceses".

metodismo extático e na espiritualidade afro-americana, o pentecostalismo "despertou" quando o Espírito Santo concedeu o dom das línguas aos participantes de uma maratona inter-racial de oração num bairro pobre de Los Angeles (a rua Azusa), em 1906. Unidos em torno do batismo espiritual, da cura milagrosa, de pastores carismáticos e de uma crença pré-milenar numa iminente guerra mundial entre capital e trabalho, o pentecostalismo norte-americano primitivo, como observaram repetidas vezes os historiadores religiosos, nasceu como "democracia profética", cujos públicos rural e urbano sobrepunham-se, respectivamente, aos do populismo e do IWW[96]. Na verdade, como os agitadores do IWW, seus primeiros missionários na América Latina e na África "viviam muitas vezes em extrema pobreza, com pouco ou nenhum dinheiro, raramente sabendo onde passariam a noite ou como conseguiriam a refeição seguinte"[97]. Também não deixaram nada a dever ao IWW em suas denúncias veementes das injustiças do capitalismo industrial e sua destruição inevitável.

Sintomaticamente, a primeira congregação brasileira, num bairro operário anarquista de São Paulo, foi fundada por um artesão imigrante italiano que trocara Malatesta pelo Espírito Santo em Chicago[98]. Na África do Sul e na Rodésia, o pentecostalismo criou suas primeiras cabeças-de-ponte nos complexos mineiros e nos bairros pobres, onde, segundo Jean Comaroff, "parecia harmonizar-se com as noções autóctones de forças espirituais pragmáticas e compensar a despersonalização e a impotência da vivência da mão-de-obra urbana"[99]. Concedendo um papel maior às mulheres do que as outras Igrejas cristãs e dando imenso apoio à abstinência e à frugalidade, o pentecostalismo – como descobriu R. Andrew Chesnut nas baixadas de Belém do Pará – sempre exerceu atração especial sobre "o estrato mais empobrecido das classes empobrecidas": as esposas abandonadas, as viúvas e as mães solteiras[100]. Desde 1970, e principalmente graças ao seu

---

[96] Em sua controvertida interpretação sociológica do pentecostalismo, Robert Mapes Anderson afirmou que "a intenção inconsciente [do pentecostalismo]", como a dos outros movimentos milenaristas, era na verdade "revolucionária" (*Vision of the disinherited: the making of American pentecostalism* [Oxford, 1979], p. 222).

[97] Anderson, *Vision of the disinherited*, cit., p. 77.

[98] R. Andrew Chesnut, *Born again in Brazil: the pentecostal boom and the pathogens of poverty* (New Brunswick, 1997), p. 29. Sobre as ligações históricas do pentecostalismo com o anarquismo no Brasil, ver Paul Freston, "Pentecostalism in Latin America: characteristics and controversies", *Social Compass*, v. 45, n. 3, 1998, p. 342.

[99] David Maxwell, "Historicizing christian independency: the Southern Africa pentecostal movement, c. 1908-60", *Journal of African History*, n. 40, 1990, p. 249; e Jean Comaroff, *Body of power, spirit of resistance* (Chicago, 1985), p. 186.

[100] Chesnut, *Born again*, cit., p. 61. Na verdade, Chesnut descobriu que o Espírito Santo não só movia as línguas como melhorava o orçamento familiar. "Por eliminar despesas associadas

encanto para as mulheres da favela e sua fama de não escolher cor, cresceu e tornou-se, comprovadamente, o maior movimento auto-organizado dos pobres urbanos do planeta[101].

Embora as afirmações recentes sobre a existência de "mais de 533 milhões de pentecostais/carismáticos no mundo em 2002" sejam provavelmente exageradas, não é nada difícil que alcancem metade desse número. Aceita-se em geral que 10% da América Latina é pentecostal (cerca de 40 milhões de pessoas) e que o movimento foi a reação cultural isolada mais importante à urbanização explosiva e traumática[102]. É claro que, quando o pentecostalismo se globalizou, diferenciou-se em correntes e sociologias distintas. Mas embora na Libéria, em Moçambique e na Guatemala as igrejas com patrocínio norte-americano tenham sido vetores da ditadura e da repressão e algumas congregações dos Estados Unidos tenham hoje se enobrecido como a principal linha de fundamentalismo da classe média suburbana, a onda missionária do pentecostalismo no Terceiro Mundo continua mais próxima do espírito milenarista original da rua Azusa[103]. Acima de tudo, como descobriu Chesnut no Brasil, "o pentecostalismo [...] continua a ser uma religião da periferia informal" (e em Belém, especificamente, "dos mais pobres dentre os pobres"). No Peru, onde o pentecostalismo vem crescendo de forma quase exponencial nas vastas *barriadas* de Lima, Jefrey Gamarra defende que o crescimento das seitas e da economia informal "são conseqüência e resposta um do outro"[104]. Paul Freston acrescenta que "é a primeira religião de massa autônoma da

---

ao complexo de prestígio masculino, os assembleianos conseguiam subir das fileiras inferior e mediana da pobreza para os seus escalões mais altos, e alguns quadrangulares migraram da pobreza [...] para as faixas inferiores da classe média" (ibidem, p. 18).

[101] "Em toda a história humana, nenhum outro movimento humano voluntário não-político ou militarista cresceu tão depressa quanto o movimento pentecostal carismático nos últimos vinte anos" (Peter Wagner, prefácio para Vinson Synan, *The holiness-pentecostal tradition* [Grand Rapids, 1997], p. XI).

[102] A estimativa mais elevada é de David Barret e Todd Johnson, "Annual statistical table on global mission: 2001", *International Bulletin of Missionary Research*, v. 25, n. 1, janeiro de 2001, p. 25. Synan diz que havia 217 milhões de pentecostais em 1997 (*Holiness*, cit., p. ix). Sobre a América Latina, conferir Freston, "Pentecostalism", cit., p. 337; Anderson, *Vision of the disinherited*, cit.; e David Martin, "Evangelical and charismatic christianity in Latin America", em Karla Poewe (org.) *Charismatic christianity as a global culture* (Colúmbia, 1994), p. 74-5.

[103] Ver o brilhante *Christianity and politics in Doe's Liberia* (Cambridge, 1993), de Paul Gifford. E também Peter Walshe, *Prophetic christianity and the liberation movement in South Africa* (Pietermaritzburg, 1995), principalmente p. 110-1.

[104] Jefrey Gamarra, "Conflict, post-conflict and religion: Andean responses to new religious movements", *Journal of Southern African Studies*, v. 26, n. 2, junho de 2000, p. 272. Andres Tapia cita o teólogo peruano Samuel Escobar, que vê o Sendero Luminoso e os pentecostais como "dois lados da mesma moeda": "ambos buscavam um forte rompimento com as injustiças, só os meios

América Latina [...] Os líderes podem não ser democráticos, mas vêm da mesma classe social"[105].

Ao contrário do islamismo populista, que enfatiza a continuidade da civilização e a solidariedade da fé entre as classes, o pentecostalismo, seguindo a tradição de sua origem afro-americana, mantém uma identidade fundamentalmente exílica. Embora, assim como o islamismo das favelas, o pentecostalismo crie uma relação eficiente com a necessidade de sobrevivência da classe trabalhadora informal (organizando redes de auto-ajuda para as mulheres pobres, oferecendo a cura espiritual como paramedicina, auxiliando a recuperação de alcoólatras e dependentes de drogas, protegendo as crianças das tentações das ruas e assim por diante), sua premissa básica é a de que o mundo urbano é corrupto, injusto e impossível de reformar. Ainda não se sabe se – como defendeu Jean Comaroff em seu livro sobre as Igrejas sionistas africanas (muitas das quais são hoje pentecostais) – essa religião dos "marginalizados dos bairros pobres da modernidade neocolonial" é na verdade uma resistência "mais radical" do que a "participação na política sindical formal"[106]. Mas, com a esquerda ainda muito ausente da favela, a escatologia do pentecostalismo rejeita de forma admirável o destino inumano da cidade do Terceiro Mundo para o qual *Slums* alerta. Também santifica aqueles que, em todos os sentidos estruturais e existenciais, realmente vivem no exílio.

---

eram diferentes". "Com o declínio do Sendero Luminoso, o pentecostalismo surgiu como vencedor na luta pelas almas dos peruanos pobres" ("In the ashes of the shining path", *Pacific News Service*, 14 de fevereiro de 1996).

[105] Freston, "Pentecostalism", cit., p. 352.

[106] Comaroff, *Body of power*, cit., p. 259-61.

PETER HALLWARD

OPÇÃO ZERO NO HAITI

Enquanto seus assessores ponderam sobre as conseqüências cada vez mais problemáticas da mudança de regime no Iraque, Bush merece algum consolo com a operação muito mais bem-sucedida que acabou de se realizar no Haiti[1]. Nenhum ataque preventivo brusco, nenhuma lamentação interna nem coalizões rachadas sujaram a cena; as objeções da Caribbean Community (Caricom) e da União Africana não traziam ameaças de represália. Ao derrubar o governo constitucionalmente eleito de Jean-Bertrand Aristide, dificilmente Washington daria uma demonstração mais exemplar de cortesia multilateral. Consultaram-se os aliados, buscou-se a bênção, imediatamente concedida, do Conselho de Segurança da ONU. O sinal dado a Chávez, Castro e outros adversários do hemisfério foi inequívoco – só que não foi um agressivo Tio Sam, mas sim a França, a clamar primeiro pela intervenção internacional nos assuntos domésticos do Haiti.

Em Paris também houve muita satisfação com o ajuste sofisticado entre o dever humanitário de uma nação civilizada e a necessidade (sem humilhação) de aplacar Washington pela desobediência do ano anterior no caso do Iraque. Os Estados Unidos talvez temessem essa "Libéria à sua porta", como disse o relatório da Comissão Independente de Villepin, mas, cautelosos com a reação interna de sua própria população negra num ano eleitoral, hesitaram em agir[2]. A oferta de proteção diplomática do Quai d'Orsay garantiria não só a entrada segura como também a retirada indolor quando a proposta Missão de Estabilização da ONU

---

[1] Sou muito grato a Paul Farmer, Brian Concannon, Randall White, Charles Arthur, Dominique Esser, Richard Watts e Cécile Winter pela ajuda em várias partes deste artigo.
[2] Régis Debray, *Rapport du comité indépendant de réflexion et de propositions sur les relations franco-haïtiennes*, janeiro de 2004, p. 5, 53.

assumiu o fardo três meses depois[3]. Londres seria suavemente deposta de seu papel principal de cão de guarda. Chirac e Villepin tinham o apoio quase unânime dos meios de comunicação franceses, do *Le Figaro* ao *Le Monde* e *L'Humanité*, para a intervenção militar no Haiti. Entre as vozes mais febris estava a do *Libération*, que considerava o presidente Aristide – "um padre sem rebanho transformado em tirano milionário", "o Pai Ubu do Caribe" – pessoalmente responsável pelo "risco de catástrofe humanitária" que se alegava para justificar a invasão[4].

Em 25 de fevereiro, Villepin fez um apelo formal à renúncia de Aristide. Dois dias depois, a França, os Estados Unidos e o Canadá anunciaram o envio de soldados a Porto Príncipe. Nas primeiras horas de 29 de fevereiro, um domingo, o presidente haitiano foi retirado de seu país sob a mira das armas. Mais tarde, no mesmo dia, o Conselho de Segurança da ONU suspendeu seu período normal de 24 horas de consulta antes de votar uma resolução de emergência nomeando os fuzileiros norte-americanos, a Legião Estrangeira francesa e as tropas canadenses, que já convergiam para a capital haitiana, como guarda avançada de uma missão multinacional das Nações Unidas. Diante de tamanho apoio internacional, o Black Caucus (comissão de líderes negros) do Congresso norte-americano limitou-se a uma pequena reclamação. O *Libération* apreciou, satisfeito, a dissolução do "carnaval patético com o qual Aristide se autoproclamara rei". Para o *New York Times*, a invasão foi um belo exemplo de como os aliados conseguem "encontrar um terreno comum e aproveitá-lo ao máximo". Tudo o que restou foi Bush ligar para Chirac e agradecer, exprimindo seu prazer com "a excelente cooperação franco-americana"[5].

Os meios de comunicação ocidentais tinham preparado o caminho para outra "intervenção humanitária" segundo a fórmula já conhecida. Diante de repetidas acusações de corrupção, clientelismo, drogas, desrespeito aos direitos humanos, autocracia etc., o consumidor ocasional dos comentários da grande imprensa foi estimulado a acreditar que o que estava em jogo não tinha nada a ver com uma batalha prolongada entre a maioria pobre e uma elite minúscula, mas que se tratava, sim, apenas de um complicado vale-tudo em que todos os lados estavam igualmente errados. A imprensa francesa, sobretudo, tendia a pintar um retrato dramático de níveis "africanos" de miséria e superstição, para servir tanto de alerta para os territórios remanescentes da França nas Antilhas quanto de desafio que poria à prova, mais uma vez, a "missão civilizadora" da comunidade internacional. Como ex-potência colonizadora e escravista, a França estaria errada se "desse as costas", argumentou o relator-chefe da comissão de investigação de Villepin

---

[3] Conselho de Segurança da ONU, *Report of the Secretary-General on Haiti*, 16/4/2004.
[4] Ver Patrick Sabatier, *Libération*, 31/12/2003 e 24/2/2004.
[5] *Financial Times*, 2/3/2004; *International Herald Tribune*, 4/3/2004; Sabatier, *Libération*, 1/3/2004; Elaine Sciolino, *New York Times*, 3/3/2004.

sobre as relações franco-haitianas. O bicentenário da independência do Haiti em 2004 seria uma boa oportunidade de uma reconciliação madura com o passado, de modo que a França pudesse "livrar-se do peso que a servidão impõe aos senhores" e negociar um novo relacionamento[6].

Em vez de uma briga *política*, em vez de uma batalha de princípios e prioridades, a luta pelo Haiti tornou-se apenas mais um caso de corrupção mesquinha e de vitimização em massa que se supõe caracterizar a vida pública fora dos portões bem guardados da democracia ocidental. Em vez de condicionada pela radical polarização de classe ou pela mecânica da exploração sistemática, a derrubada de Aristide foi apresentada, a maior parte das vezes, como mais uma demonstração do tema talvez mais constante nos comentários ocidentais sobre a ilha: aquele pobre povo negro continua incapaz de governar a si mesmo.

ROMPENDO A CORRENTE

A base estrutural da pobreza debilitante do Haiti é herança direta da escravidão e do período que a ela se seguiu. O Tratado de Ryswick, de 1697, formalizou a ocupação francesa do terço ocidental da ilha de Hispaniola, possessão espanhola, com o nome de São Domingos. No século seguinte, a colônia cresceu e tornou-se a mais lucrativa do mundo; na década de 1780, era, para seus senhores, uma fonte de renda maior que todas as treze colônias norte-americanas da Grã-Bretanha juntas. Nenhuma fonte isolada de receita deu contribuição tão grande à prosperidade crescente da burguesia comercial francesa e à riqueza de cidades como Bordéus, Nantes e Marselha. Os escravos que produziam esses lucros revoltaram-se em 1791. O esforço britânico, espanhol e francês combinado para esmagar a rebelião alimentou uma guerra que durou treze anos e terminou numa inequívoca derrota imperial. Tanto Pitt quanto Napoleão perderam cerca de 50 mil soldados na tentativa de restaurar a escravidão e o *status quo*.

No final de 1803, para espanto universal dos observadores da época, os exércitos liderados por Toussaint L'Ouverture e Dessalines romperam a corrente da escravidão colonial "naquele que fora, em 1789, seu elo mais forte"[7]. Rebatizado de Haiti, o novo país comemorou sua independência em janeiro de 1804. Defendi noutro texto que na história moderna houve poucos acontecimentos cujas conseqüências fossem mais ameaçadoras para a ordem dominante: a mera existência do Haiti independente era uma advertência às nações da Europa que comerciavam escravos, um exemplo perigoso para os Estados Unidos escravistas e uma inspiração para

---

[6] Debray, *Rapport*, cit., p. 6, 9.
[7] Robin Blackburn, *The overthrow of colonial slavery* (Londres, 1989), p. 258.

sucessivos movimentos de libertação africanos e latino-americanos[8]. Boa parte da história subseqüente do Haiti foi conformada pelos esforços internos e externos de sufocar as conseqüências desse evento e preservar a herança essencial da escravidão e do colonialismo – aquela injustíssima distribuição de trabalho, riqueza e poder que caracterizou toda a história pós-colombiana da ilha.

A principal prioridade dos escravos que conquistaram a independência em 1804 foi impedir a volta à economia de *plantation* com a manutenção de algum controle direto sobre seu meio de vida e sua terra. Diversamente da maioria dos outros países latino-americanos e caribenhos, o desenvolvimento de latifúndios voltados para a exportação foi limitado pela sobrevivência generalizada de pequenas propriedades camponesas, e, hoje, 93% dos camponeses haitianos ainda têm pelo menos algum acesso à própria terra[9]. No entanto, a redução do tamanho médio das propriedades para menos de um hectare, combinada à queda dos preços agrícolas, à drástica erosão do solo e à falta crônica de investimentos, faz com que a maior parte desses camponeses mantenha sua independência à custa, na verdade, de uma privação permanente.

A extensão dessa privação ao país como um todo foi garantida pelo isolamento de sua economia arruinada nas décadas que se seguiram à independência. A França da Restauração só restabeleceu o comércio e as relações diplomáticas essenciais para a sobrevivência do novo país depois que o Haiti concordou, em 1825, em pagar à sua antiga senhora colonial uma "indenização" de cerca de 150 milhões de francos pela perda dos escravos – quantia mais ou menos igual ao orçamento anual francês da época, ou por volta de dez anos de receita total do Haiti – e conceder descontos comerciais muito onerosos. Com a economia ainda abalada pela guerra colonial, o Haiti só conseguiu começar a pagar a dívida tomando emprestados, a juros extorsivos, 24 milhões de francos de bancos privados franceses. Embora a exigência francesa acabasse caindo de 150 para 90 milhões de francos, no final do século XIX os pagamentos do Haiti à França consumiam cerca de 80% do orçamento nacional. A França recebeu a última prestação em 1947. Assim, os haitianos tiveram de compensar três vezes os seus antigos opressores: com o trabalho inicial dos escravos, com a indenização aos franceses pela perda dessa mão-de-obra e depois com os juros sobre o pagamento da indenização. Nenhum outro fator teve papel tão importante para fazer do Haiti um país sistematicamente endividado, condição que, por sua vez, "justificou" uma série longa e debilitante de apropriações por navios armados.

---

[8] Hallward, "Haitian inspiration: notes on the bicentenary of Haiti's independence", *Radical Philosophy*, 123, janeiro-fevereiro de 2004.

[9] Carolyn Fick, *The making of Haiti: the Saint Domingue revolution from below* (Knoxville, 1990), p. 249; Banco Mundial, *Haiti: the challenges of poverty reduction*, agosto de 1998, p. 4.

A mais importante dessas intervenções estrangeiras foi deflagrada por Woodrow Wilson em 1915, numa contrapartida a seus ataques punitivos à Revolução Mexicana. A ocupação norte-americana durou quase vinte anos e ampliou-se, de 1916 a 1924, com uma incursão paralela na vizinha República Dominicana. O regime militar dos Estados Unidos pôs-se a instituir uma versão precoce de programa de ajuste estrutural: aboliu a cláusula da Constituição que impedia estrangeiros de possuírem propriedades no Haiti, ocupou o Banco Nacional, reorganizou a economia para garantir pagamentos mais "confiáveis" da dívida externa, desapropriou terras para criar suas próprias *plantations* e treinou uma violenta tropa militar cujas únicas vitórias seriam contra o povo haitiano. As rebeliões, como a de Charlemagne Peralte, no norte do país, nos primeiros anos da ocupação, e a onda de greves de 1929 foram selvagemente reprimidas. Quando se retiraram, em 1934, os soldados dos Estados Unidos tinham quebrado a espinha da resistência camponesa inicial a essa engenharia socioeconômica, matando de 5 mil a 15 mil pessoas.

O exército que os Estados Unidos construíram tornou-se o poder dominante depois que os *marines* partiram, mantendo sob controle tanto a população quanto os políticos, enquanto os próprios generais se alternavam como presidentes. Foi como contrapeso a essa força que François Duvalier, ex-médico e míope, organizou sua própria milícia assassina, os Tonton Macoutes, depois de vencer as eleições presidenciais de 1957 que se seguiram à derrubada do regime militar anterior. Nos catorze anos seguintes, em que "Papa Doc" declarou-se a encarnação divina da nação haitiana, os 10 mil Macoutes foram usados para aterrorizar todos os adversários de seu domínio. A princípio cautelosos com esse nacionalismo *vaudouiste*, os Estados Unidos logo abraçaram o ferrenho regime anticomunista de Duvalier. Quando François morreu, em 1971, seu filho Jean-François, o "Baby Doc", foi proclamado presidente vitalício e gozou de apoio norte-americano ainda mais ardente. A ajuda externa e a corrupção da elite dispararam, mas, para a massa dos haitianos, a pauperização e a opressão política não se reduziram.

CRESCE A ENCHENTE

Em meados da década de 1980, uma nova geração amadurecia nas favelas cada vez maiores de Porto Príncipe, sensível aos encantos da teologia da libertação nos sermões codificados em *kreyòl* dos padres radicais – sendo o principal deles Jean-Bertrand Aristide. Nascido em 1953, Aristide cresceu fora dos limites da classe política tradicional do Haiti. Lingüista talentoso, destacou-se no seminário salesiano e, nos anos 1970, lia psicologia e filosofia na Universidade do Estado, juntamente com as obras de Leonardo Boff e outros teólogos da libertação. Começou a transmitir programas nas estações católicas de rádio que brotaram no final da década de 1970, antes de ser enviado por sua ordem, em 1979, para estudar arqueologia no Oriente Médio e de lá para Montreal para uma certa "reprogramação teológica" (malsucedida)[10].

Em 1985, estava de volta à pregação no Haiti, enquanto o aumento da insatisfação popular com o regime inchado de Baby Doc transformava-se numa onda de protestos em massa. O sermão de Páscoa feito por Aristide naquele ano – "O caminho dos haitianos que rejeitam o regime é o caminho da virtude e do amor" – foi gravado em dúzias de fitas cassete e ouvido em todo o país. Seu grito "Va-t'en, Satan!" ["Vai-te embora, Satã!"] foi adotado pelo movimento de massa, que, em fevereiro de 1986, forçou Baby Doc a se exilar na França, semanas antes de Marcos, sob pressão semelhante, ser despachado das Filipinas. A tática assassina da junta que se seguiu, comandada pelo general Namphy, não conseguiu desmobilizar a enchente – *lavalas*, em *kreyòl* – de grupos políticos, sindicatos, organizações de massa, associações camponesas e grupos comunitários da "pequena igreja", a *ti legliz*. Aristide pregava então em horário integral na igreja de São João Bosco, nos arredores da favela La Saline, em Porto Príncipe. As eleições marcadas para novembro de 1987 foram canceladas pelo exército no dia da votação, mas não antes de engendrar o assassinato de dúzias de eleitores que esperavam para votar. Em setembro de 1988, os Macoutes atacaram a igreja apinhada de Aristide, mataram membros da congregação e destruíram o prédio; Aristide foi levado para lugar seguro por seus partidários. Nos protestos que se seguiram, os soldados rasos revoltaram-se contra os oficiais, expulsando Namphy, antes que um contragolpe do general Avril lançasse na cadeia os líderes dos *ti soldats*. O outono de 1989 trouxe mais greves e mobilizações em massa contra o regime de Avril, outra repressão sangrenta e novos protestos. Em março de 1990, ele também foi expulso do poder.

PRIMEIRA VITÓRIA DA LAVALAS

Em dezembro de 1990, Aristide foi candidato à Presidência pela Front National pour le Changement et la Démocratie (FNCD) [Frente Nacional pela Mudança e pela Democracia], coalizão frouxa de organizações populares formada para concorrer nas primeiras eleições livres do Haiti. Obteve uma vitória inesperada no primeiro turno, com 67% dos votos (o preferido pelos Estados Unidos, Marc Bazin, economista do Banco Mundial e ex-ministro de Duvalier, obteve apenas 14%). A elite haitiana não perdeu tempo para tentar desestabilizá-lo. A primeira tentativa de golpe veio um mês depois da eleição e foi impedida por uma contramobilização maciça. No cargo, o espaço de manobra de Aristide foi limitado pela minoria da FNCD no parlamento,

---

[10] Mark Danner, "Haiti on the verge", *New York Review of Books*, 4/11/1993.

pela dilapidação do Estado e do aparelho jurídico e pelos ataques constantes dos Macoutes, só contidos pela ameaça de resistência popular nas favelas. E o talento de Aristide como líder de massas não se traduziu com facilidade em coalizões parlamentares nem na manipulação dos controles do Estado. No poder, Aristide agiu com cautela, enquanto continuava a falar numa mudança radical na distribuição de renda. Conquistou o apoio dos credores internacionais ao equilibrar o orçamento e reduzir a burocracia eivada de corrupção. Fora isso, restringiu-se a leves reformas nos setores agrário e educacional e à nomeação de uma comissão presidencial para investigar as mortes extrajudiciais dos cinco anos anteriores.

Até esses passos moderados foram demais para a tolerância da elite. Em setembro de 1991, apenas sete meses depois da posse, o exército retomou o poder, instalando uma nova junta, comandada pelo general Cédras. Nos três anos seguintes, os militares instituíram um reinado de terror na tentativa de desmantelar as redes da Lavalas nas favelas; cerca de 5 mil partidários foram mortos. Invadiram-se igrejas e organizações comunitárias; pregadores e líderes foram assassinados. Em setembro de 1993, brutamontes liderados por Louis Jodel Chamblain, treinado pela CIA, assassinaram Antoine Izméry, ativista que lutava pela democracia e principal aliado de Aristide. Em abril de 1994, paramilitares comandados por Jean Tatoune, outro produto da CIA, chacinaram dezenas de civis no chamado Massacre de Raboteau, na cidade de Gonaïves.

Ao mesmo tempo, o embargo econômico (cheio de isenções) imposto ao regime de Cédras levou a uma fome generalizada. Ondas de emigrantes tentaram fugir para os Estados Unidos. Aristide, exilado em Washington, tentou conquistar apoio diplomático. Hostil ao programa de Aristide e mordido pelo recente caso Irã–Contras, o primeiro presidente Bush preferiu fingir que nada via. Clinton, confiante de que "a missão é possível e limitada", foi mais amigável. O sucesso militar no Haiti ajudaria a reparar o dano causado na Somália, e a volta de Aristide interromperia a torrente de refugiados. Entretanto, as condições ditadas pelos Estados Unidos foram exorbitantes. Aristide teve de concordar com a anistia aos golpistas, praticamente perdoando o assassinato de milhares de partidários seus. Foi obrigado a aceitar que seu mandato como presidente do Haiti terminaria em 1995, como se o tivesse cumprido inteiramente. Teria de dividir o poder com os adversários que derrotara completamente em 1990 e adotar a maior parte de suas políticas ultraconservadoras; especificamente, exigiram que implementasse um drástico programa de ajuste estrutural do FMI.

É claro que Aristide tinha perfeita consciência do custo político do ajuste estrutural; seu livro mais recente sobre as conseqüências opressoras da globalização é bastante coerente com seus discursos do final da década de 1980[11]. A questão

---

[11] Aristide, *Eyes of the heart: seeking a path for the poor in the age of globalization* (Monroe, Maine, 2000).

que começou a dividir o movimento Lavalas em meados dos anos 1990 foi, simplesmente, que tipo de resistência aos objetivos dos Estados Unidos e do FMI seria factível. Até alguém como Christophe Wargny, tão crítico da "virada ditatorial" de Aristide, acreditava que "nenhum governo haitiano pode sobreviver sem o apoio norte-americano"[12]. Como Lakhdar Brahimi – enviado dos Estados Unidos e atualmente em intensa atividade em Bagdá – explicou ingenuamente à rádio haitiana em 1996, nunca houve dúvidas de que os Estados Unidos e a ONU jamais tolerariam a menor tentativa de diluir o monopólio do poder econômico da elite[13]. Nessas circunstâncias, o novo governo Aristide sentiu que tinha pouco espaço de manobra. E, mesmo recebendo 87% dos votos na eleição presidencial de 1995, embora com um número menor de eleitores, o sucessor de Aristide, René Préval, viu-se em posição ainda mais difícil.

As tentativas do primeiro-ministro de Préval, Rosny Smarth, de impor pela lei o programa impopular do FMI rachariam permanentemente a coalizão Lavalas, tanto dentro do parlamento quanto no país como um todo. Os políticos mais alinhados com as prioridades de Washington e que mais criticavam o estilo de Aristide, condenado como de ponta-cabeça, uniram-se a seu rival Gérard Pierre-Charles para formar uma facção mais "moderada", que acabou se autodenominando Organisation du Peuple en Lutte [Organização do Povo em Luta]. A partir do final de 1996, Aristide começou a organizar um partido mais coeso com seus próprios partidários, a Fanmi ("família") Lavalas, aproveitando sua própria autoridade em relação aos pobres haitianos. A divisão entre a OPL e a FL logo se tornou irreversível, paralisando a legislatura e bloqueando a nomeação de um novo primeiro-ministro e de todo o gabinete depois da renúncia de Smarth, em 1997[14]. Por fim, Préval rompeu o impasse parlamentar dissolvendo a Assembléia Nacional em 1999 e, depois de alguma demora, houve novas eleições em maio de 2000.

A GLOBALIZAÇÃO CHEGA AO HAITI

Previsivelmente, o tratamento do FMI para com a pobreza desesperada do Haiti envolvia uma queda ainda maior de salários já reduzidos a níveis de fome, a privatização do setor estatal, a reorientação da produção doméstica para os produtos agrícolas comerciais populares nos supermercados norte-americanos e a eliminação

---

[12] Wargny, Le Monde, 23/2/2004; e Haïti n'existe pas (Paris, 2004).
[13] A elite, explicou Brahimi, deveria "saber duas coisas: que as mudanças políticas são inevitáveis, mas que, na frente ideológica e econômica, têm a simpatia do Grande Irmão, o capitalismo". Citado em Haiti Briefing, n. 25, setembro de 1997.
[14] Ver Kim Ives em Haïti Progrès, 12/3/2003 e 27/11/2002.

das tarifas de importação. Foi a última dessas medidas, a mais fácil de implantar, que teve o impacto mais imediato. Com a tarifa sobre o arroz reduzida de 50% para os 3% decretados pelo FMI, o Haiti, antes auto-suficiente nesse produto, foi inundado pelo arroz norte-americano subsidiado, e a importação subiu de apenas 7 mil toneladas em 1985 para 220 mil toneladas em 2002. A produção doméstica de arroz praticamente desapareceu[15]. Um desdobramento semelhante eliminou o setor avícola do Haiti, à custa de cerca de 10 mil empregos. Os fazendeiros haitianos tenderam a associar essa sucessão de eventos com a mais ferozmente detestada das várias intervenções agressivas da comunidade internacional em sua economia doméstica: o extermínio de toda a população nativa de porcos do Haiti – para aplacar os temores dos importadores norte-americanos, preocupados com um surto de peste suína – e sua posterior substituição por animais de Iowa que demandavam condições de vida muito melhores do que as da maior parte da população humana da ilha.

Como resultado dessas e de outras "reformas" econômicas correlatas, a produção agrícola caiu de cerca de 50% do PIB, no final da década de 1970, para apenas 25% no final dos anos 1990. Supunha-se que o ajuste estrutural compensaria o colapso agrário com a expansão dos setores de indústria leve e de montagem. Os salários mais baixos do hemisfério, sustentados pela quase proibição de sindicatos, encorajaram empresas e empreiteiros, sobretudo norte-americanos, a empregar cerca de 60 mil pessoas nesse setor no final dos anos 1970, e, até meados da década de 1990, empresas como Kmart e Walt Disney continuavam a pagar aos haitianos aproximadamente onze centavos de dólar por hora para fazer pijamas e camisetas[16]. As empresas passam a beneficiar-se de isenções tributárias válidas por até quinze anos, podem repatriar todos os lucros e são obrigadas apenas a fazer investimentos mínimos em equipamento e infra-estrutura[17]. Em 1999, os haitianos mais afortunados que trabalhavam no pequeno setor industrial e de montagem do país ganhavam salários estimados em menos de 20% do nível de 1981. Ainda assim, taxas de exploração ainda mais dramáticas encorajaram muitas dessas empresas a mudar-se para lugares como China e Bangladesh, e somente umas 20 mil pessoas ainda estavam empregadas nas fabriquetas de Porto Príncipe no fim do milênio. O PIB real per capita em 1999-2000 foi estimado como "substancialmente abaixo" do nível de 1990[18].

---

[15] Oxfam, *Trade Blues*, maio de 2002.

[16] National Labor Committee, *The US in Haiti: how to get rich on 11 cents an hour* (Nova York, 1996), e NLC, *Why is Disney lying?* (Nova York, 2004); ver também Ray Laforest em *Haïti Progrès*, 13/8/1997.

[17] Charles Arthur, *Haiti in focus* (Londres, 2002), p. 51.

[18] Economist Intelligence Unit, *Haiti: country profile 2003*, p. 24, 19.

Seria errado pensar que essas reformas foram implementadas com empenho parecido com o da Terceira Via. Pelo contrário, o governo da Lavalas foi constantemente criticado por sua "falta de vigor" pelas instituições financeiras internacionais: "As políticas impostas como condição pelos credores internacionais obtiveram, na melhor das hipóteses, o apoio morno das autoridades locais e, na pior, a rejeição violenta do público"[19]. Com as costas contra a parede, a Lavalas recorreu às famosas "armas dos fracos", assim apelidadas por James Scott: uma mistura de prevaricação e não-cooperação evasiva. Isso teve algum sucesso como forma de rechaçar pelo menos um dos principais golpes do ajuste estrutural – a privatização do pouco que sobrava do patrimônio público do Haiti. A Lavalas tinha boas razões para fazer corpo mole. Por exemplo, quando se privatizou a usina de açúcar estatal em 1987, ela foi comprada por uma única família, que prontamente a fechou, demitiu os funcionários e começou a importar açúcar mais barato dos Estados Unidos, para vendê-lo a preços que derrubaram o mercado doméstico. O Haiti, que já fora o mais lucrativo exportador mundial de açúcar, importava, em 1995, 25 mil toneladas de açúcar norte-americano, e a maioria dos camponeses não podia mais comprá-lo[20]. Em contraste, Aristide demitiu seu primeiro-ministro, em setembro de 1995, por preparar a venda das fábricas estatais de farinha e cimento sem insistir que o FMI honrasse qualquer um dos termos progressistas que prometera – abrir a venda à participação da classe média e de pequenos investidores e garantir que parte do dinheiro gerado fosse para alfabetização, educação e indenizações às vítimas do golpe de 1991. No entanto, Aristide só conseguiu retardar o processo por dois anos. Em 1997, a fábrica de farinha foi devidamente vendida por apenas 9 milhões de dólares, numa época em que seu lucro anual era estimado em 25 milhões de dólares[21].

Entretanto, o governo da Lavalas nunca cedeu à pressão dos Estados Unidos para privatizar os serviços públicos do Haiti. Ao mesmo tempo, e com recursos dramaticamente limitados, supervisionou a criação de mais escolas do que em todos os 190 anos anteriores. Imprimiu milhões de cartilhas e criou centenas de centros de alfabetização, oferecendo aulas para mais de 300 mil pessoas; entre 1990 e 2002, o analfabetismo caiu de 61% para 48% da população. Com ajuda cubana, construiu-se uma nova escola de medicina, e a taxa de infecção pelo HIV – herança do turismo sexual das décadas de 1970 e 1980 – foi congelada, com a criação de clínicas e programas de treinamento como parte de uma campanha pública crescente contra a Aids. Houve passos importantes para limitar a exploração

---

[19] Ibidem, p. 17.
[20] Lisa McGowan, *Democracy undermined, economic justice denied: structural adjustment and the aid juggernaut in Haiti* (Washington, DC, 1997).
[21] Aristide, *Eyes of the heart*, cit., p. 31, 15.

generalizada das crianças. O governo de Aristide aumentou as contribuições tributárias da elite e, em 2003, anunciou a duplicação de um salário mínimo de extrema insuficiência[22].

A OPOSIÇÃO A ARISTIDE

A linha do governo criou inimigos na direita e na esquerda. Não surpreende que Aristide tenha ficado sob o fogo dos que defendiam uma obediência mais entusiasmada aos Estados Unidos e ao FMI, entre eles os (impopularíssimos) primeiros-ministros Smarck Michel (1994-95) e Rosny Smarth (1996-97), além de outros integrantes da OPL. Desde o princípio, a simples presença da Lavalas no governo aterrorizou uma grande parcela da classe dominante. "Na elite haitiana", explicou Robert Fatton, "o ódio a Aristide era absolutamente incrível, uma obsessão."[23] Com a Lavalas no poder, muitos observadores notaram "uma nova segurança do povo pobre do Haiti"[24]. Pela primeira vez na lembrança dos vivos, a distribuição da propriedade privada parecia vulnerável, já que casos eventuais de invasão e ocupação de terras não enfrentaram oposição. Embora, na prática, Aristide tendesse a cooperar com os líderes empresariais e os credores internacionais, parecia disposto a pesar a mão no governo com ameaças veladas de violência popular contra os "ladrões burgueses"[25]. "O pânico tomou a classe dominante", observa Fatton. "Temia morar perto de *la populace* e barricou-se contra a Lavalas."[26] Os condomínios fechados multiplicaram-se e os serviços de segurança particular tornaram-se um dos setores de crescimento mais rápido do Haiti. A solidariedade de classe entre as elites ocidentais que se sentiam do mesmo modo ameaçadas, tanto em casa quanto no exterior, explica boa parte da opinião internacional recente sobre o regime da Lavalas.

Enquanto isso, a desconfiança crescente no "populismo demagógico" de Aristide afastou, lentamente, muitos intelectuais estrangeiros ou exilados – René

---

[22] Para um resumo dessas realizações, ver especificamente o folheto de 2003 do Haiti Action Committee, *Hidden from the headlines: the US war against Haiti*.
[23] Fatton, citado em Marty Logan, "Class hatred and the hijacking of Aristide", *Inter Press Service News Agency*, 16/3/2004.
[24] David Nicholls, *From Dessalines to Duvalier: race, colour, and national independence in Haiti* (New Brunswick, New Jersey, 1996).
[25] Sobre a antiga mistura de retórica revolucionária e prática constitucional de Aristide, ver Mark Danner, "The fall of the prophet", *New York Review of Books*, 2/12/1993, e Alex Dupuy, *Haiti in the New World Order: the limits of the democratic revolution* (Boulder, Colorado, 1997), p. 128-9.
[26] Robert Fatton, *Haiti's predatory republic: the unending transition to democracy* (Boulder, Colorado, 1997), p. 86-7.

Depestre, James Morrell, Christophe Wargny – que já o tinham apoiado[27]. Foi ainda mais relevante o fato de que várias organizações camponesas importantes do Haiti, como o Movman Peyizan Papay (MPP), o Tèt Kole Ti Peyizan e a Kozepep, além do pequeno grupo militante Batay Ouvriye, condenaram a Fanmi Lavalas por sua cooperação com o ajuste estrutural e acusaram-na de tornar-se *"anti-populaire"*. Clément François, da Tèt Kole, falou por muitos críticos da Lavalas quando defendeu que Aristide não deveria ter concordado com as condições norte-americanas que lhe permitiram voltar do exílio: "Ele deveria ter ficado lá fora e deixado os Estados Unidos continuarem a luta pela democracia; em vez disso, concordou em entregar o país de bandeja para que pudesse voltar ao cargo"[28]. Chavannes Jean-Baptiste, líder do MPP, afirmou a mesma coisa em 1994, pouco antes de envolver-se numa azeda briga pessoal com Aristide.

A real extensão do desgosto popular com a Lavalas é difícil de medir. Em regra, os comentaristas estrangeiros acham "complicado dar crédito à força da comoção que Aristide despertou e continua a despertar no Haiti"[29]. Seguramente a Tèt Kole e o MPP ficaram enfraquecidos com sua oposição a Aristide, e nenhum dos dois grupos continua a ser uma força política importante. No fim dos anos 1990, Jean-Baptiste tornou-se aliado da OPL pró-americana de Pierre-Charles, antes de se unir, em 2000, à Convergence Démocratique, abertamente reacionária; a militância de seus partidários foi ofuscada, como observa Stan Goff, "pelo pinga-pinga constante de dólares para projetos que fluíam pela lista quase interminável de organizações não-governamentais que infestam todos os cantos do Haiti"[30]. A própria OPL é, provavelmente, o partido que mais se parece com aquela alternativa "cívica" à Lavalas tão apreciada pelos comentaristas liberais, mas depois de anos de manobras parlamentares fúteis foi praticamente varrida nas eleições de 2000[31].

Em outras palavras, apesar de todas as suas inegáveis falhas, a FL permanece como única força significativa para a mobilização popular no país. Nenhum outro personagem político dos últimos cinquenta anos chegou perto da estatura de Aristide junto aos pobres urbanos e rurais. Falando de Porto Príncipe em março de 2004, o correspondente da BBC viu-se obrigado a reconhecer que, embora Aristide fosse "universalmente detestado" pela elite rica, ainda era quase universalmente

---

[27] Tracy Kidder, "Trials of Haiti", *The Nation*, 27/10/2003.
[28] François citado em "Behind Aristide's fall", *Socialist Worker*, 12/3/2004, p. 6.
[29] Arthur, *Haiti in focus*, cit., p. 60; cf. Paul Farmer, *The uses of Haiti* (Monroe, Maine, 2003), p. 113-4.
[30] Stan Goff, "A brief account of Haiti", *BRC-NEWS*, outubro de 1999; cf. Goff, *Hideous dream: a soldier's memoir of the US invasion of Haiti* (Nova York, 2000).
[31] Wargny, "Haiti's last chance", *Le Monde Diplomatique*, julho de 2000.

apoiado pela grande maioria dos pobres urbanos[32]. O médico e ativista Paul Farmer, que trabalhou no Planalto Central do Haiti desde meados da década de 1980, defende com força ainda maior a profundidade duradoura da popularidade de Aristide no campo[33]. A única demonstração apreciável contra a FL durante as eleições mais recentes foi uma manifestação do MPP organizada em setembro de 2000. Reuniu vários milhares de pessoas. Fora isso, a oposição política a Aristide confinou-se quase por inteiro às fileiras da classe dominante[34]. A elite haitiana achou difícil conquistar apoio nas ruas. Um relatório da Economist Intelligence Unit descreve assim o protesto anti-Aristide realizado em novembro de 2003 pelo "Grupo dos 184", que afirma representar uma faixa ampla de organizações da sociedade civil:

> Na manhã da manifestação, algumas centenas de partidários do Grupo dos 184 reuniram-se no lugar marcado, mas viram-se sobrepujadas em número por cerca de 8 mil seguidores de Aristide. Quando alguns partidários do governo jogaram pedras e gritaram ameaças para seus adversários, a polícia lutou para manter a ordem. Como a situação se deteriorava rapidamente, a polícia dispersou a multidão com gás lacrimogêneo e disparou para o ar com munição de verdade. Enquanto isso, o carro de som do Grupo dos 184 foi detido pela polícia a caminho da manifestação, e trinta pessoas que iam junto num comboio foram presas quando a polícia encontrou armas ilegais. Claramente incapaz de agir como planejado, os organizadores do Grupo dos 184 cancelaram a manifestação antes mesmo que ela começasse [...] André Apaid [coordenador do Grupo] disse que o episódio demonstrou que as autoridades não permitiam que seus adversários se reunissem e, portanto, não previam eleições justas.

O relatório deixou de mencionar que Apaid é um empresário internacional que possui várias fábricas no Haiti, fundou o canal de TV comercial mais importante do país e foi um dos líderes de uma campanha de 2003 para rejeitar a decisão de Aristide de dobrar o salário mínimo. No entanto, o relatório observa que:

> O comparecimento à manifestação foi menor do que o sugerido pela declaração do Grupo de que teria como membros mais de 300 organizações. Mal conseguiram reunir um número de manifestantes maior que esse. A presença na manifestação de muitos integrantes do setor mais rico da sociedade reforçou a opinião de que o Grupo dos 184, apesar de suas pretensões de representar a sociedade civil, é uma organização com pouco apelo popular. Essa interpretação foi confirmada pelo fracasso de uma "greve geral"

---

[32] Lak, "Poverty and pride in Port-au-Prince", *BBC Radio* 4, 20/3/2004.
[33] Farmer, *Uses of Haiti*, cit., p. 348-75; Farmer, "Who removed Aristide?", *London Review of Books*, 15/4/2004.
[34] Ver Béatrice Pouligny, *Libération*, 13/2/2001; Fatton, *Haiti's predatory republic*, cit., p. 144-7, 169, nota 40.

convocada pelo Grupo em 17 de novembro. Embora muitas empresas privadas de Porto Príncipe, inclusive bancos e escolas particulares, não tenham aberto as portas, os bancos estatais, os órgãos do governo e o transporte público, assim como as feiras, funcionaram normalmente. No restante do país, a greve foi em grande parte ignorada.[35]

O DIVISOR DE ÁGUAS DE MAIO DE 2000

Entretanto, apesar da preponderância maciça de seu apoio popular, nem Préval nem Aristide, nos períodos de 1991 e 1994-95 no cargo, conseguiram governar com apoio total do parlamento. Mas, nas eleições parlamentares e locais de maio de 2000, a Fanmi Lavalas unida conquistou maioria em todos os níveis do governo, ocupando 89 dos 115 cargos de prefeito, 72 das 83 cadeiras da Câmara dos Deputados e 18 das 19 cadeiras disputadas no Senado[36]. As eleições de 1995 já tinham "desacreditado por completo os chamados partidos políticos tradicionais, sobretudo aqueles que colaboraram com o regime militar entre 1991 e 1994", eliminando-os efetivamente de todo novo papel na política eleitoral[37]. Em maio de 2000, os integrantes da coalizão Lavalas original que se voltaram contra Aristide sofreram o mesmo destino. Para a oposição anti-Aristide, as eleições provaram que não havia possibilidade de derrotar a FL nas urnas em futuro próximo.

Foi nesse ponto que a campanha para desacreditar o governo da Lavalas entrou numa fase nova e mais intensa. No verão de 2000, a maioria dos adversários de Aristide – dissidentes como a OPL de Pierre-Charles e o MPP de Jean-Baptiste, junto com evangélicos de direita, líderes empresariais e ex-duvalieristas – reuniu-se para formar a Convergence Démocratique. Desde o início, o principal objetivo da CD era a "Option Zéro": a anulação total das eleições de 2000 e a proibição de que Aristide participasse de qualquer votação subseqüente[38]. Para

---

[35] EIU, *Country Report January 2004: Dominican Republic, Haiti*, p. 40-1.

[36] Criada pela Constituição de 1987, a Assembléia Nacional é formada de uma Câmara de Deputados com 84 participantes, eleitos diretamente pelos municípios, e um Senado de 27 cadeiras, no qual cada três senadores representam uma das nove províncias do Haiti.

[37] Dupuy, *Haiti in the New World Order*, cit., p. 172.

[38] Entre junho de 2000 e fevereiro de 2004, a CD rejeitou todas as ofertas da FL de novas eleições até a tentativa final de solução pacífica para o conflito, uma proposta intermediada pela Caricom e aprovada pela OEA em meados de fevereiro de 2004, segundo a qual Aristide aceitaria um de seus adversários como primeiro-ministro, realizaria novas eleições parlamentares e cumpriria o restante do mandato com poderes muito limitados. Aristide imediatamente aceitou a proposta, assim como a França e os Estados Unidos. A CD também recusou-a de imediato e depois conseguiu de algum modo "persuadir" seus patronos imperiais a segui-la, deixando a Aristide a escolha entre o exílio e a guerra civil.

fazer essa estratégia parecer compatível com as convenções democráticas, a CD teve, primeiro, de redobrar seus esforços para retratar a FL como irredimivelmente antidemocrática, autoritária, violenta e corrupta – acusações já conhecidas havia muito tempo na propaganda que acompanhou o golpe de Cédras em 1991[39].

A prioridade foi lançar dúvidas sobre a legitimidade da vitória eleitoral da FL. O pretexto, nesse caso, foi um problema técnico de somenos importância apontado por observadores da Organização dos Estados Americanos. Na verdade, a OEA descrevera as eleições de maio de 2000 como "um grande sucesso para a população haitiana, que compareceu em peso e em ordem para escolher seus governantes locais e nacionais. Estimados 60% dos eleitores registrados foram às urnas" e "pouquíssimos" incidentes de violência e fraude foram relatados. Até o Centre for International Policy [Centro de Política Internacional], ferrenhamente contrário à FL, concordou que as eleições de maio de 2000 tinham sido "as melhores até então" realizadas no Haiti[40]. A OEA, mais tarde, caracterizou as eleições como "falhas" não porque contestasse a justeza da votação ou a clareza avassaladora de seu resultado, mas porque, depois de registradas as vitórias da Lavalas, fez objeções à metodologia usada pelo Conselho Eleitoral Provisório (CEP) do Haiti para contar os votos de oito cadeiras do Senado. Em vez de incluir todos os candidatos menos populares em seu cálculo dos percentuais de votação, o CEP – que a constituição do Haiti identifica como árbitro único e derradeiro em todas as questões eleitorais – decidiu contar apenas os votos dados aos quatro primeiros candidatos de cada disputa. Com esse método, os candidatos da Lavalas conquistaram dezesseis cadeiras do Senado no primeiro turno, obtendo em média 74% dos votos[41].

---

[39] Quanto a 1991, ver as contribuições importantes do repórter Howard French, do *New York Times*, como "Aristide's autocratic ways ended Haiti's embrace of democracy", *New York Times*, 22/10/1991. De várias maneiras, os artigos de French parecem esboços preliminares dos ataques recentes, como a tirada de Andrew Gumbel: "The little priest who became a bloody dictator like the one he once despised" ["O padreco que se tornou um ditador sanguinolento como o outro que desprezava"], *Independent*, 21/2/2004; Lyonel Trouillot, "In Haiti, all the bridges are burned", *New York Times*, 26/2/2004; Peter Dailey, "Fall of the house of Aristide", *New York Review of Books*, 13/3/2003. Kim Ives submete esse último artigo a uma refutação ponto a ponto em *Haïti Progrès*, 12/3/2003.

[40] Relatório Final da Missão da OEA no Haiti, 13/12/2000, p. 2. Um relatório mais substancial da International Coalition of Observers concluiu igualmente que as eleições de 2000 foram ao mesmo tempo "justas e pacíficas": Melinda Miles e Moira Feeney, *Elections 2000: participatory democracy in Haiti*, fevereiro de 2001; Henry Carey, "Not perfect, but improving", *Miami Herald*, 12/6/2000.

[41] *Haïti Progrès*, 31/5/2000. Na província do nordeste, para usar um dos exemplos menos favoráveis à Lavalas, houve um total de 132.613 votos para duas cadeiras do Senado. Se fossem contados os votos de todos os candidatos, seriam necessários 33.154 votos para conquistar uma cadeira no primeiro turno; somando apenas os quatro candidatos mais votados, os da FL – que receberam respectivamente 32.969 e 30.736 votos; seu rival mais próximo teve menos de 16 mil votos – entraram com confortável maioria. O líder da CEP sustentou que esse método estava de

A própria OEA esteve intimamente envolvida na elaboração dessa forma de cálculo, e não há boas razões para acreditar que o equilíbrio de poder no Senado seria diferente caso fosse usado outro método. Os resultados são coerentes tanto com os números inquestionáveis registrados na votação para a Câmara dos Deputados, feita ao mesmo tempo, quanto com uma pesquisa Gallup encomendada pelos Estados Unidos e realizada em outubro de 2000. Em novembro do mesmo ano, Aristide venceu a eleição presidencial com 92% dos votos válidos, com uma participação do eleitorado estimada, pelos poucos observadores internacionais que ficaram no país, em cerca de 50% (embora a oposição tenha afirmado que tal participação fora muito menor do que isso).

AJUDA SUFOCANTE

A resposta imediata do governo Clinton foi agarrar-se à objeção da OEA aos cálculos para as vagas no Senado a fim de justificar um embargo debilitante da ajuda estrangeira – escrúpulos democráticos que não combinam bem com o apoio de Washington às ditaduras dos Duvalier e das juntas militares que as sucederam. Em abril de 2001, depois de cortar seu próprio auxílio ao governo do Haiti, os Estados Unidos impediram a liberação de 145 milhões de dólares de empréstimos já aprovados pelo Banco Interamericano de Desenvolvimento e de mais 470 milhões programados para os anos seguintes. Em 1995, o governo haitiano recebeu perto de 600 milhões de dólares de auxílio. Em 2003, o orçamento total do governo reduzira-se a apenas 300 milhões, abaixo de 40 dólares anuais per capita para seus 8 milhões de cidadãos, menos o pagamento anual de 60 milhões de dólares da dívida nacional (45% da qual fora contraída pelas ditaduras dos Duvalier)[42]. A resposta do FMI e dos outros credores internacionais foi obrigar o Haiti a fazer cortes ainda mais profundos no orçamento e pagar quantias ainda mais elevadas de amortização.

Poucos governos sobreviveriam a um ataque financeiro tão permanente. O efeito combinado dessas medidas foi arrasar uma economia já abalada. O PIB haitiano caiu de 4 bilhões de dólares em 1999 para 2,9 bilhões em 2003. Embora as exportações norte-americanas para o Haiti tenham subido substancialmente nos últimos anos, a maioria dos haitianos vive hoje à beira da fome, sem acesso a água

---

acordo com a prática anterior (*Haïti Progrès*, 28/6/2000). Isso foi questionado pelo Departamento de Estado norte-americano e por adversários da FL (James Morrell, "Snatching defeat from the jaws of victory", Centre for International Policy, agosto de 2000).

[42] Anne Street, *Haiti: a nation in crisis*, texto de divulgação do Catholic Institute for International Relations (Londres, 2004), p. 4.

tratada nem remédios; a renda média chega a pouco mais de um dólar por dia, e o desemprego flutua em torno de 70%. Em 2001, Aristide, falido, concordou com praticamente todas as concessões exigidas por seus adversários: obrigou os ocupantes das cadeiras questionadas do Senado a renunciar, aceitou a participação de vários ex-partidários de Duvalier em seu novo governo, concordou em convocar um novo CEP mais afinado com a oposição e a realizar outro turno de eleições parlamentares vários anos antes do previsto. Mas ainda assim os Estados Unidos recusaram-se a suspender o embargo à ajuda financeira.

A prioridade seguinte da campanha da CD foi retratar a FL como fundamentalmente autoritária e corrupta. É claro que havia certa base para isso. O fluxo de drogas – havia muito tempo que o Haiti era uma escala para a cocaína colombiana que seguia para o norte – aumentou desde 1990. Como noutros países destituídos, o clientelismo continua generalizado, ainda que bem menor que a "pirataria oficialmente sancionada" característica do período pré-Lavalas[43]. O mais grave é que a herança de violência do Haiti, desde a época colonial até as ditaduras encabeçadas por Duvalier, Namphy e Cédras, deixou cicatrizes profundas; o próprio Aristide sobreviveu a várias tentativas de homicídio. O ataque assassino à Lavalas durante seu primeiro exílio levou alguns grupos pró-FL, como a Jeunesse Pouvoir Populaire [Juventude Poder Popular] e a Petite Communauté de L'Église de Saint Jean Bosco [Pequena Comunidade da Igreja de São João Bosco], a adotar formas semimilitares de autodefesa contra os ex-soldados desmobilizados mas não desarmados em 1995. Com certeza os grupos armados ligados à Lavalas são responsáveis por parte da violência dos últimos anos. Os críticos da FL logo igualaram esses grupos aos Tonton Macoutes de Duvalier[44].

No entanto, em termos comparativos, a violência política durante os governos da Lavalas foi muito menor do que nos regimes haitianos anteriores. Os relatórios da Anistia Internacional para os anos 2000-03 atribuem à polícia e aos partidários da FL um total de mais ou menos vinte ou trinta homicídios – muito longe dos 5 mil cometidos pela junta e seus partidários em 1991-94 e mais longe ainda dos 50 mil que costumam ser atribuídos às ditaduras Duvalier[45]. O exame da

---

[43] Janice Stromsem e Joseph Trincellito, "Building the Haitian national police", *Haiti Papers*, n. 6 (Washington, DC, abril de 2003).

[44] Jean-Claude Jean e Marc Maesschalck, *Transition politique en Haïti: radiographie du pouvoir Lavalas* (Paris, 1999), p. 104-11.

[45] Em 2000, a Anistia noticiou que "alguns candidatos eleitorais, membros do partido e parentes seus foram mortos, em sua maioria por agressores não-identificados"; entre os mortos, o corajoso radiojornalista Jean Dominique. Houve também "vários relatos de assassinatos ilegais cometidos pela polícia; a maioria das vítimas era suspeita de crimes". Em 2001, outro jornalista, Brignol Lindor, foi morto "por uma multidão que incluía integrantes de uma organização pró-FL", e a Anisitia se refere a "vários homicídios de supostos suspeitos de crime pela

violência da Lavalas indicaria também que, na verdade, era em grande parte uma questão de brigas entre grupos. Há grupos armados em Porto Príncipe, assim como em São Paulo, Lagos ou Los Angeles; seu número inchou nos últimos anos com a deportação para a ilha de mais de mil haitianos e haitiano-americanos condenados pelo sistema prisional dos Estados Unidos. Acima de tudo, é preciso destacar que a parte do leão da violência recente no Haiti foi perpetrada pelas tropas paramilitares treinadas nos Estados Unidos e mobilizadas pelos adversários do regime Lavalas desde o verão de 2001.

ATAQUE FINAL

As restrições econômicas paralisaram o governo da Lavalas, e a pressão política o encurralou, mas, no fim das contas, só a coação militar à moda antiga, no modelo dos Contras, poderia desalojá-lo do poder. Personalidades de liderança na Convergence Démocratique não fizeram segredo de suas intenções na época da nova posse de Aristide como presidente, em fevereiro de 2001; clamaram abertamente por outra invasão norte-americana, "desta vez para acabar com Aristide e reconstruir o exército haitiano desmobilizado". Se isso falhasse, disseram ao *Washington Post*, "a CIA deveria treinar e equipar oficiais haitianos exilados na vizinha República Dominicana para que eles mesmos pudessem encetar a própria volta"[46]. Parece que os Estados Unidos obedeceram ao pé da letra as instruções.

A revolta que acabou provocando o segundo golpe começou exatamente quando parecia que o novo governo Aristide estaria afinal fazendo algum progresso político. Pouco depois de conversações realizadas em meados de julho de 2001 no Hotel Montana, Pierre-Charles, da OPL, e outros líderes da CD admitiram estar a

---

polícia ou por multidões realizando 'justiça popular' ", mas só identifica uma dessas vítimas (Mackenson Fleurimon, que "em 11 de outubro foi morto a tiros supostamente pela polícia no bairro Cité Soleil, de Porto Príncipe"). Em 2002, "afirma-se que pelo menos cinco pessoas foram mortas" em confrontos entre integrantes de partidos adversários, e sete pessoas (três delas identificadas como partidários da FL) parecem ter sido executadas ou estão "desaparecidas". A Anistia também se refere a duas outras mortes em 2002: o homicídio a tiros de Christophe Lozama, juiz de paz partidário da FL, e o assassinato do guarda-costas da viúva de Jean Dominique. À espera da publicação do relatório de 2004 (que cobrirá 2003), um resumo provisório publicado em 8/10/2003 fala do aumento da violência em choques entre partidários e adversários da FL; identifica dois partidários da FL mortos em confrontos com a polícia e cita as declarações do governo de que quatro outros seguidores seus foram mortos em Cité Soleil. Todos os relatórios estão em www.amnesty.org. Ver também Arthur, *Haiti in focus*, cit., p. 25; Patrick Bellegarde Smith, *Haiti: no breached citadel* (Boulder, Colorado, 1990), p. 97-101.
[46] *Washington Post*, 2/2/2001.

ponto de chegar a um "acordo total" com a FL. Menos de duas semanas depois, em 28 de julho, grupos de veteranos do exército realizaram ataques contra postos policiais ao longo da fronteira da República Dominicana, matando pelo menos cinco guardas. O que aconteceu depois é típico do padrão que persistiu até o término da "Option Zéro" em 29 de fevereiro de 2004. O governo prendeu 35 suspeitos ligados aos ataques, inclusive alguns partidários da CD. Com a aprovação do embaixador dos Estados Unidos, a CD reagiu rompendo todas as negociações com a FL, alegando que o próprio Aristide encenara os ataques para justificar a ofensiva a seus adversários. Um desdobramento semelhante ocorreria com o incidente importante que se seguiu: um ataque em grande escala ao Palácio Presidencial em dezembro de 2001[47].

Em outras palavras, o que na realidade começou a se desencadear no Haiti em 2001 foi menos "uma crise dos direitos humanos" do que uma guerra de baixo nível entre elementos das antigas forças armadas e o governo eleito que os desmobilizara. Os relatórios da Anistia Internacional indicam que pelo menos vinte policiais ou partidários da FL foram mortos por veteranos do exército em 2001 e mais 25 em novos ataques paramilitares em 2003, principalmente no baixo planalto central, perto da fronteira dominicana monitorada pelos norte-americanos. A militarização de alguns grupos regionais da FL foi uma conseqüência quase inevitável. Em sua maioria, os líderes conhecidos dessa revolta foram treinados pelos Estados Unidos e, embora seja difícil encontrar indícios do apoio direto de Washington aos "rebeldes", as alianças norte-americanas ficaram perfeitamente explícitas na esteira da expulsão de Aristide.

No outono de 2003, os guerrilheiros sediados na fronteira (liderados por Louis Jodel Chamblain e Guy Philippe) ficaram fortalecidos com uma nova revolta dentro do próprio Haiti liderada por Jean Tatoune. Apesar de suas ligações íntimas com os Estados Unidos e da condenação por seu papel no Massacre de Raboteau, em 1994, Tatoune conseguiu virar contra a Lavalas o bando sediado em Gonaïves conhecido como "Exército Canibal", depois de fazer a denúncia implausível mas muito noticiada de que Aristide estava por trás do assassinato, em setembro de 2003, de seu ex-líder Amiot Métayer, por muito tempo ativista da Lavalas e que também era inimigo igualmente antigo de Tatoune.

EXIGÊNCIA DE REEMBOLSO

Em abril de 2003, Aristide, desesperadamente sem dinheiro, tentou unir seus conterrâneos com a exigência de que, no ano do bicentenário da independência

---

[47] Fatton, *Haiti's predatory republic*, cit., p. 184-5, 206-7.

haitiana, a França reembolsasse os 90 milhões de francos que o Haiti fora obrigado a pagar entre 1825 e 1947 como compensação pela perda da propriedade colonial. Supondo um retorno modesto de 5% de juros anuais, calculou que a quantia equivaleria então a 21 bilhões de dólares norte-americanos. Como observou Michael Dash, "Aristide conseguiu muito apoio para essa pretensão, dentro e fora do Haiti", sobretudo na África e na América Latina[48]. Diversamente da maioria das exigências de reparação relativas à escravidão ventiladas hoje em dia, a pretensão haitiana refere-se a uma quantia exata e documentada extraída em moeda forte pela potência colonial. Embora tenha desdenhado de pronto tal pretensão, o governo francês ficou claramente irritado, e Chirac logo recorreu a ameaças: "Antes de fazer reivindicações dessa natureza", alertou em meados de 2003, "é preciso reiterar às autoridades do Haiti a necessidade de estarem muito atentas – como direi – à natureza de suas ações e do seu regime"[49].

A comissão despachada pelo Ministério do Exterior para elaborar uma defesa mais "filosófica" da posição francesa concluiu devidamente que, embora o Haiti tivesse sido de fato "impecável" em seus pagamentos à França, não havia "base legal" para a reivindicação de reembolso. Com aplausos gerais dos meios de comunicação franceses, o Relatório da Comissão descreveu a exigência da FL como "propaganda agressiva" baseada numa "contabilidade alucinatória". Observou, com alguma satisfação, que "nenhum membro da oposição democrática a Aristide leva a sério as pretensões de reembolso". Reconheceu, contudo, que faltava à oposição e aos paramilitares "força mobilizadora" suficiente para encerrar a questão, e que os norte-americanos, embora atrapalhados por considerações domésticas ("*boat-people* [refugiados], Black Caucus"), buscavam um "modo honroso de sair da crise". Insistia que um envolvimento francês "mais afirmativo" no Haiti não se realizaria contra os interesses dos Estados Unidos, mas num espírito de "harmonia e visão de futuro". Estava em jogo uma oportunidade de "coordenação audaciosa e resoluta"[50].

Sem essa intervenção, como admitia o Relatório, o governo da Lavalas não poderia ser desalojado. A pedra no caminho era a popularidade constante de Aristide. O bombardeio dos últimos quinze anos tinha cobrado seu preço a esse apoio, mas, como conclui o estudo mais detalhado – e de modo algum acrítico – dos últimos anos, sem dúvida alguma Aristide ainda gozava de "popularidade inquestionada

---

[48] Citado em Dionne Jackson Miller, "Aristide's call for reparations from France unlikely to die", *Inter Press Service News Agency*, 12/3/2004.
[49] *Miami Herald*, 18/12/2003; Heather Williams, "A coup for the Entente Cordiale! Why France joined the US in Haiti", *Counterpunch*, 16/2/2004.
[50] Debray, *Rapport*, cit., p. 13, 11, 12, 52-4.

e avassaladora" diante da massa de haitianos[51]. A pesquisa Gallup realizada em outubro de 2000 classificou a FL como treze vezes mais popular que o concorrente mais próximo, e mais da metade dos entrevistados identificou Aristide como o líder em quem mais confiavam[52]. Segundo a última avaliação confiável, outra pesquisa Gallup, realizada então em março de 2002, a FL continuava quatro vezes mais popular que todos os seus concorrentes importantes juntos[53].

A VOLTA DA VELHA GUARDA

Os reais objetivos da ocupação que começou em 29 de fevereiro de 2004 são perfeitamente visíveis: silenciar ou obliterar todos os vestígios desse apoio. Durante a primeira semana de sua mobilização, a invasão franco-americana agiu quase exclusivamente em bairros pró-Aristide e só matou partidários da FL. Seu novo primeiro-ministro fantoche, Gérard Latortue (um ex-representante da ONU de 69 anos e apresentador de um programa de entrevistas em Miami), abraçou publicamente Tatoune, genocida condenado, e seus ex-soldados rebeldes de Gonaïves como "combatentes da liberdade" – ação interpretada pelo *New York Times* como "uma mensagem clara de estabilidade"[54]. O "governo de unidade nacional" de Latortue compõe-se exclusivamente de integrantes da elite tradicional. Em 14 de março, a polícia haitiana começou a prender militantes da Lavalas como suspeitos de crimes não-identificados, mas decidiu não perseguir os líderes do esquadrão da morte

---

[51] Fatton, *Haiti's predatory republic*, cit., p. 182.

[52] Na pesquisa de outubro de 2000, os rivais mais próximos de Aristide, Evans Paul e Gérard Pierre-Charles, ambos desafetos da coalizão Lavalas original, só tiveram 3,8% e 2,1% respectivamente; o pobre Bazin, rival de Aristide em 1990, teve menos de 1%.

[53] Uma rápida troca de palavras no início de março no principal noticiário da BBC ilustra como esse apoio foi tratado pelos meios de comunicação mundiais. Depois de uma breve entrevista com o agora exilado Aristide, na qual ele repetiu sua declaração de que foi forçado a abandonar o cargo por pressão dos Estados Unidos, o âncora do programa voltou-se para o correspondente da BBC em Porto Príncipe, Daniel Lak, e perguntou, da maneira imparcial característica da empresa: "Então não foi tudo forjado, Aristide tem mesmo gente que o apóia, não é apenas um punhado de brutamontes pagos por ele?". E Lak respondeu: "Ah, de jeito nenhum. Quem o apóia são os pobres deste país, a imensa maioria. Há 8 milhões de haitianos, e provavelmente 95% deles são paupérrimos [...] São os ricos e a pequena classe média que apóiam os adversários de Aristide, e os pobres em geral apóiam Aristide". E as explicações conflitantes sobre a partida de Aristide? Foi mesmo um golpe ou uma renúncia voluntária? "É possível investigar e determinar a verdade a esse respeito", perguntou o âncora, "ou é difícil demais, de onde você está?" A resposta de Lak diz tudo: "Acho bem difícil, hum... As duas opções são bastante viáveis. Mas está claro que os americanos querem ver o sr. Aristide pelas costas" ("The world at one", BBC Radio 4, 8/3/2004).

[54] *New York Times*, 21/3/2004.

rebelde, nem mesmo aqueles já condenados por atrocidades. O novo chefe de polícia nacional, Léon Charles, explicou que, embora "haja um monte de partidários de Aristide" a ser presos, o governo "ainda tem de tomar uma decisão sobre os rebeldes – isso está além do meu poder"[55]. Em 22 de março, o novo Ministro do Interior de Latortue, o ex-general Hérard Abraham, anunciou planos para integrar os paramilitares à força policial e confirmou sua intenção de restabelecer o exército que Aristide abolira em 1995[56]. No final de março, os esquadrões da morte anti-Aristide continuavam a controlar a segunda maior cidade do país, Cap Haïtien, onde "dúzias de corpos crivados de balas foram levados para o necrotério no mês passado"[57]. Enquanto dezenas de outros partidários de Aristide eram mortos em todo o país, a Guarda Costeira dos Estados Unidos aplicou a ordem de Bush e manteve a costumeira prática norte-americana (mas em violação flagrante da lei internacional) de recusar antecipadamente todos os pedidos haitianos de asilo.

A resolução do Conselho de Segurança que, em 29 de fevereiro de 2004, determinou a criação da força invasora franco-americana como Força Provisória Multinacional da ONU falava numa posterior Missão de Estabilização das Nações Unidas que assumiria o comando três meses depois. Em março, Kofi Annan enviou devidamente seu assessor especial, John Reginald Dumas, e Hocine Medili para avaliar a situação no local. O "Relatório do Secretário-Geral sobre o Haiti", publicado em abril, levou os eufemismos obscuros do discurso da ONU a um novo nível. "É uma infelicidade que, no ano de seu bicentenário, o Haiti tenha de apelar novamente à comunidade internacional para ajudá-lo a superar uma grave situação política e de segurança", escreveu Annan. As circunstâncias da derrubada do presidente eleito foram contornadas com todo o decoro, e o Secretário-Geral só observou que "antes, em 29 de fevereiro, o sr. Aristide deixou o país". A derrubada do governo constitucional foi vista como oportunidade de "um futuro pacífico, democrático e de propriedade local" para os haitianos[58].

Estava claro que a concretização daquele futuro teria de ser um pouco retardada. Annan observou que, embora todos os partidos políticos locais, como a Fanmi Lavalas e a Convergence Démocratique, esperassem eleições gerais antes do final de 2004, "integrantes da sociedade civil e a comunidade internacional são da opinião de que seria necessário mais tempo". Além disso, a democracia – quando chegasse a hora – deveria começar em nível municipal, já que "a vida política do Haiti foi dominada com demasiada freqüência por eleições presidenciais altamente

---

[55] Michael Christie, "Haiti police begin rounding up Aristide associates", *Reuters*, 14/3/2004.
[56] Ibon Villelabeitia e Joseph Guyler Delva, "Haiti to integrate rebels into police force", *Reuters*, 23/3/2004.
[57] Paisley Dodds, "Cap-Haïtien scene", *Associated Press*, 23/3/2004.
[58] Conselho de Segurança da ONU, "Report of the Secretary-General on Haiti", 16/4/2004, p. 31, 3.

personalizadas, promovendo a retórica inflamada e afastando a atenção da população dos desafios locais". Em 29 de abril, o Conselho de Segurança aprovou por unanimidade o envio da Força de Estabilização da ONU, com efetivo de 8300 soldados, a partir de 1º de junho, sob a liderança do Brasil de Lula, para "promover o governo democrático" e, naturalmente, "dar poder ao povo haitiano". Entre os modelos de dar poder ao povo pelo envio de tropas ao Haiti estão Nepal, Angola, Benin e Paquistão[59]. "Ficaremos até a democracia ser reinstaurada", anunciou o embaixador chileno na ONU, cujo país uniu-se à força invasora inicial, ao lado dos Estados Unidos, da França e do Canadá. Em breve este último pode sofrer nova pressão para provar sua lealdade, já que, em razão da Costa do Marfim e do Burundi, a ONU diz ter dificuldade para reunir suficientes soldados francófonos para todas as missões em andamento. Como confessou David Wimhurst, porta-voz da ONU, ao *Los Angeles Times*: "Há um surto de manutenção da paz e uma redução do número de soldados. Estamos preocupados porque os países de língua francesa terão dificuldades em se responsabilizar pela tarefa"[60].

HAITI EXEMPLAR

Em 1804, o resultado da guerra de independência do Haiti foi um golpe sem precedentes na ordem colonial. A vitória comemorada há duzentos anos inspiraria gerações de líderes revolucionários de toda a África e das Américas. O triunfo que o neocolonialismo obteve em fevereiro de 2004 visava claramente a garantir que o Haiti jamais será outra vez "a ameaça de um bom exemplo". Reduzido à pobreza e à dependência do crédito pelo pagamento de indenizações à sua ex-senhora colonial, o país foi ainda mais brutalizado pela polarização dramática de riqueza e poder imposta por sua minúscula elite governante. Em meados da década de 1980, as violentas e corruptas ditaduras Duvalier terminaram provocando um movimento de protesto de massas poderoso demais para ser controlado. Quando a elite haitiana perdeu a confiança na capacidade de Jean-Claude Duvalier de manter o *status quo*, buscou, de início, meramente substituir seu regime por outro tipo de comando militar. Essa solução durou de 1986 a 1990, mas o exército só podia reprimir o movimento crescente recorrendo a níveis inaceitáveis de violência pública. A repressão incansável levou o Haiti à beira da revolução.

O que começou depois da vitória eleitoral da Lavalas em 1990 foi a mobilização de uma estratégia mais ou menos nova para desarmar essa revolução, num

---

[59] Votaram a favor da força de ocupação, além dos cinco membros permanentes: Alemanha, Angola, Argélia, Benin, Brasil, Chile, Espanha, Filipinas, Paquistão e Romênia.
[60] *Los Angeles Times*, 1/5/2004.

momento em que a Guerra Fria não oferecia mais justificativas automáticas para o uso avassalador da força na repressão de movimentos de massa. Pensada não só para suprimir o movimento popular como para desacreditá-lo e destruí-lo totalmente, essa estratégia tinha como chave a implementação de medidas econômicas que visavam a intensificar o nível já debilitante de pobreza das massas – medidas apoiadas pela repressão militar à moda antiga e pela propaganda que pretendia retratar a resistência aos interesses da elite como antidemocrática e corrupta. A operação teve um sucesso notável – sucesso tão grande que, em 2004, com o apoio entusiasmado dos meios de comunicação, da ONU e da mais ampla "comunidade internacional", resultou na remoção de um governo constitucionalmente eleito cujos líderes sempre gozaram do apoio da grande maioria da população.

Há todas as razões possíveis para suspeitar que, no fim deste ano, muitas centenas de ativistas da FL estarão mortos. Com eles morrerá a possibilidade de reconstruir algum movimento popular inclusivo durante pelo menos mais uma geração. Os líderes da Lavalas tinham muitas falhas e há muito o que aprender com sua derrota. Mas a Lavalas foi a única organização do último meio século a mobilizar com sucesso as massas haitianas num questionamento social e político de sua situação intolerável, e foi removida do poder mediante os esforços conjuntos daqueles que, por razões óbvias, temiam esse questionamento e a ele se opunham. Se a Lavalas continua a ser uma força amargamente divisiva, isso se deve, em grande parte, ao fato de ter sido o único movimento popular em grande escala a questionar as desigualdades maciças de poder, influência e riqueza que sempre dividiram a sociedade haitiana. O fato de que a Lavalas pouco tenha conseguido fazer para reduzi-las revela menos as fraquezas do movimento do que a força extraordinária dessas desigualdades hoje em dia.

SUSAN WATKINS

VICHY NO RIO TIGRE

O governo de Sua Majestade e eu estamos no mesmo barco e afundaremos ou nadaremos juntos [...] se querem que eu e a política dos senhores tenhamos sucesso, é loucura condenar-me permanentemente aos olhos do público fazendo de mim um títere óbvio.

Do rei Faissal I ao alto-comissário britânico, Mesopotâmia, 17 de agosto de 1921[1]

Raramente uma transmissão de poderes foi tão furtiva. A cerimônia, realizada dois dias antes da data marcada, bem no meio da fortificada Zona Verde de Bagdá, durou apenas dez minutos, com a presença de trinta autoridades norte-americanas e iraquianas. Fora da paliçada de cimento, a realidade militar permanece a mesma: uma tropa de ocupação de 160 mil soldados comandados pelos Estados Unidos, um exército adicional de guardas de segurança contratados e unidades nervosas de polícia local. Antes de partir, a Autoridade Provisória de Coalizão estabeleceu uma estrutura paralela de governo de comissários e inspetores-gerais (que ainda se auto-referiam como "autoridades da coalizão" uma semana depois da suposta dissolução daquele órgão) que, apesar das eleições, controlarão os principais ministérios do Iraque nos próximos cinco anos[2]. A maior embaixada

---

[1] Telegrama do alto-comissário da Mesopotâmia ao Secretário de Estado para as Colônias. Os britânicos estavam preocupados com a possibilidade de o rei Faissal "não perceber a que grau de controle esperamos que se submeta". Hanna Batatu, *The old social classes and the revolutionary movements of Iraq* [1978] (Londres, 2004), p. 324. Muito obrigada a Sami Ramadani e outros por seus comentários e suas observações. Naturalmente, não têm responsabilidade nenhuma pelo texto que se segue.

[2] Uma autoridade nomeada pela CIA para a Comissão de Comunicação e Mídia, responsável pelo licenciamento de meios de comunicação, explicou que "podem dar adeus a todos os recur-

norte-americana do mundo dominará Bagdá, com "núcleos" regionais planejados em Mossul, Kirkuk, Hilla e Bazra. A maior parte dos 3,2 bilhões de dólares que foram prometidos até agora vai para a construção de bases militares estrangeiras[3]. A ONU resolveu que os rendimentos do petróleo do país continuarão a ser depositados no Fundo de Desenvolvimento do Iraque, dominado pelos Estados Unidos, durante mais cinco anos. O recém-empossado governo Allawi não terá autoridade para realocar os contratos assinados pela APC, em sua maioria com empresas estrangeiras que estarão acima das leis do país. Dois terços dos próprios ministros do gabinete são cidadãos norte-americanos ou britânicos.

Iyad Allawi, louvado pelos meios de comunicação ocidentais como o líder duro e de idéias independentes de que o país precisa, é a indicação adequada para primeiro-ministro. Pouco segredo se faz do fato de que, como seu colega Karzai, do Afeganistão, foi agente pago pela CIA durante muitos anos – já se vai há tempos a época em que isso era algo a se ocultar. A carreira de Allawi até hoje mais que o qualifica para seu papel atual. Os iraquianos lembram-se dele como disciplinador do Baath nos círculos estudantis de Londres na década de 1970, com um diploma falso de medicina concedido pelo regime por serviços prestados. Segundo um ex-colega do Acordo Nacional Iraquiano (ANI), ao mesmo tempo em que trabalhava com o M16, administrou um esquadrão da morte da Muhabarat para a facção de Saddam, perseguindo dissidentes do Baath na Europa até ele mesmo tornar-se vítima em 1978[4]. Depois de alguns anos na clandestinidade, reapareceu em Amã como co-fundador do Acordo Nacional Iraquiano em 1991, junto de Salih Omar Ali al-Tikriti, ex-supervisor dos enforcamentos públicos em Bagdá. O ANI especializou-se em recrutar desertores do exército e dos serviços de espionagem; os atentados a bomba a ele atribuídos em meados dos anos 1990 – um deles num teatro lotado, outro que matou crianças num ônibus escolar – foram supostamente "testes de competência" organizados pela CIA. Devidamente convencida dos méritos do ANI, a Agência forneceu recursos para a tentativa frustrada de golpe de Allawi em 1996, tentativa que, descoberta por Saddam, resultou em mais de cem execuções. Depois foi responsável por repassar as informações que levaram à declaração de Blair sobre sistemas de lançamento de armas de destruição em massa em 45 minutos e localizaram o suposto bunker de Saddam para bombardeio no início da Guerra do Iraque em 2003[5].

---

sos europeus" e que "recursos consideráveis dos Estados Unidos serão suspensos" caso o ministro provisório faça alguma tentativa de desobedecer à Comissão (*Financial Times*, 5/7/2004).

[3] *Economist*, 26/6/2004; *Financial Times*, 5/7/2004.

[4] Sobre o relato de Dirgam Kadhim, o ex-propagandista do ANI: Eli Lake, *New York Sun*, 17/1/2004; Seymour Hersh, "Plan B", *New Yorker*, 28/6/2004.

[5] *Daily Telegraph*, 7/12/2003.

Com a ocupação já realizada, Allawi foi integrado ao Conselho Governante como responsável pela segurança. Sua campanha pelo cargo de primeiro-ministro – sua empresa de lobby gastou mais de 370 mil dólares – foi, naturalmente, realizada em Washington, não em Bagdá[6]. Depois de nomeado, constrangeu seus senhores ao tentar proclamar a lei marcial antes da posse. Seu colega Ghazi al-Yawar, o novo presidente do Iraque, fez uma comparável demonstração de independência ao lançar objeções à proposta de Bush de explodir Abu Ghraib: seria uma pena demolir a prisão depois de os norte-americanos terem gasto tanto dinheiro nela. (Yawar, um obscuro gerente de telecomunicações na Arábia Saudita na época em que os Estados Unidos o contataram, não muito antes da invasão, começou a usar as roupas tribais de Shammar assim que passou a fazer parte do Conselho Governante – talvez uma dica de Karzai, do Afeganistão.) Do mesmo modo, o primeiro ato do Ministro Provisório dos Direitos Humanos, Baktiar Amin, foi anunciar as leis do estado de emergência. Seu antecessor na pasta dos Direitos Humanos, outro curdo, renunciou, desgostoso com as fotografias de torturas em Abu Ghraib; Amin não demonstrou os mesmos escrúpulos.

O CARÁTER DA RESISTÊNCIA

O fato de Washington ter levado mais de um ano para criar uma frente tão esfarrapada – Karzai foi lançado de pára-quedas em Cabul em questão de dias – testemunha a força da resistência. Em junho de 1940 o exército francês, como o moderno exército iraquiano, desmoronou diante da Blitzkrieg alemã sem nenhum combate sério. Um mês depois, os deputados da Assembléia Nacional francesa reunidos em Vichy aprovaram, por 569 votos a 80, o regime colaboracionista encabeçado pelo marechal Pétain[7]. O governo de Vichy foi logo reconhecido pelos Estados Unidos e por outras potências, e a maioria dos franceses não-judeus voltou à vida normal sob a ocupação. Passaram-se dois anos até que os maquis começassem a oferecer resistência séria. Em outros lugares da Europa, o padrão foi parecido. Os alemães foram eficientes para organizar o apoio local: Quisling na Noruega, o croata Ustashi e os regimentos bósnios e kosovares treinados pelas SS na Iugoslávia, a Cruz de Ferro na Romênia, a Cruz de Flechas na Hungria. Em sua

---

[6] Com essa quantia, a Theros & Theros, empresa lobista contratada por Allawi, organizou reuniões com Bill Frist, Richard Lugar, Dennis Hastert, Tom DeLay, Henry Hyde, várias autoridades do Conselho de Segurança Nacional, do gabinete do vice-presidente, do Departamento de Defesa e da CIA, assim como conseguiu para Allawi uma coluna no *Washington Post*. Ver Ken Guggenheim, *Associated Press*, 24/1/2004; Jim Drinkard, *USA Today*, 2/6/2004.

[7] Quanto a essa comparação, ver Tariq Ali, "Postscript", na edição em brochura de *Bush in Babylon*, publicada pela Verso em outubro de 2004.

forma clássica, os movimentos de resistência do século XX demoraram a constituir-se. Os que surgiram tiveram quase sempre apoio estatal externo. Assim como os suprimentos aliados foram fundamentais para os movimentos clandestinos antinazistas na Europa continental, o padrão geral foi mais ou menos o mesmo na Ásia e na África. O armamento chinês foi precondição da vitória vietcongue, assim como o apoio egípcio e tunisiano para as FLN da Argélia. Em geral, essa ajuda estrangeira funcionava em conjunto com uma liderança política e uma rede partidária já existente com potencial de hegemonia em nível nacional, como nos movimentos comunistas locais da França, da Itália ou da Indochina.

A resistência que surgiu no último ano à ocupação norte-americana do Iraque não se encaixa em nenhuma dessas categorias. Começou mais cedo, com os primeiros ataques armados explodindo em maio de 2003, semanas depois da queda de Bagdá. Aumentou no verão, quando surgiram regularmente manifestações e protestos de rua. ("O aprendiz se foi, eis aqui o mestre" foi o canto da marcha de um milhão em Karbala naquela primavera.) Os ataques aleatórios iniciais à tropa de ocupação – bombas na beira da estrada, granadas propulsadas por foguetes, bombardeio amador do complexo da APC – evoluíram, em agosto de 2003, para ataques a alvos militares e diplomáticos estratégicos: a embaixada da Jordânia, o complexo da ONU. Em novembro as tropas norte-americanas sofreram baixas mais pesadas, com os rebeldes derrubando helicópteros. As represálias cruéis levaram a uma escalada ainda maior. Como qualquer outra ocupação militar, a do regime anglo-americano é de sanção a assassinatos e torturas; a resistência a ele também é selvagem[8]. Ataques suicidas, carros-bomba e morteiros semearam a destruição nas cidades grandes. As ações ofensivas às tropas dos Estados Unidos entre outubro e dezembro de 2003 dobraram de cerca de quinze para mais de trinta; em junho de 2004, chegaram a estimadas 45 por dia. Os ataques cada vez mais sofisticados a oleodutos e estações de bombeamento (avaliados em mais de 2 mil no ano passado) interromperam durante semanas, a cada vez, a exportação de petróleo. Mas foram as rebeliões simultâneas que eclodiram no sul xiita e no centro sunita em abril de 2004 e o comboio conjunto xiita-sunita de Bagdá a Faluja que mais despertaram o alarme dos governos ocidentais e árabes, prefigurando uma liderança nacional da resistência, a ser evitada a qualquer custo. Enquanto isso, as pesquisas da APC mediam a margem sólida de apoio popular por trás dos combatentes; cerca de 92% dos iraquianos viam os soldados norte-americanos como ocupantes; apenas 2% consideravam-nos uma tropa de libertação.

---

[8] Para um retrato vívido da postura dos alienados soldados dos Estados Unidos – um coquetel de cultura das armas, videogames, pornografia e violência gratuita –, ver Evan Wright, *Generation kill* (Nova York, 2004); a ocorrência comum nas prisões norte-americanas dos métodos de humilhação praticados em Abu Ghraib foi bem documentada.

E a resistência iraquiana não recebe apoio de nenhum Estado estrangeiro. Externamente, arrosta uma frente sem precedentes de hostilidade oficial, uma unanimidade global inimaginável em qualquer período anterior. A resolução 1546 do Conselho de Segurança da ONU, aprovada em 8 de junho de 2004, amplia o apoio irrestrito ao regime nomeado pela APC, conferindo a legitimidade total da "comunidade internacional" à sua coletânea de forasteiros e antigos empregados da CIA[9]. Explicando que o país – sem exército e com a ausência transparente de armas de destruição em massa – "continua a constituir uma ameaça à paz e à segurança internacionais", autoriza a força de ocupação comandada pelos Estados Unidos a tomar "todas as providências necessárias", isto é, fazer tudo o que os comandantes norte-americanos acharem adequado. É claro que todos os membros da ONU estão claramente proibidos de fornecer armas ou matérias-primas ao povo iraquiano. A França e a Alemanha até se aventuraram a pedir que o controle soberano sobre o exército ocupante fosse confiado à fachada iraquiana que fabricara, só para ouvir de Allawi e Yawar que Paris e Bonn não deviam "ser mais iraquianas que os iraquianos", que só desejavam que o comando norte-americano "os mantivesse informados".

No próprio Oriente Médio, os Estados árabes desempenharam seu papel de costume. Os governos que se uniram a Washington na primeira Guerra do Golfo – Cairo, Damasco, Riad, Túnis, Argel, Rabat – continuaram a seu lado na segunda, com Amã alcançando-os rapidamente. A Argélia aprovou a resolução 1546; a Síria, a 1511, sua antecessora, em outubro de 2003. Mubarak ofereceu os serviços de segurança do Egito para treinar a nova polícia iraquiana, apoiando, ao mesmo tempo, as razzias de Israel na Faixa de Gaza. O rei Abdalah está fornecendo campos de treinamento na Jordânia e preparou seus soldados para ajudar. O mundo islâmico mais amplo mostrou-se igualmente digno de confiança. Em junho, os 57 Estados da Organização da Conferência Islâmica reuniram-se em Istambul para prometer apoio à fachada nativa da ocupação – logicamente, com Karzai na liderança. Erdogan, o anfitrião, não só ofereceu soldados turcos ao Iraque como também apressou-se a participar da iniciativa Broader Middle East [Grande Oriente Médio], de Washington, que até Mubarak rejeitou. O Irã ajudou a manter quieto o clero do sul enquanto os norte-americanos cercam as cidades-santuário da pátria xiita. No Paquistão, Musharraf bombardeia seus súditos waziri seguindo instruções dos Estados Unidos.

Em termos políticos, a resistência iraquiana é heterogênea e fragmentada e falta-lhe a rede partidária que foi fundamental na maioria dos movimentos antiocupação anteriores. Inclui nasseristas, ex-baathistas, liberais e socialdemocratas

---

[9] Os membros atuais do Conselho de Segurança da ONU, além dos cinco permanentes, são: Alemanha, Argélia, Angola, Benin, Brasil, Chile, Espanha, Filipinas, Paquistão e Romênia.

seculares, redes de todos os matizes sediadas em mesquitas e facções do Dawa e do Partido Comunista – ambos partidos iraquianos colaboracionistas. Os observadores norte-americanos comentaram o fôlego social de uma oposição que recebe apoio de quase todas as classes, sejam urbanas ou rurais: "Suas fileiras incluem estudantes, intelectuais, ex-soldados, jovens das tribos, fazendeiros e islamitas"[10]. Em termos ideológicos, o nacionalismo e o islamismo – "por Deus e pelo Iraque" – são apelos poderosos, mas há também elementos de antiimperialismo terceiromundista e pan-arabismo. Ainda não se sabe se esses grupos podem criar algo equivalente a uma frente de libertação nacional para unir os grupos religiosos e seculares em torno da exigência central de expulsão de todos os soldados estrangeiros.

RECURSOS SUBJETIVOS

Externamente isolados e não-sincronizados internamente, ainda assim os maquis iraquianos possuem vários recursos bem particulares. Em primeiro lugar, fortes redes sociais: conexões flexíveis e resistentes entre clãs e famílias; bairros urbanos que mantêm alguma coesão; mesquitas que constituem local seguro para reuniões, algo inimaginável na Europa ocupada. Os escritores árabes ressaltaram as fraquezas que acompanham essas formas: particularismo, rivalidade local, falta de coordenação, traição ou oportunismo de incontáveis demagogos, uma facção de criminalidade – embora nesse ambiente fluido, oral e mobilizadíssimo os líderes também possam ser obrigados a assumir posturas mais resolutas para manter seus seguidores[11].

Em segundo lugar, a quantidade considerável de armas que a resistência tem à disposição. As estimativas norte-americanas – 3 milhões de toneladas de bombas e projéteis, AK-47s, lançadores de foguetes e morteiros, mais as granadas de artilharia usadas para fazer as bombas de beira de estrada – podem ser exageradas. Mas, diversamente dos movimentos antiocupação anteriores, que sofriam de falta de armas, parece provável que os guerrilheiros iraquianos tenham explosivos suficientes para atacar os ocupantes durante anos. Resistentes a choques, essas armas têm de ser trabalhosamente desmontadas uma a uma; a tentativa de explodir um depósito de munição apenas a espalha, sem explodi-la.

---

[10] Ahmed Hashim, "Terrorism and complex warfare in Iraq", *Jamestown Foundation*, 18/6/2004.

[11] São questões discutidas nos últimos ensaios do romancista Abderrahman Munif (1933-2004), publicados como *Al-Iraq: Hawamish min al-Tarikh wa al-Moqoumah* [Iraque: notas sobre sua história e resistência] (Beirute, 2003).

No Iraque, os Estados Unidos só têm algumas poucas centenas de engenheiros habilitados para a tarefa[12].

Em terceiro lugar, o desagrado natural de qualquer povo com a ocupação estrangeira foi reforçado pela grande deterioração das condições sociais desde a invasão anglo-americana. Em boa parte do campo, a crise agrária de longo prazo – salinização, bombas quebradas, canais assoreados – está piorando com o aumento de importações do agronegócio. O crescimento do desemprego rural inchou as favelas de Bazra e Bagdá. Na maioria das cidades fora do norte, as pequenas empresas foram golpeadas por uma combinação de mercadorias estrangeiras baratas e o colapso da lei e da ordem. Boa parte do pequeno setor industrial do Iraque na década de 1970 – já desviado para a produção de armas durante a guerra Irã–Iraque e então alvo das bombas ocidentais na década de 1990 – enfrenta não a privatização, mas o fechamento, jogando nas ruas uma força de trabalho que já foi especializada. Dois terços dos trabalhadores de antes da invasão podem estar desempregados agora. Quanto ao futuro, a literatura promocional que mostra o país como núcleo comercial regional – uma Dubai gigantesca, controlando operações de frete para o Grande Oriente Médio[13] – oferece aos iraquianos pouco mais que uma possibilidade distante de integração na economia global como carregadores de bagagens e arrumadores de armazéns. A crise social cada vez mais profunda esconde-se por trás dos comunicados militares diários, e a presença tangível da ocupação constitui alvo fácil para a sabotagem.

Em quarto lugar, a resistência pode aproveitar as vivas lembranças históricas das batalhas finalmente vitoriosas contra o último ocupante imperial. A moderna nação iraquiana foi uma criação da luta contra o colonialismo britânico, depois que Londres tomou a Mesopotâmia de Istambul em 1917. A revolta do campo no verão de 1920 – pequenos xeques e saids ao longo do Eufrates, unidos a ex-autoridades otomanas de Bagdá e mercadores nortistas de Mossul duramente atingidos – obrigou Londres a retirar-se do governo direto que seguia o modelo de Délhi. Sua solução, "dominar sem governar", como mais tarde definiu o Secretário de Estado para as Colônias[14], foi criar uma monarquia que dependia das armas britânicas para sobreviver, apoiada por um mandato da Liga das Nações que autorizava "todas as providências necessárias". O alto-comissário britânico continuava a ser o poder maior no país, e, quando o mandato expirou, o Tratado Anglo-Iraquiano garantiu o controle britânico sobre a política externa, portos, ferrovias, bases aéreas e, em tempo de guerra, as forças de segurança do Iraque. As obedientes autoridades

---

[12] Evan Wright, "Iraq's vast arsenal", *International Herald Tribune*, 18/6/2004.
[13] Ver, por exemplo, as efusões de Joseph Braude, *The new Iraq* (Nova York, 2003), p. 132-3.
[14] Isto é, "exercendo o controle por intermédio de um governo nativo ostensivamente independente": L. S. Amery, Memorando do Foreign Office, 7/2/1929.

locais assinaram o tratado, dispostas a abrir mão da independência externa – como disse uma dessas autoridades –, contanto que detivessem o controle interno. A maioria da população rejeitou isso. Quando a resistência explodiu, em 1922, o alto-comissário britânico prendeu líderes políticos, proibiu partidos nacionalistas e ficou famoso ao subjugar as tribos rebeldes com bombardeios punitivos e gás de mostarda.

Mas, apesar do esforço de Londres para promover a posse conservadora de terras rurais, enchendo as domesticadas assembléias nacionais de xeques leais e fabricando-lhes uma imagem "masculina" do deserto, as forças sociais urbanas não puderam ser contidas indefinidamente. Em 1936, advogados socialdemocratas e funcionários públicos uniram forças com os oficiais nacionalistas num golpe de Estado de vida curta. O nascente Partido Comunista Iraquiano começou a organizar os soldados rasos. As ondas de greves varreram as docas de Bazra, as oficinas ferroviárias de Bagdá, as fábricas de tecido de Najaf, os campos de petróleo de Kirkuk e a base militar de Habaniah. Em maio de 1941, o regente pró-britânico, o príncipe herdeiro e o primeiro-ministro Nuri al-Said foram obrigados a fugir para o exterior quando oficiais pan-arabistas, com o apoio nacionalista da massa, tomaram o poder e anularam as determinações de tempo de guerra do tratado. O Reino Unido teve de reocupar o país para restaurar o controle imperial, levando o príncipe herdeiro de volta a Bagdá num tanque britânico.

Em janeiro de 1948, a raiva popular com a reformulação do tratado[15] e com o papel britânico na Palestina deflagrou um movimento de insurreição na capital, misturando estudantes e nacionalistas de classe média com ferroviários comunistas e moradores de favelas. Em novembro de 1952, outro levante jogou-os contra soldados e policiais hashimitas nas ruas de Bagdá. Quatro anos depois, explodiram protestos violentos em Najaf e Hay contra o ataque anglo-francês-israelense ao Egito. Por fim, em julho de 1958, o golpe dos Oficiais Livres derrubou a monarquia com apoio tanto dos comunistas quanto dos baathistas (naquela época, um partido pequeno com menos de mil membros). Multidões imensas lotaram as ruas para impedir qualquer contra-revolução, enquanto se proclamava a República do Iraque, com um governo nacionalista de esquerda liderado por Abdul-Karim Qassim, e se abria a porta da independência nacional e das reformas sociais[16].

---

[15] Então "lubrificado com as expressões da mutualidade" na forma do Acordo de Portsmouth: Batatu, *Old social classes*, cit., p. 550.

[16] Foi a força dos comunistas iraquianos nesse estado fundamental do Oriente Médio que provocou o primeiro golpe do partido Baath e dos interesses empresariais e petrolíferos, com apoio da CIA, em 1963. Sobre o papel dos Estados Unidos, como descrito pelo rei Hussein da Jordânia, ver Batatu, *Old social classes*, cit., p. 985-6.

Os iraquianos conhecem bem essas batalhas, o abecê de sua história moderna. Mas o passado raras vezes permite analogias exatas, e ver os acontecimentos contemporâneos através dessa lente destaca tanto as diferenças quanto as similaridades entre a antiga ocupação imperial e a nova. Em termos militares e políticos, a atual máquina do poderio norte-americano no Iraque é muito mais formidável do que a da Grã-Bretanha. Com 160 mil soldados a sua disposição, Negroponte, como um vice-rei, tem um domínio da violência muito maior do que o alto-comissário britânico. O controle norte-americano sobre portos, aeroportos e forças de segurança iraquianos – sem falar dos tribunais, da educação, do comércio, das finanças, dos meios de comunicação e da política externa – recebeu o selo de aprovação da ONU, com uma força de "lei internacional" que vai bem além do bilateral Tratado Anglo-Iraquiano. Os cofres de Washington são mais profundos do que jamais foram os de Londres, e a receita do petróleo hoje seria inimaginável na década de 1920. A capacidade da ocupação de comprar consenso para seu domínio é muito maior. A ocupação também pode ter esperanças de contar com a pura exaustão e a desorganização da vida depois de março de 2003 para criar o desejo desesperado de alguma aparência de normalidade, sob um novo sistema que promete transferir, embora só no papel, alguns elementos de soberania de volta ao país.

PERSPECTIVAS PARA A ZONA VERDE

Seria, portanto, um erro pensar que nada mudou desde que Bremer fugiu do Iraque. Como na Europa de 1940-41, ocupada pelos alemães, os regimes colaboracionistas locais oferecem, em geral, algum nível de alívio depois da humilhação da invasão estrangeira, além de negócios lucrativos e cargos administrativos para quem servir à nova ordem. O governo-títere de Bagdá goza hoje de muito menos autonomia que o regime de Pétain em Vichy – nesse aspecto, aproxima-se mais do de Quisling, em Oslo. Mas tem como base de apoio uma série de grupos privilegiados na paisagem pós-invasão, não apenas os forasteiros da folha de pagamento da CIA e do M16, mas também tecnocratas em busca de oportunidades de carreira; um bom volume da burguesia semi-expatriada e de *nouveaux riches* que querem o fim das sanções; famílias rurais tradicionalmente colaboracionistas como os Yawar, líderes da tribo Shamar da região de Mossul, que ficaram do lado britânico em 1920; e a grande população curda do norte. Por enquanto, o regime goza também da tolerância da hierarquia xiita em torno do aiatolá Sistani; parece que Teerã ainda tende a apaziguar os Estados Unidos. Washington pode, pelo menos, ter esperança de que a situação se mantenha fora das manchetes às vésperas das eleições nos Estados Unidos. Pode ainda tirar proveito de sua aventura com a estabilização de um estado dependente, caso consiga esmagar ou cooptar os maquis antes que obtenham demasiado apoio doméstico.

Tudo isso, entretanto, precisa enfrentar a ojeriza generalizada da população árabe à própria ocupação norte-americana. A mão estrangeira é visível por toda parte no novo Iraque. Até no norte, onde os soldados norte-americanos são pouco necessários, os líderes curdos instalaram uma rede de agentes da espionagem israelense e esquadrões de atiradores, fechando com chave de ouro sua ficha desastrosa de erros políticos, embora por uma causa legítima[17]. Se não quiser que esse regime dependente seja associado para sempre aos bombardeiros, blindados e prisões norte-americanos, os Estados Unidos precisam com urgência de um órgão local e eficaz para impor o cumprimento da lei[18]. Uma boa medida da força da resistência é que, apesar do nível de desemprego, o alistamento militar, em junho de 2004, arrastava-se em 10% do volume planejado, e a lealdade dos novos recrutas é ainda uma incerteza. Não se sabe se a tentativa de Allawi de reunir ou conquistar os ex-oficiais do Baath produzirá resultados melhores.

Na frente ideológica, não há muito mais luz. Parece já haver dúvidas sobre o nebuloso horizonte eleitoral. Segundo as regras endossadas pela resolução 1546 da ONU, as eleições de janeiro de 2005 (se existirem) escolherão candidatos selecionados pela embaixada dos Estados Unidos para um governo "de transição" com poderes estritamente limitados, encarregado de esboçar uma Constituição para outra votação também restrita em janeiro de 2006. Entrementes, uma conferência consultiva de mil membros escolhidos a dedo pode ou não ser convocada para discutir a nomeação, dentre seus integrantes, de um organismo menor e igualmente consultivo[19].

Em termos internacionais, o regime e seus senhores esperam fortalecer sua posição tornando a plantar a bandeira da ONU em solo iraquiano. Até agora o

---

[17] O Pentágono não divulgou nenhum desmentido do detalhado relatório de Seymour Hersh no *New Yorker* sobre a expansão qualitativa de Israel em sua antiga base de segurança nas províncias curdas do Iraque, com o treinamento dos 75 mil *peshmerga* em táticas de comando dos *mistaravim* para operações no Iraque, no Irã e na Síria. Segundo um ex-oficial do serviço de informações israelense, os líderes de Israel concluíram, em agosto de 2003, que a possibilidade de salvar a situação no Iraque "Acabou. Não militarmente – os Estados Unidos não podem ser derrotados militarmente no Iraque – mas politicamente". O "Plano B" tentaria resgatar um Curdistão independente, com acesso ao petróleo de Kirkuk, como plataforma estratégica na região. Hersh, *New Yorker*, 28/6/2004.

[18] Ainda que queiram uma implantação barata. "Está claro que o desejo de reduzir custos e cortar despesas foi um grande fator na opção do Pentágono pelo equipamento ucraniano [...] Dezenas de fornecedores militares norte-americanos revelaram seu desapontamento com as exigências mínimas"; nem mesmo proteção balística para os transportes de tropas nem ar-condicionado nas ambulâncias. *Financial Times*, 18/6/2004.

[19] As eleições para reitores de universidades, realizadas, como previsto no regime anterior, no verão de 2003, escolheram maciçamente candidatos contrários à ocupação; a APC rapidamente cancelou as eleições para prefeito que viriam logo a seguir.

Secretariado não ousou voltar a Bagdá, e por boas razões. A mortalidade infantil sob o regime de sanções da ONU da década de 1990 provocou, segundo estimativas conservadoras, cerca de 300 mil mortes de crianças com menos de cinco anos por doenças e desnutrição, enquanto o Secretariado cobrava taxas administrativas de mais de 1 bilhão de dólares. Em dezembro de 1998, o Comitê de Contratos da ONU, trabalhando no escritório do Secretariado, concedeu o contrato do programa "petróleo por comida", para monitorar as importações iraquianas (de alimentos muitas vezes apodrecidos e remédios diluídos) à Cotecna Inspections, empresa que contratou Kojo, filho de Kofi Annan, como consultor durante o processo de concorrência[20]. Em junho, o enviado especial Lakhdar Brahimi, um dos líderes da junta que cancelou as eleições da Argélia em 1992 e defensor do regime de Karzai no Afeganistão, aprovou a escolha de Bremer dos membros do Conselho Governante que reencarnariam como ministros do Governo Provisório; mas, com o dever cumprido, não esperou para cair fora. Quando voltarem, os funcionários da ONU vão precisar de um grande exército particular para protegê-los.

NOVEMBRO E DEPOIS

Formalmente falando, a invasão anglo-americana perdeu seus pretextos originais. Não existiam armas de destruição em massa. As violações aos direitos humanos foram a marca dos libertadores. A necessidade de levar a democracia ao Iraque, sem falar do restante do Oriente Médio, ficou menos premente. Foi a força da resistência iraquiana – e só ela – que provocou o desconforto generalizado no establishment ocidental. Os centros de estudos de Washington começaram a debater as estratégias de saída, estimando os custos para a credibilidade política norte-americana ("elevados ou aceitáveis?") e avaliando "indicadores da retirada"[21].

---

[20] A tarefa complacente da Cotecna era emitir certificados de Confirmação de Chegada para os contêineres de mercadorias que passassem pelo porto de Umm Qasr ou em Trebil, na fronteira com a Jordânia, gerando pagamentos da conta de representação da ONU para a qual era encaminhada a receita da venda de petróleo iraquiano. O comitê de contratos da ONU responde diretamente ao secretário-geral, que aprovou todas as fases de seis meses do programa. Atualmente, o Secretariado se recusa a divulgar detalhes dos honorários da Cotecna aos inquéritos parlamentares sobre o escândalo Kofigate. Em maio de 2003, o Conselho de Segurança da ONU deu-lhe seis meses para "atar as pontas soltas" antes que a administração dos recursos do petróleo passasse para a APC naquele mês de novembro. Com isso, 25% dos contratos foram cancelados, porque as empresas tinham desaparecido ou não quiseram assiná-los sem o rebate de 10% que a ONU eliminava apressadamente. Ver Therese Raphael, *Wall Street Journal*, 11/3/2003; Claudia Rosett, *National Review*, 10 e 21/3/2004.

[21] Ver, por exemplo, o Fórum de Política de abril de 2004 do Centre for Strategic and International Studies, "Iraq: on the precipice".

O eleitorado norte-americano ficou contra a guerra desde abril de 2004: 56% dos eleitores agora acham que a invasão foi um erro. As imagens de Abu Ghraib enfraqueceram a autoridade da Casa Branca.

Mas aqueles que desaprovaram as proclamações preventivas da Estratégia de Segurança Nacional de 2002 não querem vê-la afundar. Com o aumento da resistência no Iraque houve uma torrente de conselhos imperialistas liberais sobre como administrar melhor a ocupação. Joseph Nye lamenta a escassez de canais de TV norte-americanos capazes de promover o *soft power* dos Estados Unidos no mundo árabe. Anthony Cordesman dá receitas para um interrogatório mais eficaz dos prisioneiros. Michael Ignatieff, depois de lamentar as dolorosas justaposições morais que chegaram a sujar o funeral de Reagan, avisa que "os Estados Unidos não podem abdicar de sua responsabilidade". Andrew Moravcsik explica: "Os europeus podem descobrir que o próximo Iraque é um Kosovo e querer que os Estados Unidos intervenham"[22]. Embora as comemorações tenham sido abafadas, a instalação patrocinada pela ONU de um regime de aluguel em Bagdá foi louvada de forma quase universal pelos meios de comunicação ocidentais como um "passo positivo".

Daqueles que se opuseram à invasão anglo-americana em 2003 porque lhe faltava a legitimação da ONU ou porque as sanções já estavam resolvendo o problema, houve, é compreensível, um silêncio ensurdecedor sobre o futuro da ocupação, só rompido por murmúrios sobre prazos. Para muitos, a oposição ao império reduziu-se à aversão a Bush. Mas o governo Bush já implementou todos os passos do programa dos democratas: a entrega do governo aos iraquianos, com a bênção da ONU e o envolvimento da Otan, como no Afeganistão. A esperança de que um governo Kerry altere de forma significativa a política norte-americana atual no Oriente Médio é vã. Como explicou recentemente Strobe Talbott, peça fundamental da política externa de Clinton: "O governo Bush estava certo ao identificar o Iraque como um grande problema. Um presidente Gore, McCain ou Bradley teria aumentado a pressão e, mais cedo ou mais tarde, recorrido à força"[23]. Kerry apoiou a invasão, manterá a Lei Patriota, concorda com a política de segurança de Sharon e vem clamando por mais 40 mil soldados norte-americanos na ativa e pela duplicação do efetivo das tropas especiais. Pelo que se vê hoje, votar nele não passa de mais um tiro no Iraque. Nesse sentido, a revolução Bush foi bem-sucedida: produziu seu herdeiro. Seja qual for sua cor, o próximo governo dos Estados Unidos tentará consolidar sua posição lá. Não serão as eleições de novembro que decidirão o destino da marcha sobre Bagdá. Na realidade, enquanto a resistência

---

[22] Respectivamente: Nye, "America needs to use soft power", *Financial Times*, 18/4/2004; Ignatieff, *New York Times Magazine*, 27/6/2004; Moravcsik, *Financial Times*, 26/6/2004.

[23] "The burning of Bush", *Financial Times Magazine*, 26/6/2004.

continuar a dar duros golpes no exército de ocupação e em seus auxiliares, o apoio doméstico à recolonização do Iraque irá se esvair, seja qual for o multimilionário que se instale na Casa Branca.

O mesmo acontece na Europa, onde Paris e Berlim, de forma previsível, apressaram-se a remendar suas relações com Washington e aprovaram o envolvimento da Otan para apoiar o regime de Bagdá – no caso de Chirac, selando o pacto com a invasão franco-americana do Haiti e a derrubada, com o apoio da ONU, do governo constitucional do país. As rixas que, há dezoito meses, supostamente ameaçaram a aliança atlântica foram cerimoniosamente sepultadas nas areias da Normandia, em County Clare e em Istambul. O avanço militar-imperialista de Washington na Eurásia central, de início deplorado pelos pilares direitistas do *status quo* como aventura exagerada, tornou-se a base de um novo consenso mundial: não se pode deixar o hegemônico fracassar. O primeiro passo elementar contra essa aquiescência é a solidariedade com a causa da libertação nacional do Iraque. As forças lideradas pelos Estados Unidos não têm o que fazer ali. Os maquis iraquianos merecem todo o apoio na luta para expulsá-las.

Sobre os artigos

"Da escravidão ao encarceramento em massa: repensando a 'questão racial' nos Estados Unidos", de Loïc Wacquant, foi publicado no número 13, de jan.-fev. de 2002, com o título "From slavery to mass incarceration: rethinking the 'race question' in the US".

"A crise africana: aspectos regionais e sistêmicos do mundo", de Giovanni Arrighi, foi publicado no número 15, de maio-jun. de 2002, com o título "The African crisis: world systemic and regional aspects".

"Força e consenso", de Perry Anderson, foi publicado no número 17, de set.-out. de 2002, com o título "Force and consent".

"A divisão do patrimônio da grande família", de Qin Hui, foi publicado no número 20, de mar.-abr. de 2003, com o título "Dividing the big family assets".

"Recordações de Edward Said", de Tariq Ali, foi publicado no número 24, de nov.-dez. de 2003, com o título "On Edward Said".

"Novo *boom* ou nova bolha?: a trajetória da economia norte-americana", de Robert Brenner, foi publicado no número 25, de jan.-fev. de 2004, com o título "New boom or new bubble?: the trajectory of the US economy".

"A política da utopia", de Fredric Jameson, foi publicado no número 25, de jan.-fev. de 2004, com o título "The politics of utopia".

"A visão em paralaxe", de Slavoj Žižek, foi publicado no número 25, de jan.-fev. de 2004, com o título "The parallax view".

"Planeta de favelas: a involução urbana e o proletariado informal", de Mike Davis, foi publicado no número 26, de mar.-abr. de 2004, com o título "Planet of slums: urban involution and the informal proletariat".

"Opção zero no Haiti", de Peter Hallward, foi publicado no número 27, de maio-jun. de 2004, com o título "Option zero in Haiti".

"Vichy no rio Tigre", de Susan Watkins, foi publicado no número 28, de jul.-ago. de 2004, com o título "Vichy in the Tigris".

Sobre os autores

TARIQ ALI, nascido em Lahore, hoje parte do Paquistão, é escritor e cineasta. Crítico do regime ditatorial em seu país, exilou-se na Inglaterra; graduou-se em Oxford e ganhou notoriedade ao se engajar na crítica à Guerra do Vietnã. Atualmente contribui com diversas revistas e jornais, como o *The Guardian* e o *London Review of Books*, bem como com a rádio BBC. É membro do conselho da *New Left Review*. Entre seus livros, destacam-se *Confronto de fundamentalismos* e *Bush na Babilônia* (ambos pela Record).

PERRY ANDERSON, um dos mais importantes intelectuais marxistas da atualidade, teve e ainda tem atuação decisiva na *New Left Review*, desde sua fundação. Atualmente é professor de História e Sociologia na Universidade da Califórnia (EUA), e autor, entre outros livros, de *Considerações sobre o marxismo ocidental* e *Afinidades seletivas* (ambos pela Boitempo).

GIOVANNI ARRIGHI, italiano, é professor de Sociologia e diretor do Instituto para Estudos Globais em Cultura, Poder e História na Johns Hopkins University (EUA), e autor, entre outros livros, de *A ilusão do desenvolvimento* (Vozes) e *O longo século XX* (Contraponto/Unesp).

ROBERT BRENNER é professor de História e diretor do Centro para Pesquisa Social e História Comparada na Universidade da Califórnia e membro do conselho editorial da *New Left Review*. É autor, entre outros livros, de *O boom e a bolha* (Record).

MIKE DAVIS é teórico do urbanismo e sociólogo, e professor na Universidade da Califórnia. Seus estudos mais conhecidos tratam da estrutura de classes na Califórnia, e entre seus livros destacam-se *Cidade de quartzo: escavando o futuro em Los Angeles* (Scritta) e *Planeta de favelas* (a ser publicado pela Boitempo em 2006).

PETER HALLWARD é professor no Centro de Pesquisa em Filosofia Européia Moderna, da Universidade de Middlesex (Reino Unido). Além de estudar filósofos franceses como Sartre, Foucault, Badiou, também estuda teoria crítica, filosofia e política contemporâneas, teorias sobre globalização, e teoria pós-colonial. É autor de *Badiou: A Subject to Truth* (University of Minnesota Press), e *Absolutely Postcolonial: Writing Between the Singular and the Specific* (Manchester University Press).

QIN HUI é professor de História da Universidade Qinghua (China).

FREDRIC JAMESON, nascido nos Estados Unidos, é um dos mais importantes críticos marxistas da cultura. É autor, entre outros livros, de *O marxismo tardio* (Boitempo/Unesp), e *Pós-modernismo: a lógica cultural do capitalismo tardio* (Ática). Atualmente é professor de Literatura Comparada e Estudos sobre Romance na Universidade de Duke (EUA).

LOÏC WACQUANT, sociólogo francês, é professor de Sociologia e pesquisador associado ao Instituto Legal Earl Warren, na Universidade de Berkeley (EUA), bem como pesquisador do Centro de Sociologia Européia, em Paris. Entre seus livros destacam-se *O mistério do ministério: Pierre Bourdieu e a política democrática* (Revan) e *As duas faces do gueto*, este último a ser publicado pela Boitempo no segundo semestre de 2006.

SUSAN WATKINS é professora de Sociologia na Universidade da Pensilvânia (EUA), editora da *New Left Review*, e autora, entre outros livros, de *Twentieth-century women novelists: feminist theory into practice* e *1968: marching in the streets* (este em co-autoria com Tariq Ali).

SLAVOJ ŽIŽEK, filósofo esloveno, é professor e pesquisador do Instituto de Sociologia da Universidade de Liubliana. É autor de vários livros, entre os quais se destacam *Bem-vindo ao deserto do Real!* (Boitempo) e *Eles não sabem o que fazem* (Jorge Zahar). É o organizador de *Às portas da Revolução: escritos de Lênin de 1917* (Boitempo), para o qual elaborou também um longo posfácio.

Esta obra foi composta em Scala, texto em
corpo 10/13, e impressa na Ferrari Editora e Artes Gráficas
em papel pólen soft 80 g/m² para a Boitempo Editorial,
em março de 2006, com tiragem de 3 mil exemplares.